KB061008

알고 이용하자! 성년후견제도

마지막 순간까지 인간답게

나남
nanam

나남신서 1614
알고 이용하자! 성년후견제도
마지막 순간까지 인간답게

2012년 11월 20일 발행
2012년 11월 20일 1쇄

지은이 · 朴殷秀
발행자 · 趙相浩
발행처 · (주) 나남
주소 · 413-756 경기도 파주시 교하읍
출판도시 518-4
전화 · (031) 955-4601 (代)
FAX · (031) 955-4555
등록 · 제 1-71호(1979.5.12)
홈페이지 · http://www.nanam.net
전자우편 · post@nanam.net

ISBN 978-89-300-8614-1
ISBN 978-89-300-8001-9(세트)
책값은 뒤표지에 있습니다.

나남신서 1614

알고 이용하자! 성년후견제도

마지막 순간까지 인간답게

박은수 지음

나남
nanam

Take Advantage of the Adult Guardianship System!
Learn about the Adult Guardianship System!

by

Park, Eun Soo

nanam

저자의 말

우리가 장애인이라 부르며 그 처지를 안타까워하는 이들은 도대체 누구인가? 2011년 대구국제육상경기대회에 출전한 남아프리카공화국의 오스카 피스토리우스 선수는 장애인인가? 이 선수가 불의의 사고로 양 발목이 절단되었을 때 주위에서는 정말로 안타까워했을 것이다. 그러나 보조공학의 발달은 이 선수가 발목 없이도 얼마든지 걸을 수 있을 뿐만 아니라, 육상대회 결승에 나가 육상트랙 위에서 바람처럼 달릴 수 있게 하였다.

육상용 의족 개발, 남아공도 하고 있는데 우리는 어떠한가. 보조공학의 발달 같은 것에는 별로 관심이 없고 의학적 판단만으로 절단된 발목에 장애등급을 매긴 뒤, 그 등급에 매여 서비스의 종류와 정도를 결정하고 있는 것이 오늘날 우리가 처한 솔직한 현실이다.

하반신이 마비되어 걷지 못하는 경우는 어떠한가. 처음에는 왜 걷지 못하는지 그 원인을 찾고자 노력했다. 의료적 관점이다. 장애를 개인적 문제로 보아 재활치료에 주목했고, 전문가 집단의 의견이 정책을 결정했다. 그러나 치료로 극복이 된다면 질환의 문제일 뿐 장애의 문제가 아니다.

휠체어가 제공되면 어디든지 갈 수 있고, 전동휠체어가 주어지면 이동이 이전보다 더 빠르고 편할 수 있다. 다만 문제는 도로에 턱이 없어야 하며 휠체어가 자유롭게 드나들 수 있는 건물구조여야 한다는 것이다. 바로 이 지점에서부터 장애의 문제가 사회적 관점으로 바뀌게 된다.

> 장애는 개인적 특성이 아니라 관계의 문제이다.

여기서 장애인 문제는 복지국가 담론과 만난다. 복지국가는 약자의 문제가 개인이 아닌 관계의 문제라는 인식을 공유하고, 이에 공감하면서 시작하는 것이다. 젊고 건강한 한때만 행복이 가능한 사회를 지향할 것인가, 늙고 병들어도 인간으로 존중받는 사회를 건설할 것인가. 경쟁이 무한으로 반복되어 종국에는 전쟁으로 종결되고 마는 야만을 선택할 것인가, 국가가 분배에 개입하여 계층 간의 양극화를 해소하며 그 사회에서 누가 가장 약자인지를 끊임없이 살피게 하여 배려함으로써 인간의 존엄과 가치를 존중하는 문명을 선택할 것인가.

여기서 잠깐 1928년 스웨덴의 한손 수상이 의회에서 '인민의 가정'을 주제로 했던 연설을 살펴보자.

> 이제 우리는 시민사회를 특권계층과 소외계층, 지배계층과 피지배계층, 부자와 빈자로 갈라놓은 장벽을 깨고 구성원 모두가 서로를 배려하는 인민의 가정을 건설해야 한다.

이 연설 이후 그와 사회민주당은 44년간을 집권하며 전 국민의 노후생활을 보장하는 기초연금제도(1935), 자녀가정을 위한 자녀수당

(1947), 일반의료보험(1955) 등 인류의 오랜 꿈이었던 복지국가의 이상을 실천하고 있다.

복지가 탐욕억제의 기제로 작용하여 정치와 행정의 부정부패까지도 막아내고 있다. 복지국가인 스웨덴의 지도자들이 대부분 부자와 상류층 출신인 점도 이채롭다. 상속받은 부와 안일의 담을 넘어서 구성원 모두가 행복하고 공정한 사회를 건설하고자 하였던 이들의 소중한 열정과 헌신은 21세기 초반 세계평화에 기여하는 복지국가를 건설하고자 노력하는 한국의 민주운동가에게까지 하나의 '깃발'이 되고 있다.

한국의 5·18민주화운동 기록이 세계기록문화유산이 되었다고 한다. 나는 한국의 장애인차별금지법 제정을 위한 투쟁의 역사기록물도 그만한 가치가 있다고 생각한다. 한국의 장애인은 부모로부터 버려지고, 학교입학을 거부당하고, 공직임명에서도 차별당하는 엄혹한 사회환경 속에서도 스스로 깨어나고 연대해서 드디어 장애인차별금지법 제정에 성공하고, 세계적 연대의 실천에 앞장서 UN장애인권리협약의 제정에도 일정 정도 기여했다.

미국의 장애인 자립운동의 역사에서 많이 배우고 참고하였으나, 미국은 기본적으로 자국의 국익을 위하여 참전한 상이군인에 대한 예우라는 국민적 정서가 배경이라는 점에서 우리의 장애인운동의 역사를 더 높이 평가할 수 있다고 본다. 이제 2013년부터 10년간 우리는 국제사회로부터 명(命)받은 "아태 장애인 10년"의 사명을 잘 완수하여 산업화, 민주화 그리고 복지국가화까지 한 세대에 성공한 자랑스러운 경험을 나누어야 할 것이다.

다만, 한국 사회의 전반적인 특성처럼 압축적으로 성과 중심으로 일을 하다 보니 장애인 가운데서도 지적·정신적 장애인에 대한 관심과 배려가 상대적으로 소홀하였음을 반성하지 않을 수 없다. 장애인 관련서비스나 정책의 개발이 신체장애인 중심이었던 것도 사실이다. 사회가 지적 능력을 중요하게 생각하면 할수록 그 능력이 부족한 사람은 더 소외되기 쉽다.

한 국가의 문명화 정도는 그 사회가 가장 어려운 사회적 약자를 어떻게 배려하는가를 보라고 했다. 이제 우리는 지적장애인, 자폐성장애인, 정신장애인, 치매노인의 문제에 세심하게 접근해야 한다. 이런 관점에서 보면 그동안 우리 사회는 가장 기본법인 민법에서부터 이들을 우리 사회의 동등한 구성원으로 예우하지 못했던 게 사실이다.

민법은 그동안 금치산자·한정치산자 제도를 두어 거래의 안전을 도모한다는 이유로 이들을 불완전한 존재로만 인식하고, 사회 밖으로 사실상 격리하도록 방치했다. 차별받는 자는 용어에도 민감할 수밖에 없다. 1981년 제정된 심신장애자 복지법이 8년 뒤인 1989년에 장애인복지법으로 전면 개정되면서, 장애인에 대한 비하의 의미를 담고 있는 장애자라는 용어를 추방하고 장애인이라 표현할 것을 결정한 것이 이미 23년 전의 일이다. 놈 자(者)자(字)를 인격체인 사람에게는 쓰지 말자는 인권의식의 발로였다.

그러나 2011년 3월에 개정되기 전까지 우리 민법은 놈 자(者)자(字)를 포함한 금치산자라는 용어를 그대로 쓰고 있었고, 상대적으로 그를 도와주고 대리하는 사람을 가리키는 말로는 사람 인(人)자를 써서 후견인이라 불러 명백히 차별하고 있었다. 또 자본주의 사회에서 재산은 모든 생활의 기본요소인데, 재산을 가질 수 없다는 의미의 '금치산'이라는 용어도 시대착오적이었다.

이러한 연유로 장애계는 성년후견제의 도입을 요구해왔고, 나는

18대 국회의 가장 의미 있는 입법활동으로 성년후견제 도입을 핵심 골자로 한 민법 개정의 추진에 매진하였다. 마침 법무부에서도 비슷한 문제의식을 가지고 민법 개정작업을 하고 있었다. 그 주역인 법무심의관실의 구상엽 검사는 (아주 조금만 과장을 섞어 말하면) 장애인들을 위해 신이 내린 사람인 것처럼 매우 열정적이었고, 성실하게 민법 개정에 임하였다. 모처럼 정치적인 이해대립 없이 공정하고 합리적인 입법을 위해 서로 의논하고 협력하였던 것은 정말로 유익한 경험이었다. 만약 구상엽 검사가 성년후견제 도입을 위한 민법 개정 과정에 함께하지 않았다면, 만약 그가 "개정 민법상 성년후견제도에 대한 연구"(서울대, 2012)라는 논문을 쓰지 않았다면, 이 책은 세상에 나오지 못했을 것이다.

성년후견 입법과정에서 보여준 그의 능력은 출중하였으며, 무엇보다도 가슴이 열려 있었다. 소통할 줄 알았고 의견을 창조적으로 조정할 줄 알았다. 함께하는 사람들은 그를 믿었다. 나중에 그의 논문을 살펴보니 웬만한 학자보다도 학구적이었다. 나는 성년후견제를 도입한 대한민국이 자랑스럽고, 구 검사와 함께 일한 것이 자랑스러웠다. 그러나 성년후견제는 이제 막 첫걸음을 떼었을 뿐이다.

이렇게 소중하게 만들었는데도 정작 법을 의결한 국회의원도, 판사 중에도 그 법의 내용에 대하여 모르고 있었다. 후속 법률을 계속 만들어야 하고, 또 그 취지와 배치된 기존 법률도 고쳐야 하고, 법의 성격상 법원과 보건복지부는 더욱 긴밀히 협조해야 한다. 언론도 관심 있게 보도하면서 국민들이 쉽게 이용할 수 있는 제도로 가꾸어야 한다. 나는 기왕에 만든 논문을 보통 국민의 눈에 맞추어 대중적인 책으로 만들자고 제의했다. 마침 더 바쁜 실무부서로 옮겨 간 그는 도저히 시간이 허락하지 않으니 자신의 논문을 활용하여 책을 쓰라고 양해를 겸해 권유하였다. 능력이 턱없이 모자랐지만, 이렇게 모법만 만들어두고 성년후견제를 형해화(形骸化)시킬 수가 없었다. 입법에 관여했고 장애인 정책에 관심을 가져왔던 나로서는 피할 수가 없었다. 출발이라도 시켜야 했다. 이제 모두 나서야 한다. 법만 양산하고 현실은 그대로인 관성을 깨야 한다.

나는 성년후견제도의 이용자인 장애인과 치매노인의 입장에서, 또한 그들의 후견인이 될 사람들(법무사, 사회복지사, 법무법인, 사회복지법인, 시민후견인 등)의 입장에서 쉽게 이 제도를 이용할 수 있도록 쓰고자 노력했다. 성년후견제도 이용자들과 후견인들이 꼭 알아야 할 '복지서비스'(성년후견제도상의 개념으로는 '신상보호'에 해당된다)의 현황과 우리보다 10년 앞서 이 제도를 도입한 이웃나라 일본이 겪었던 다양한 시행착오 사례들 그리고 구 검사가 쓴 논문의 주요 내용들을 가능한 한 쉬운 표현으로 고쳐 썼다. 이 책은 구 검사의 것이다. 이 책을 그를 포함하여 성년후견제 도입을 위해 애쓴 분들 그리고 그 정착을 위해 함께 노력할 분들에게 바친다.

최근에는 김수현 작가가 〈천일의 사랑〉이라는 드라마에서 치매가 누구에게나 어느 때나 가능한 장애임을 절절하게 묘사하였다. 그토록 아름답고 지적인 서연(수애 분)이 마지막 천일을 지적장애인으로 살다가 인생을 마무리한 것이다. 극 중에서는 애정이 깊은 연인이 있어 서연이 알츠하이머임에도 존엄성과 인격이 지켜지는 것을 보았지만, 이제 우리 현실에서는 민법상에 수십 개 이상의 조문으로 흩어져 존재하는 '성년후견제도'를 어떻게 잘 뿌리내리게 할 것인가 함께 지혜를 모아야 할 것이다.

우리는 노인장기요양제도를 도입하면서 이미 보편적 복지를 경험하였다. 이제 이런 문제를 본인과 가족의 책임으로만 떠넘기는 시대는 지나가고 있다. 우리가 건강할 때 건강을 지키고 평화로울 때 전쟁을 예방하듯이, 한참 일할 수 있을 때 고령화사회를 준비해야 한다. 이로써 치매까지도 편안하게 수용하는 사회로 나아갈 수 있을 것이다. 우주탐사까지도 하는 능력을 가진 인류가 편안하고 안락한 노후준비조차 제대로 못한다면 그것은 정말 말이 되지 않는다. 치매과정을 다시 행복했던 어린 시절로 돌아가는 과정으로 얼마든지 재구성할 수 있을지도 모른다.

하여 다시 처음 질문으로 돌아가 묻는다.

도대체 장애인은 누구인가.

바로 질문하고 있는 우리이다.

인간은 누구나 장애인으로 태어나서 장애를 경험하고 죽는 것이다. 아무리 건강해도 누군가를 업거나 무거운 짐을 들면 그 순간만큼은 장애인이 된다. 그래서 장애인정책은 소득 불문의 보편적 복지인 것이다. 이런 점에서 성년후견 입법은 참 잘한 것이다. 나는 어느 때 어느 별에 가서라도 성년후견제도 입법에 관여했다는 사실 하나만으로도 "푸른 별 지구에서 문명인으로 살았음"을 자랑스러워할 수 있으리라 생각한다.

2012년 8월

다들 휴가를 가고 조용한 사무실에서

박 은 수

나남신서 1614

알고 이용하자! 성년후견제도

마지막 순간까지 인간답게

차 례

왜 성년후견제인가

제1장

1. 장애인운동의 역사

1) 복지국가의 3대 가치

인류의 역사는 '인권'이 개인의 존엄성 유지와 전체 인류의 평화롭고 지속가능한 생존을 위한 필수적 핵심가치라는 사실을 가르쳐준다. 제2차 세계대전의 참혹한 전쟁과 전체주의적 독재를 경험하면서 인류는 평화와 민주주의의 가치를 절감하였다. 전쟁 이후 평화와 민주주의를 꿈꾸며 대안적 모델로 구상한 것이 바로 복지국가 모델인 것이다. 따라서 국민의 생각을 압제하고, 평화에 대한 신념 없이 전쟁만을 말하는 자는 복지를 말할 자격이 없다.

우리의 역사도 마찬가지다. 전쟁과 독재를 이겨내면서 민주주의와 인권의 가치를 배웠고 이제 모두 복지국가를 꿈꾸고 있다. 복지국가는 인간의 존엄성을 최고의 우선가치로 한다. 그 보장을 위해 국가는 개개인의 능력을 최대한 계발하고 개인의 자유를 제도로써 보장한다. 또 복지국가는 연대의 가치를 숭상한다. 타인의 존엄에 대한 존중과 호혜적 공존을 위한 공동체적 정신이 고양되도록 법률과 제도를 만든다. 더불어 사회 전반에 공정하고 투명한 원칙을 확립하고, 구성원 모두에게 공평한 기회와 조건을 부여하여 정의를 실현한다.

복지국가는 이렇게 존엄, 연대, 정의의 3대 가치 위에 존재한다. 장애인 인권 확대의 역사도 그러하였다. 히틀러 시대에는 우생학적 견지에서 유대인과 마찬가지로 말살의 대상이었다. 산업화 과정에서는 노동의 상품화 결과로 생산과정에서는 배제되고 단지 자선의 대상이었던 시절도 있었다.

인간해방의 기치 아래 전개된 프랑스 68혁명 이래, 교육을 경험한 장애인들이 자신의 정체성에 대하여 고민하면서 본격적인 장애인 해방운동이 전개되었다. 사회민주주의의 평등과 사회정의의 가치가 사회 전반에 확산되면서 장애인들은 '동등한 기회'라는 개념에 눈을 떴다. 장애인들이 장애문제를 개인의 문제가 아닌 사회의 문제로 인식하기 시작했던 것이다. 장애문제를 사회구조적 문제로 바라보는 '사회적 장애모델'은 바로 이러한 배경에서 탄생하였다. 사회적 모델은 이후 변화하고 발전하면서 전 사회에 확산되었고, 마침내는 장애 패러다임을 의료적 모델에서 사회적 모델로 이동시키는 일대 변혁을 이뤄냈다.

2) 장애 패러다임의 변화

이제 장애가 사회구조적 문제인 만큼 장애인들은 개인이 아닌 사회적 차원에서 장애문제를 해결하려고 노력하였다. 그리고 더 이상 대상이 아닌 주체로 살기 위해 세상과 싸우게 되었다. 장애운동의 패러다임이 변화하면서 장애인들의 요구는 더욱 정밀해졌다. 장애인들에게 적합한 시설과 정책을 요구하였으며 장애를 바라보는 문화 자체를 바꾸려는 운동이 대대적으로 일어났다.

우리나라의 장애인들은 가부장적 가족관계에서 먼저 억압과 차별을 받았다. 정신장애인의 경우 가족의 동의라는 미명하에 평생을 감옥 같은 요양시설에 수용된 채 살아가는 경우도 허다하였다. 권위적인 정부 당국자들에게는 시혜대상자로 분류되었고, 자선사업가나 종교인에게는 동정의 대상이었다.

인권은 선험적인 것이 아니라 역사 속에서 태생한 것이며 끊임없이 진화하는 동태로서의 개념이고, 인간답게 살고자 노력하는 그룹의 투쟁과 희생으로 얻은 것이다. 그러나 안타깝게도 장애인의 경우, 장애인 스스로의 자아의식 형성이 장애 그 자체에 의해 한정되는 경우가 있다. 뿐만 아니라 오랜 억압으로 인하여 장애인 스스로를 열등한 존재로 인식하는 가치체계가 내면화되어 있기도 하고, 인권에 대하여 학습할 기회도 제대로 얻지 못하였다.

이리하여 형성된 약자, 자선의 대상, 능력부족 같은 기존의 장애인관에 대하여 혁명적인 문제제기가 1960년대에 미국의 지도적 장애인 그룹에 의해 이루어졌으며, 그 흐름은 일본을 거쳐 1990년대 후반 대한민국의 선도적 장애인 운동세력에게서 절정의 꽃을 피운다. 이러한 일련의 패러다임의 전환과정을 자립생활운동이라 부른다. 2007년 한국에서 제정된 장애인차별금지법이 바로 자립생활운동의 대표적 결실이다.

13살 때 소아마비에 걸려 사지마비와 호흡기근육마비 장애로 전동휠체어에 인공호흡기를 장착한 채 생존을 이어가던 사람. 그러한 신체적 조건이라면 의료와 복지지원시스템이 갖추어져 있는 시설에서 살아가는 것이 마땅하다고, 그때까지의 장애인과 관련전문가 모두가 동의했던 중증의 장애인, 애드 로버츠(Ed Roberts).

그가 캘리포니아주립대학 버클리 스쿨에 당당하게 입학한 1962년을 역사가들은 자립생활운동의 시발점이라고 말한다. 애드 로버츠는 장애인도 더 이상 자신의 운명을 남의 손에 맡기는 피동적 희생자 또는 자선의 대상자가 아니며, 주체적 인격으로서 모든 결정이나 선택과정에 스스로 참여하고, 스스로 책임지는 존재임을 설득하여 나갔다.

장애인 자신의 건강관리, 식사조절, 취침시간과 같은 모든 일상의 활동뿐만 아니라 보호자의 결정, 금전관리, 거주지 선택까지 모두 스스로의 자율적 의지와 판단에 의해 의사결정에 참여하는 과정을 애드 로버츠는 자립생활이라 하였다. 즉, 자립생활은 의사결정과정이나 구체적 일상생활에서, 여러 가지 대안 중 다른 사람에게 최소한만 의존하도록 자신을 통제하는 것이라고 결론내렸다.

로버츠는 대학에 입학하여 반전운동과 공민권운동에 적극 가담하면서, 연방정부를 설득하여 장애인을 위한 활동보조지원 프로그램을 만들었고, 대학 내에 세계 최초로 자립생활센터를 만들었다. 그리고 대학교육을 포기했던 중증의 장애인들을 설득하여 버클리로 불러 모아 미국의 재활법을 자립생활 중심으로 개정하는 입법운동을 전개하였고, 졸업 후에는 스스로 캘리포니아 주정부 재활국장을 역임하며 자립생활운동을 미 전역으로 확산시켰다.

로버츠를 비롯한 자립생활운동 지도자들은 1983년 무렵부터 일본 전역을 순회하며 자립생활세미나를 개최하여, 1986년 일본 최초의 자립생활센터 설립에 성공하는 등 자립생활이념의 세계적 확산에 크게 기여하였다.

한국에서는 1998년 한일 자립생활실천 세미나에서 자립생활의 개념과 운동이 소개된 이래 당사자주의운동과 결합하여 장애인차별금지법 제정운동, 이동권 보장운동, 장애인연금법 제정운동, 장애인활동지원법 제정운동, 성년후견추진연대운동을 견인하며 장애인운동뿐만 아니라 한국사회 전반의 변화를 선도하는 중요한 시민운동의 중심적 세력으로서 성공적 성과물을 창출하면서 역동적인 사회변화를 리드하고 있다.

3) 완전한 참여와 통합

자립생활운동이란 의존적 존재에서 탈피하여 주체자로서의 나를 찾아가는 운동인 동시에 사회개혁운동이다. 자립생활이란 지역사회 속에서 주민과 함께 사는 권리를 말하며, 결국 장애인의 완전한 사회참여와 통합에 의해 실현된다.

한국의 장애인 운동은 한국의 민주주의 운동과 마찬가지로 위대했다. 장애인 정책은 반드시 장애인 당사자가 참여한 가운데 논의되어야 한다(*Nothing About Us Without Us*)는 '당사자주의 원칙'과 연대의 가치를 존중하는 '연대성 원칙'을 기반으로 장애인들은 적극적으로 운동을 전개해 나갔다. 2002년 참여정부는 제2차 장애인복지 발전 5개년계획을 수립하면서 '장애인이 대등한 시민으로 참여하는 통합적 사회'에 목표를 두기에 이르렀다.

장애인 운동에서 당사자주의는 '자기결정권'을 갖는 당사자의 관점에서 장애인 차별구조와 모순을 바라보는 것이다. 2001년부터 시작된 '장애인차별금지 및 권리구제 등에 관한 법률' 제정운동은 장애인이 주도하였고, 장애인의 차별사례를 모아 사회에 알림으로써 장애를 차별하는 제도와 문화, 시스템 때문에 장애인들이 고통받는 사실을 사람들에게 각인시켰다.

그리고 시민단체 진영의 광범위한 지지와 연대도 이끌어냈다. 최초로 법조문 자체도 전문가가 아닌 장애인 당사자가 중심이 되어 만들었다. 장애인차별금지법은 297개에 달하는 연대단체들이 7년간 끈질기게 투쟁한 끝에 2007년 3월 한국 장애인 역사상 최초의 인권법이라는 평가를 받으며 제정됐다.

변화된 장애 패러다임은 장애운동을 넘어 정부에서 추진하는 장애정책 전반에 강한 영향을 미친다. 이제 장애인들은 스스로 문제를 설정하고 대책과 법률의제를 만든다. 더 이상 전문가들의 결정이나 판단을 수동적으로 받아들이지 않는다. 2007년 4월에 제정된 '장애인 등에 대한 특수교육법'이나, 2010년 3월에 제정된 '장애인연금법', 같은 해 12월에 제정된 '장애인활동지원법' 모두 장애인들이 먼저 정책의제를 설정하고 이끌었던 법률들이다.

장애인의 자립과정에서는 전문가의 도움보다도 동료 장애인의 자립경험에 의한 상담이 훨씬 강력한 영향을 미친다. 오랜 자립생활운동을 통하여 동료상담(*peer counselling*)은 장애인의 상담기법으로 구체화되어, 이제는 자립생활센터의 필수사업으로 자리 잡았다.

동료상담에서 가장 중요한 것은 경청이다. 인간은 본래 창조적인 존재로서 무한한 가능성과 힘을 가지고 태어났음을 신뢰하고, 상대의 이야기를 충분히 듣고 장애인 스스로가 자신의 힘을 믿고 홀로 서기를 할 수 있도록 지원하는 것이다. 동료상담을 통하여 장애인은 복지의 대상이 아니라 선택권을 가진 소비자로 다시 태어나는 것이다. 자립경험에서 형성된 자조운동은 이후 소비자운동, 환경운동, 환자주권운동, 지역정신보건운동에도 큰 영향을 미치며, 복지를 권리로 인식하는 보편적 복지의 견인차 역할이라는 역사적 사명을 감당하였던 것이다.

2. 빠르게 진행하는 고령화

1) 보편적 복지

한편 세계에서 유례가 없을 정도로 빠르게 진행되고 있는 우리나라의 고령화 속도는 노인정책의 패러다임 변화도 요구하고 있다. 사회복지법이나 노인복지법 등에 규정되어 있던 노인복지제도는 주로 저소득 취약계층의 특정 노인들을 대상으로 하는 각종 복지정책 위주로 구성되어 있었다. 또한 일반 노인들에 대한 건강, 수발 등의 요양보호는 노인 스스로 알아서 하거나 그 가족들의 책임이라는 기본적 인식이 바탕에 깔려 있다. '사적 요양보호 우선'의 잔여적 복지정책을 근간으로 하여 개인과 가족에게 1차적인 요양책임이 부여되었고, 다음 보충성의 원칙에 의거하여 지역사회나 종교단체가 지역적 차원에서 요양서비스를 제공하였다.

그러나 고령사회에서 노인부양이나 보건의료의 문제는 저소득층의 문제만이 아닌 대부분의 가정에서 겪는 보편적인 문제가 되었다.

고령사회에서의 노인부양이 개인이나 가족의 책임이 아니라 국가적, 사회적 책임이라는 인식의 전환이 보편화되었던 것이다. 우리나라가 고령사회에 대비하여 2008년 1월 1일부터 '기초노령연금'을, 그와 함께 2008년 7월 1일부터 '노인장기요양보험법'을 제정하여 시행하게 된 것은 비록 선진국에 비하여 한발 늦기는 하였지만 노인요양에 대한 국가적, 사회적 책임을 인식한 결과이다. 이는 노인복지정책에 있어 커다란 의의가 있다고 할 수 있다.

2) 장기요양제도

우리나라 17대 국회의 노인장기요양제도 도입을 위한 논의과정에서 정부는 65세 이상의 노인만을 대상으로 입법할 것을 주장한 반면 장향숙, 안명옥, 정형근 의원은 장애인까지 추가하여 실시할 것을 주장하였고, 김춘진, 현애자 의원은 전 국민을 대상으로 입법할 것을 주장하였다. 장애인 포함여부에 관한 외국의 제도를 살펴보면 〈표 1-1〉과 같다.

결국 장애인에 대한 복지는 보험방식보다는 정부의 재정 기여가 강화되는 공적부조 방식을 해야 한다는 정부 측의 논리와 18대 국회에서 별도로 추진하겠다는 정부 측의 약속에 따라 노인만을 대상으로 장기요양제도가 입법되었다.

이에 따라 18대 국회에서는 장애인 장기요양제도 도입을 위한 시범사업, 장애인장기요양보장추진단의 설치·운영, 공청회와 토론회 등을 통해 제도에 대한 다양한 의견을 수렴하였다. 그 결과 노인은 일상생활 보조 위주의 서비스인 데 비하여 장애인은 사회참여를 통한 자립지원이 더 중요하다는 판단에 따라 기존의 활동보조서비스를

〈표 1-1〉 외국의 사례

장애인 포함하여 보편적으로 적용하는 국가 (연령 및 질병불문)	독일, 오스트리아, 네덜란드, 헝가리, 아일랜드, 노르웨이, 폴란드, 스페인, 스웨덴, 스위스, 영국, 캐나다
연령을 기준으로 적용대상을 결정하는 국가	일본(40세 이상, 보험방식), 오스트레일리아(70세 이상), 뉴질랜드(65세 이상), 미국(65세 이상), 이스라엘(여: 60세 이상, 남: 65세 이상, 보험방식)
노인성 질병을 기준으로 적용대상을 결정하는 국가	일본(40세 이상의 경우 노인성 질환)

제 5조(장기요양급여에 관한 국가정책방향) 국가는 제 6조의 장기요양기본계획을 수립·시행함에 있어서 노인뿐만 아니라 장애인 등 일상생활을 혼자서 수행하기 어려운 모든 국민이 장기요양급여, 신체활동지원서비스 등을 제공받을 수 있도록 노력하고 나아가 이들의 생활안정과 자립을 지원할 수 있는 시책을 강구하여야 한다.

확대하는 방향으로 장애인의 장기요양보장제도를 추진하였다.

장애인에게 요양이라는 개념은 장애인의 자립생활을 지향하는 최근의 패러다임에 적합하지 않다는 지적이 있어 논의한 결과, 장애인은 요양의 대상이 아닌 자립의 주체라는 자립생활 패러다임을 반영하여 장애인활동지원제도로 명칭이 결정되었다.

3. 성년후견운동

1) 장애인 인권의 확대

이상에서 살핀 바와 같이 우리나라 장애인 운동의 역사는 인권의 역사이자 연대의 역사였다. 다만 산업화와 민주화의 속도가 다른 나라에 비하여 빨랐던 것처럼 장애인 인권확대의 과정도 빠르게 진행하다 보니, 지적장애인은 소외되고 있다는 지적이 있었다.

일본이 12년 전인 2000년부터 지적장애인을 위한 성년후견제도를 도입하였다는 소식을 접한 장애우 권익문제연구소는 이후부터 일본과 유럽의 성년후견제를 자세히 소개하기 시작하였고, 2004년에는 성년후견제도의 도입필요성을 강하게 느끼는 17개 장애인단체와 노인단체가 중심이 되어 '성년후견제 추진연대'를 구성하여 운동을 전개하였다.

장애인 인권의 중요성을 자각하고 그 보장과 확대를 위해 노력하였던 신체장애인 당사자들이 자신의 경험을 바탕으로 지적・정신적으로 불편한 장애인과 치매노인의 인권확대를 위해 나서는 모습은 분명 인간정신의 소중한 발현으로 평가될 것이다.

2) 근대민법의 기본원리

인간은 사회적 존재이기 때문에 공동생활을 할 수밖에 없다. 인간의 공동생활에는 서로 충돌하는 이해를 조절하고 다툼을 피하기 위한 일정한 법이 반드시 있어야만 한다. 민법은 자본주의 경제구조 아래에서 개인의 사적인 경제생활을 규율하는 일반법이다. 개인 상

〈그림 1-1〉 2009년 재결성된 성년후견제추진연대 발대식 기자회견

호 간의 생활관계는 크게 재산관계와 가족관계로 구별해 볼 수 있다. 민법도 크게 재산법과 가족법으로 구성되어 있다.

법은 공기와도 같아서 우리는 법을 의식하지 않고 생활하는 것처럼 보이지만 우리가 권리를 취득하고 거래하는 배경에는 민법의 일반원칙이 적용되고 있다. 우리의 민법은 조선의 고유법이나 중국법에서 발전한 것이 아니고 일본의 식민지배를 거치면서 일본의 민법체계를 수용하여 만들었고, 일본 민법은 1804년의 프랑스 민법과 1888년의 독일 민법을 모방한 것이다. 따라서 우리의 민법은 봉건제도를 무너뜨리고 성립한 근대 민법의 개인주의, 자유주의 사상을 배경으로 한다.

따라서 ‘소유권 절대’와 ‘사적 자치’의 원칙을 기본 원리로 한다. 사적 자치의 원칙은 사람은 누구나 모두 합리적인 판단력을 가지고 있다는 것을 전제로 하며, 국가가 개인의 활동에 간섭하지 않고 각자의

자유에 맡겨 두면 사회는 조화롭게 된다는 생각이 바탕에 깔려 있다. 사적 자치는 개인과 개인의 자유로운 의사의 합치인 계약에서 가장 많이 나타나므로 계약자유의 원칙이라고도 부른다. 바로 이런 근대 민법의 기본원리를 바탕으로 자본주의가 크게 발전하였던 것이다.

3) 경제민주주의

그러나 자본주의가 진전하면서 사람들 사이의 빈부 격차는 점점 커졌고, 노동자와 자본가의 대립은 심해져서 '사람'은 결코 자유 평등한 인격이 아니라는 사실이 명백해졌다. 이에 현대 사법은 '사람'에게 실질적인 자유와 평등을 보장하여 사람다운 생존을 실현해야 한다는 새로운 기본원리를 요청하게 되었다. 단순히 개인의 행복이나 이익의 추구가 아니라, 공동의 행복과 이익을 추구하는 공공의 복리가 현대 사법의 이념이 되었다.

우리 헌법은 한편으로 정치적 민주주의를 채택하면서, 다른 한편으로는 경제적 사회적 민주주의를 선언하고 다시 두 가지를 합리적으로 조정하고 조화할 것을 근본이념으로 한다. 기본적 인권을 최대한 보장하고(헌법 제10조), 대한민국의 경제질서는 개인과 기업의 경제상의 자유와 창의를 존중함을 기본으로 하되, 국가는 경제주체 간의 조화를 통한 경제의 민주화를 위하여 경제에 관한 규제와 조정을 할 수 있다(헌법 제119조)고 규정한다. 한편 모든 국민은 인간다운 생활을 할 권리를 가지며, 생활능력이 없는 국민은 법률이 정하는 바에 의하여 국가의 보호를 받는다(헌법 제34조).

이러한 자유민주주의와 경제민주주의의 조화를 위하여 사유재산 제도를 보장하되 재산권의 행사는 공공복리에 적합하도록 해야 한다

(헌법 제23조). 또한 국민의 모든 자유와 권리는 국가안전보장 및 질서유지 또는 공공복리를 위하여 필요한 경우에 한하여 법률로 제한할 수 있으며, 제한하는 경우에도 자유와 권리의 본질적인 내용을 침해할 수 없다(헌법 제37조)고 규정한다.

장기간의 권위주의 체제 아래에서 우리 국민들은 자유권에 대한 예민한 감수성을 가지게 되었다. 그러나 헌법 제34조의 규정에도 불구하고 복지를 청구할 수 있는 사회권에 대하여는 추상적이고 막연한 생각만 갖고 있다. 정치적 민주화의 요체가 자유권이라면 사회경제적 민주화의 요체는 사회권이다. 이제 연대와 공존의 원리가 새로운 시대정신이고 국가와 시민사회 모두가 사회권 보장에 관심을 가져야 할 때가 되었다.

학자들은 사회권을 "적절한 경제적 보장에 대한 권리를 비롯해서 완전한 사회적 유산을 공유하고 그 사회의 보편적 기준에 따라 문화적 존재로서 생활을 영위하는 권리", "사회보장권, 사회복지서비스권, 건강권, 교육권, 노동권, 문화권, 환경권의 통칭"이라고 설명한다. 북유럽 등 복지가 발전된 국가에서는 사회권이 보편적으로 보장되고 있다.

4) 민법의 반성

이렇게 사람이 일정한 이익을 누릴 수 있게 하기 위하여 법이 인정하는 힘이 바로 권리이다. 그리고 권리의 주체가 될 수 있는 지위 또는 자격을 가리켜 권리능력이라고 한다. 당연히 장애인도 노인도 권리능력자이다.

지적장애인인 홍길동 씨가 김갑동에게 아파트를 한 채 사는 경우를 생각하여 보자. 홍길동 씨는 민법상 아파트의 소유자가 될 수 있으므로, 권리능력자이다. 그런데 계약이 본래의 효과를 발하기 위해서는 행위의 결과를 판단하는 데 충분한 정신능력, 즉 의사능력을 가지는 사람이 계약을 행해야 한다. 만약 홍길동 씨의 지적장애 정도가 어린아이의 정신능력 정도라면 민법은 의사능력이 없는 의사무능력자의 법률행위라고 하여 그 계약을 무효로 본다.

민법은 이것만으로는 무능력자 본인의 보호에 충분하지 않다고 보았다. 또한 거래의 상대방도 보호하기 위하여 일정한 획일적 기준을 정하여, 무능력자가 혼자 행한 계약행동을 그 기준에 따라 일률적으로 취소할 수 있는 제도를 준비해 두었다.

개정 전의 민법은 미성년자와 금치산자, 한정치산자를 각각 행위능력이 없는 자라고 기준을 정하여 이들의 행위를 언제라도 취소할 수 있도록 하였다. 그리고 금치산자와 한정치산자에게는 후견인을 두어 도움을 받도록 했다. 그러나 금치산·한정치산제도는 우선 용어 자체가 부정적 이미지를 풍기고 있었으며 과도하게 행위능력을 제한하여 피후견인을 사회적 낙오자로 공인하는 결과를 야기했다. 실제로도 법원에 의하여 금치산 선고를 받게 되면 공직선거법에 의하여 피선거권이 박탈되는 등 각종 자격관련 법률에서 배제당하고 있었다.

위 사례에서 홍길동 씨가 미성년자인 경우에는 친권자에 의하여, 그리고 친권자가 없는 경우에는 후견인의 도움을 받아 계약을 적법하게 맺을 수 있다. 그러나 홍길동 씨가 성년이 되는 순간, 친권의 개념은 사라지고 민법이 정하는 순서에 따라 가족이 후견인이 된다. 그러나 이와 같이 후견인의 도움을 받기 위해서는 법원에 장애의 정도에 따라 금치산 선고 내지는 한정치산 선고의 판결을 신청해야만 했다.

사회생활에 온전히 참여하고 통합되기 위해서는 계약 같은 법률행위가 불가피한 현실에서, 성년이 된 장애인은 금치산 또는 한정치산 선고를 통해서만 후견인의 도움을 받을 수 있었다. 그러나 그 선고가 내려지는 순간 과도한 자격제한으로 실제 사회생활이 불가능하게 되어버리는 모순이 생기는 것이다. 일상생활용품의 구입까지 제한되는 등 행위의 제한범위도 불합리하기 그지없었다. 게다가 이해관계가 상반되는 가족만이 후견인이 될 수 있었기에 피후견인인 장애인은 비도덕적인 가족에 의하여 합법적으로 착취당하는 경우도 적지 않았다.

5) 인권 역사의 완결

장애인이 법원의 선고에 따라 금치산자(者)가 되어 장애인이 그토록 떼고자 노력했던 놈 자(者)를 쓸 수밖에 없었고, 비장애인이 대부분인 후견인은 사람 인(人)을 쓰는 차별이 법전에서 버젓이 이루어졌다. 이런 이유로 근대민법의 출발지인 유럽에서도 종래의 행위무능력자 규정을 복지국가 이념에 맞게 개정했다. 지적장애인에게 남아있는 능력을 최대한 존중하고, 매사의 행위에서 본인의사를 존중할 것을 원칙으로 하였다. 그리고 후견인 자격도 전문성을 중시하여 법인후견이 가능하도록 하고, 법원이 후견인을 상시 감독할 수 있게 했다.

이렇게 민법을 개정하여 지적장애인의 권리를 두텁게 보장하려는 일련의 운동을 '성년후견운동'이라 부르게 되었고, 이를 통해 만들어진 제반 제도를 '성년후견제'라 부른다. 미성년후견제와 대비하여 부르는 표현이지만 정확하게는 '성년 지적장애인의 후견에 관한 법률'이라고 할 수 있다. 장애 차별을 극복한 신체장애인들이 주도한 이 일련의 운동은 '인간정신의 위대한 발현', '휴머니즘의 최고조의 고양', '인권 역사의 완결'이라 평가할 만하다. 개인주의와 민주주의의 기초가 된 민법이 현대화 과정에서 공공복리의 이념을 수용한 '민법의 자기완결과정'이라 평가할 수도 있겠다.

우리는 로제타스톤에 새겨진 이집트 상형문자의 의미까지 해석해냈다. 관심이 있으면 해결이 된다. 지적장애인, 발달장애인, 정신적 장애인, 치매노인의 문제도 그러하다. 우리의 관심이 부족하여 그들이 세상을 향해 쏟아내는 언어를 우리는 이해하지 못하고 그들을 '장애인'이라 부르며 동정만 하고 있는지도 모른다. 치매의 과정은 인간이 다시 유아기로 돌아가 행복하게 인생을 마무리하게 하는 신의 섭리일지도 모른다. 이들도 자연스럽게 우리의 친구로서, 이웃으로서 참여하는 사회를 꿈꾼다.

> 논에서 잡초를 뽑는다.
> 이렇게 아름다운 것을
> 벼와 한논에 살게 된 것을 이유로
> '잡'이라 부르기 미안하다.
>
> — 이철수의 《마른풀의 노래》에서

성년후견제도의 의의와 도입 배경

제 2 장

1. 성년후견제도의 의의

1) 성년후견제도의 개념

2011년 3월에 개정된 민법에서의 성년후견제도는 장애, 노령 등에서 비롯된 정신적 제약 때문에 재산이나 신상에 대한 사무를 처리할 능력이 부족한 사람의 의사결정이나 사무처리를 돕는 법적 지원장치를 말한다. 우리보다 먼저 제도를 도입한 일본에서는 정신상의 장해(障害)에 의해 판단능력이 불충분하여 법률행위에서 의사결정이 곤란한 사람에 관해 그 판단능력을 보충하는 제도로 정의하고 있다.

우리나라 민법의 주된 이념은 앞서 '근대민법의 기본원리'에서 언급했듯이 대등한 당사자가 자기판단 아래 법적 관계를 맺고 그 결과에 책임을 지는 '사적자치'(私的自治)를 원칙으로 한다. 하지만 자기책임의 원칙이 적용되기 위해서는 먼저 해당당사자가 타인과 대등한 위치에 있어야 한다. 당사자의 대등성을 평가하는 가장 기본적인 지표는 판단능력이다. 민법상 판단능력은 크게 '의사능력'과 '행위능력'으로 설명된다.

'의사능력'은 자신이 하는 행위의 의미나 결과를 정상적인 인식과 미래의 일을 미리 아는 예기력(豫期力)을 바탕으로 판단할 수 있는 정신적 능력 내지는 지능이라고 정의한다. 이와 관련한 대법원 판례를 보면 의사능력의 유무는 특정 시점의 법률행위마다 개별적으로 판단해야 한다고 판시하고 있다. 우리 민법에는 의사능력에 관한 규정을 따로 두고 있지 않으나, 일반적으로 의사능력이 없는 상태에서 한 법률행위의 효력은 인정하지 않는다. 하지만 최근에는 의사무능력자의 법률행위를 무효로 보는 대신 일시적 의사무능력의 경우는 어떤 행위가 있은 뒤에 그 행위에 동의하지 않을 때에만 무효인 것으로 해야 한다는 주장도 제기되고 있다. 이러한 의사능력의 판단기준과 효과 때문에 의사무능력자는 사안별로 의사능력의 부족을 입증해야 하는 부담이 있고 거래 상대방은 법률행위마다 일일이 의사능력의 유무를 확인해야 하는 등, 법적 지위가 불안해진다. 이러한 단점을 극복하기 위하여 의사능력을 나이나 법원의 선고 등 객관적 기준으로 정하는 것이 바로 '행위능력'이다.

만약 지적장애인이나 정신장애인, 치매노인 등과 같이 판단능력에 어려움이 있는 사람들의 법률관계를 전적으로 사적자치에 맡긴다면, 민법이 사적자치를 통해 궁극적으로 구현하고자 하는 정의(正義)에 반하는 결과를 가져올 수 있다. 이러한 부작용을 방지하기 위해 민법은 거래안전보다 먼저 행위능력에 관해 규정하면서, 미성년자나 법원에 의하여 판단능력이 부족한 것으로 선고된 사람이 자기결정에 의한 법률행위를 취소할 수 있도록 하고 있다.

하지만 법률행위를 취소할 가능성만을 부여하면 지적장애나 정신장애, 치매노인들은 자신들의 행위들에 대해 보호는 받을 수 있겠지만, 사회에서는 더 고립될 수밖에 없다. 거래하는 상대방이 법적인 불안을 이유로 행위무능력자와 법률행위를 하는 것 자체를 회피하기 때문이다. 그래서 민법은 행위무능력자를 보다 적극 보호하는 한편 안정적인 거래가 이루어질 수 있도록 행위무능력자가 후견인이라는 사회적 보호장치를 통해 법률행위를 할 수 있도록 하고 있다.

2) 성년후견제도의 이념

우리 헌법 제10조는 "모든 국민은 인간으로서의 존엄과 가치를 가지며, 행복을 추구할 권리를 가진다"라고 명시하는데 이는 포괄적 기본권으로 인격권과 자기결정권의 기초가 된다. 성년후견제도 역시 이러한 헌법정신을 이어받아 '본인의 의사와 현존능력의 존중'을 기본이념으로 삼고 있다.

'본인의 의사존중'이란 피후견인이 후견의 일방적인 객체로서가 아니라 존엄한 인격체로서 주체적으로 후견제도를 이용하고 자신의 삶을 영위할 수 있도록 하는 것을 의미한다. '현존능력'이란 현재 본인이 보유하고 있는 정신적 능력으로서 후견제도에서는 이를 최대한 존중하고 활용해야 한다. 학계에서는 최근까지 피후견인이 보유하는 능력을 '현존능력'이 아닌 '잔존능력'이라는 용어를 사용했다. 잔존이란 단어는 얼마 남지 않아 곧 사그라질 수밖에 없다는 부정적 느낌이 들어 이 책에서는 '현존능력'이라는 용어를 사용하고자 한다. 이와 관련해 필자가 2009년 7월 주관한 한일 국제심포지엄에 초청된 일본의 아라이 마코토(新井 誠) 교수도 이와 같은 이유로 잔존능력보다 현존능력이 바람직한 용어라는 견해를 피력한 바 있다.

또 전통적으로 성년후견제도를 설명할 때 '정상화'(*normalization*)의 원칙을 설명하고 있다. 정상화란 장애인운동에서 처음 제시된 이념으로 장애인도 그가 속한 사회의 다른 구성원과 대등하고 조화롭게 살 수 있는 권리가 있으며 그 권리를 함께 실현해 가는 것이 정상적인 사회라는 것이다. 정상화는 덴마크의 지적장애인 부모들이 주장해온 개념으로 자신의 자녀가 보호라는 명분 아래 사회에서 고립되고 배제되는 것이 아니라 지역사회에서 비장애인과 같은 생활환경, 생활방식, 생활형태와 리듬이 존중되어야 한다는 것이다. 이러한 이론에 기초해 장애인복지는 정상적인 가정에서의 삶, 지역사회에서 통합되는 삶이 강조되면서 시설이 아닌 지역사회복지서비스가 강화되는 배경이 되었다. 이러한 정상화의 이념을 바탕으로 탈의료화, 탈시설화가 등장하면서 장애인 본인의 삶에 대한 자기의사 결정권과 사회통합 이념은 자립생활의 근간이 되었다. 자립생활은 장애인들이 자신의 삶을 스스로 선택하고 조정해서 자신 삶의 전부를 스스로 영위할 때 가능하다. 즉, 모든 영역에서 자신의 선택과 결정에 따라 자신의 생각과 행동을 결정하고 이를 바탕으로 일상생활과 사회활동에 참여해 그 역할을 수행하도록 하는 것이다.

이러한 성년후견제도의 이념들은 모두 본인의 의사를 존중하고 현존능력이 활용될 때 판단능력이 부족한 사람들의 복리를 극대화하는 것을 지향한다. 또 주변인에게 사실상 조력을 받고 있더라도 피후견인으로서 법적으로 책임 있는 판단이나 안정적인 법률관계 형성이 필요한 경우에는 후견이 필요하다.

2. 성년후견제도의 도입 배경

1) 복지국가 · 고령화사회 진입

최근 우리 사회는 복지국가와 고령화에 관한 관심이 높아지고 있다. 통상적으로 복지국가(*welfare state*)는 국가가 국민의 최저소득을 보장하고, 질병이나 노령, 실업 등의 사회적 위험을 감소시켜 인간다운 생활을 할 수 있도록 적정 수준의 보편적 급여를 시민의 권리로서 지급하는 국가를 말한다. 유엔(UN)에서는 65세 이상 인구가 7% 이상이면 '고령화사회', 14% 이상이면 '고령사회', 21% 이상이면 '초고령화사회'라고 부른다. 우리나라는 급격한 출산율 저하와 기대수명의 연장으로 고령화가 세계에서 가장 빠른 속도로 진행되고 있다. 우리나라의 출산율은 2010년 1.22명으로 OECD 국가 중 최저 수준이지만, 기대수명은 1986년 67.4세에서 2008년 79.8세로 12.4세 증가하여 OECD 국가 중 가장 높은 증가율(18.4%)을 보였다. 이처럼 우리나라는 고령화가 다른 나라에 비해 늦게 시작되었지만, 그 진행속도는 매우 빠르다. 예컨대 대부분의 선진국이 초고령화사회로 진입하는 데 70년 이상 소요됐지만 우리는 2000년에 고령화사회가 시작되어 2008년에 고령사회에 도달했고, 2026년에 초고령사회에 도달할 것으로 보여 겨우 26년 정도밖에 걸리지 않으리라고 전망된다. 이러한 추세는 〈표 2-1〉의 통계청 조사 장래인구추계에서 엿볼 수 있다.

복지국가로 가는 첫걸음은 사회적 약자에 대한 배려이다. 그동안 성장 위주의 경제정책 때문에 빈부격차가 커지고 소외계층의 상대적 박탈감이 심화되었다. 특히 지적장애나 정신장애와 같은 정신적 장

〈표 2-1〉 노인인구의 연도별 추이(1990~2050)

단위: 천 명, %

구분		1990	2000	2005	2010	2030	2050
총인구		42,869	47,008	48,138	49,410	52,160	48,121
60세 이상	인구	3,352	5,212	6,293	7,654	16,846	21,201
	구성비	7.8	11.1	13.1	15.5	32.3	44.1
65세 이상	인구	2,195	3,395	4,367	5,452	12,691	17,991
	구성비	5.1	7.2	9.1	11.0	24.3	37.4
70세 이상	인구	1,294	2,014	2,684	3,606	8,606	14,297
	구성비	3.0	4.3	5.6	7.3	16.5	29.7
80세 이상	인구	302	483	676	961	2,786	6,894
	구성비	0.7	1.0	1.4	1.9	5.3	14.3

자료: 통계청(2011), 《장래인구추계》.

애를 가진 사람들에 대한 학대와 착취사례가 그동안 언론을 통해 수없이 보도되면서 이들에 대한 법적 보호장치 마련에 대한 목소리가 높아졌다. 또한, 의료기술의 발달로 평균수명이 연장됨에 따라 노후대책이 개인적으로나 사회적으로 큰 과제가 되었다. 특히 치매에 걸린 이후 어떻게 자신의 재산과 신체를 지킬 것인가에 관한 관심이 고조되고 있다. 이들에 대한 공통된 문제는 판단능력의 부족을 어떻게 제3자를 통해 보완할 것인가이다. 과거에 가족의 문제는 가정 내에서 해결한다는 사고가 주를 이루었지만, 핵가족화가 일반화되고 가족 간 이해관계의 대립이 많은 현대 사회에서는 국가가 관리 감독하는 후견제도에 대한 기대가 자연스럽게 형성된 것이다.

우리 헌법에는 국가의 기본권 보장의무(제10조)와 사회보장·사회복지 증진의무 및 노인과 장애인의 복지향유권(제34조)을 규정하고 이를 실현하기 위하여 장애인복지법과 노인복지법이 제정 및 시행되고 있으며, 이외에도 장애인·고령자의 복지를 위한 각종 연금, 고용 등 관련법령이 제정되어 있다. 이들 법률을 근거로 각종 사회복지서비스를 제공할 때 후견인이 피후견인을 법적으로 지원하여 서비스를 적절하게 조정한다면 통합적인 사회복지를 실현하는 데 크게 이바지할 것이다.

〈그림 2-1〉 성년후견제 추진연대가 제작한 성년후견제 도입 필요성 삽화

석 달 전 남편이 먼저 세상을 뜨고 나니, 이런 저런 생각이 많습니다.
아들 둘, 딸 둘이 있구요. 사는 것도 그만그만해요. 감사할 따름이지요.
남편이 세상 뜨기 전에 10년간 병수발을 했는데,
그러면서 나는 더 늙어 어떻게 하나 싶더군요.
자식이 있다 해도 내 마음 같지 않고,
또 애들에게 짐이 되고 싶지도 않구요.
내가 정신이 없어지고 판단할 수 없을 때,
누구 믿을 만한 사람이 집 한 칸 있는 것 정리해서
나를 요양시설에 보내주면 하는데...
누가 그 일을 해 줄 수 있을까요?

걱정입니다.
지금은 이렇게 부모가 살아있으니까
아이의 뒷바라지를 할 수 있지만
부모가 세상을 떠나고 나면 아이가 어떻게 살아갈지...
아이 앞으로 유산을 남겨준다고 해도
누가 관리하겠습니까?
진심으로 아이를 위해 재산권을 행사하는
사람을 만날 수 있을까요?

2) 사회복지 패러다임의 변화 : '시혜에서 권리로'

장애인의 사회참여와 자립생활이 강조되고, 고령화가 가속화되는 상황 속에서 성년후견제도가 주목받는 또 다른 이유는 사회복지 패러다임의 변화다. 최근까지도 우리 사회는 사회적 약자에 대한 배려를 국가의 시혜(施惠)로 인식했다. 그 결과 복지서비스는 행정편의주의에 따라 공급자 중심으로 제공되었고, 복지서비스를 이용하는 수급자를 낙인찍어 서비스의 이용 자체를 꺼리게 하는 폐해가 있었다. 이러한 문제를 해결하기 위하여 복지서비스의 이용자와 공급자 사이에 대등한 관계를 구축하여 이용자 스스로 자신에게 맞는 복지서비스를 선택할 수 있도록 지원하는 시스템이 필요하고, 계약을 통한 권리의무 관계를 명확히 해서 이용자의 지위를 보호할 필요가 있다. 그러나 장애인이나 고령자 중에는 판단능력이 부족하여 각종 사무를 처리하는 과정에서 대등한 법률관계를 형성하기 어려운 사람이 많아서 이를 보완하기 위한 장치로서 성년후견제도가 필요한 것이다. 따라서 후견인은 피후견인의 신상과 복리를 위한 각종 욕구(*needs*)를 법률적 지원을 통해 피후견인 스스로 충족시킬 수 있도록 하는 조정기능의 역할을 하는 사람이라 할 수 있다.

최근 우리 사회에서 복지담론이 사회적으로 이슈화되면서 복지가 더는 외면할 수 없는 인간의 기본적 권리라는 인식이 자리 잡고 있다. 이처럼 사회복지 패러다임이 이용자의 권익을 강화하는 방향으로 변화함에 따라 성년후견제도는 어느 때보다 절실히 필요한 제도가 된 것이다.

3) 금치산 · 한정치산제도에 대한 반성

지적장애인이나 정신적 장애인, 치매노인 등과 같이 판단능력이 부족한 사람에 대한 성년후견제도에 관심이 집중되기 이전에도 법적 지원장치는 존재했다. 민법 제정 시부터 존재했던 금치산 · 한정치산제도가 바로 그것이다. 금치산 · 한정치산제도는 정신적 제약이 있는 사람을 대상으로 하고, 이들의 보호를 거래안전보다 중시하며, 법원의 공적인 선언을 통해 보호를 개시한다는 점 등에서 성년후견제도와 유사한 면이 있다. 따라서 넓은 의미에서 금치산 · 한정치산제도는 성년후견제도의 초기 모델이라고 할 수도 있다. 그러나 앞서 '민법의 반성'에서 소개한 지적장애인 홍길동 씨의 예에서 보았듯이 개정 전 민법에서는 금치산이나 한정치산 선고가 내려지면 사회생활을 전혀 할 수 없는 모순과 한계가 있었다.

하지만 새로운 성년후견제도는 '본인의 의사와 현존능력의 존중'을 강조한다. 또한 특정후견과 임의후견이 신설되면서 '후견의 개시는 곧 행위능력의 제한'이라는 등식에서 탈피하는 한편 '계약을 통한 후견'이라는 새로운 형태의 후견제도가 정착될 전망이다. 이처럼 개정 민법에서 성년후견제도는 이념과 체제의 본질적 변화와 함께 발전했다. 금치산 · 한정치산제도가 가지고 있던 문제점을 개정 민법상 성년후견제도와 비교하면 다음과 같다.

(1) 부정적 낙인효과

입법과정에서 느낀 금치산 · 한정치산제도의 가장 큰 문제점은 부정적 낙인효과(*stigma effect*)였다. 금치산(禁治産), 한정치산(限定治産)과 같은 부정적 용어사용과 과도한 행위능력의 제한으로 피후견

〈그림 2-2〉 2011년 열린 "성년후견제도의 올바른 도입을 위한 심포지엄"

인은 사회적 낙오자로 공식화되었고, 이는 본인과 가족들의 명예를 해치고 피후견인을 사회에서 완전히 고립시켰다. 이런 이유로 최근 10년 동안 우리나라에서 금치산·한정치산제도를 이용하는 사람은 극히 적었다.[1]

또한 재산다툼을 둘러싸고 피후견인의 재산권을 박탈하기 위한 수단으로 악용되는 사례가 많다는 점이 금치산·한정치산제도에 대한 부정적 인식을 더욱 악화시켰다. 이러한 부정적 낙인효과를 완화하기 위해 민법 개정과정에서는 '정상화'(*normalization*)의 이념을 실현할 수 있도록 성년후견제도를 설계하였다.

---

1 반면 프랑스와 독일의 경우 전 국민의 1% 이상이 후견제도를 이용하고 있다. 독일에서는 2000년대 초에 이미 '후견'(*Betreuungsver-fahren*)이 100만 건에 육박하였고, 2009년에는 인구 8,100만 명 중 후견이 120만 건을 넘어섰다. 프랑스는 약 70만 명에 이른다.

(2) 본인의 의사 및 현존능력 존중 부족

금치산·한정치산제도는 본인, 즉 후견을 받고자 하는 사람의 의사를 존중하고 반영할 수 있는 구조가 제대로 마련되어 있지 않았다. 가사소송법 상에서는 금치산·한정치산의 판결(심판) 과정에 사건관계인을 심문하지 않을 수도 있어(제45조) 본인의 의사가 정확히 확인되지 않은 상태에서 후견이 개시될 가능성이 있었다. 특히 민법상 후견인의 순위가 법에 정해져 있어(개정 전 민법 제933조, 제934조) 재산권 박탈에 오히려 후견이 악용될 소지가 컸다.

또 금치산자, 한정치산자의 행위능력을 획일적으로 지나치게 제한하는 문제도 심각했다. 심신미약자를 대상으로 하는 한정치산제도는 후견인의 동의가 있어야만 유효한 법률행위를 할 수 있었던 것이다(개정 전 민법 제8조, 제5조). 후견인의 동의 없이 한정치산자가 독자적으로 법률행위를 할 수 있는 예외도 있으나, 권리만을 얻는 행위 등으로 한정되거나 후견인의 사전허락이 필요했다는 점에서 매우 제한적이었다(개정 전 민법 제5조 제1항 단서, 제6조, 제8조). 심신상실자를 대상으로 하는 금치산제도는 위와 같은 예외마저 없어서 일부 신분행위를 제외하고는 금치산자가 스스로 행한 모든 법률행위는 취소할 수 있었다(개정 전 민법 제13조).

하지만 사람에 따라 심신미약의 정도가 다르기 때문에 경직된 한정치산제도는 불합리한 결과를 가져올 수 있다. 예를 들면, 사회생활을 영위하는 데 큰 불편함이 없는 지적장애인은 거주용 부동산의 처분이나 상속 등 중요한 사안에 대해서만 후견을 받으면 충분한데도 한정치산 선고를 통해 모든 법률행위를 제약하는 것은 부당하다. 금치산제도도 심신상실자나 의사무능력자로 대상을 한정한다고는 하나, 이는 명확한 기준이 되기 어렵다. 먼저 심신상실 여부를 판단하는 주요한 근거인 정신감정도, 획일적인 의학적 판단으로 정신질환 및 판단능력을 결정해버리는 한계가 있다. 특히 개인의 환경 및 사회생활 참여제한까지 고려할 것을 요구하는 장애에 대한 최근의 국제적 경향에 비추어 볼 때, 그 한계는 분명해 보인다. 특히 고령자는 정신능력이 점진적으로 쇠퇴하기 때문에 획일적으로 선을 그어 행위능력자와 금치산, 한정치산을 구분하는 것 자체가 곤란하다.

따라서 개정 민법에서는 후견개시 심판을 할 때 본인의 의사를 고려해야 한다는 원칙을 명시하였고(제 9조 제 2항, 제 12조 제 2항, 제 14조의 2 제 2항), 후견의 유형을 다양화하는 한편 각 유형 내에서도 개별사안에 따라 후견의 내용을 융통성 있게 정할 수 있도록 하는 등 자기결정권과 현존능력을 존중하도록 하고 있다.

(3) 이용대상 및 후견영역의 제한

금치산·한정치산제도는 행위능력을 전면적으로 제한하기 때문에 상당한 정도의 판단능력 부족을 전제로 한다. 그래서 가벼운 정신적 제약을 가진 사람에게 한정치산을 선고하는 것은 행위능력을 과도하게 제한할 우려가 있다. 또한, 현재 판단능력이 저하된 상태를 전제로 하기 때문에 본인이 미래를 대비해 스스로 후견을 설계하는 것은 불가능하다.

한편 판단능력이 크게 부족하지 않은 경우에도 재산이나 신상과 관련해 중요한 행위를 할 때 후견인의 도움이 필요할 수 있다. 특히 고령화사회에 접어들어 치매와 같은 노인성 질환에 대한 대처가 중요해지면서 본인 스스로가 장래의 정신능력 저하에 대비하여 신뢰할 수 있는 사람을 후견인으로 지정하고 후견의 내용을 정할 수 있는 제도에 대한 욕구가 커졌다. 개정 민법에서는 가벼운 정신적 제약을

〈표 2-2〉 금치산 · 한정치산 이용현황

연도	접수건수	처리			
		합계	인용	기각	기타
2001	323	304	176	29	99
2002	421	373	208	31	134
2003	433	431	250	42	139
2004	473	457	274	46	137
2005	529	522	291	80	151
2006	663	602	303	96	203
2007	747	674	334	60	280
2008	804	711	391	48	272
2009	944	929	493	72	364
2010	1,024	1,002	515	97	390

자료: 법원행정처(2002~2011), 《사법연감》.

가진 사람도 후견제도를 이용할 수 있도록 한정후견의 이용대상을 대폭 확대하는 한편 후견의 기간과 대상이 특정되는 특정후견제도를 신설하였다. 또 장래에 대비하여 본인이 직접 후견의 기초를 설계할 수 있는 임의후견제도도 도입하였다.

후견의 영역과 관련하여 금치산·한정치산제도는 주로 후견인이 법률행위의 대리나 동의를 통해 피후견인의 재산관리를 돕는 방식으로 운용되는 한계가 있었다. 그러나 피후견인의 복리를 실현하기 위해서는 비(非)법률행위나 신상에 관해서도 후견이 필요할 수가 있다. 그래서 개정 민법에서는 후견인의 직무를 신상보호까지 확대할 수 있는 근거를 명시하고, 그 요건과 절차를 엄격히 해서 피후견인의 자기결정권과 조화를 이룰 수 있도록 하였다(제938조, 제947조, 제947조의 2).

〈그림 2-3〉 2005년 열린 "차별사례를 통해 성년후견제를 말한다" 토론회

(4) 후견의 전문성 및 공정성 부족

금치산·한정치산제도에서는 후견인의 순위가 법으로 정해져 있어 공정하지 못한 후견인이 선임될 우려가 있었다. 또한, 자연인 한 사람만 후견인이 될 수 있어 후견인의 전문성을 높이는 데도 한계가 있었다. 개정 민법에서는 후견인의 법정순위를 폐지하고 법인·복수 후견인제도를 신설함으로써 후견의 공정성을 담보하는 한편 전문 후견법인 양성과 복수후견인 간의 업무분담이 가능하게 되었다.

4) 민법 개정의 추진

우리나라가 성년후견에 관심을 두기 시작한 것은 앞서 '장애인 인권의 확대'에서 언급했듯이 일본이 성년후견제도를 도입한 2000년부터였다. 당시 일본과 정기적으로 교류하던 장애우권익문제연구소는 일본이 제도를 도입한 것을 계기로 내부적으로 관련 외국문헌을 수

〈그림 2-4〉 2005년 성년후견제추진연대 활동보고서 표지

집·번역했으며, 이를 기반으로 관계전문가 초청토론과 내부 세미나 등을 통해 제도도입을 검토하기 시작했다. 이후 월간 〈함께걸음〉에 성년후견제도에 관한 내용을 연재했고 이를 접한 장애부모들은 자신들과 가족을 대신해 성년후견제도가 자신들의 자녀를 보호하고 지역사회에서 인간답게 살아갈 수 있는 대안이라고 판단해 장애인단체에 제도도입을 요구했다.

이후 2004년에 성년후견제도의 도입을 위한 활동이 본격적으로 시작되었다. 성년후견제도의 도입 필요성을 절실히 느낀 17개의 장애인단체와 노인단체가 중심이 되어 제 1기 성년후견제추진연대[2]를 구성했고, 당시 17대 국회의원 이은영 의원과 장향숙 의원 등이 민

2 경남장애인부모회, 대전장애인총연합회, 대한정신보건가족협회, 부산장애인총연합회, 서울장애인인권부모회, 장애우권익문제연구소, 전국노인복지단체연합회, 정신보건사회복지사협회, 한국노인문제연구소, 한국노인복지시설협회, 한국노인의 전화, 한국사회복귀시설협회, 한국사회복지사협회, 한국장애인복지관협회, 한국장애인부모회, 한국정신지체인 애호협회, 한국장애인재활협회(17개 단체)

법 개정안 발의를 통해 제도도입의 물꼬를 열었다. 하지만 이러한 노력에도 이들 법안은 제대로 논의조차 되지 못한 채 17대 국회 회기가 끝나면서 자동 폐기되었다. 그러나 성년후견제도의 도입을 위한 장애인단체의 노력은 계속되었다. 장애인단체는 17대 대선에서 각 당의 대선후보들에게 성년후견제도 도입을 요구하며 대통령 공약에 반영시켰다. 이후 법무부는 2009년에 성년후견제 도입을 포함한 민법개정을 위해 '민법개정위원회'를 출범시켰고, 장애인단체를 비롯한 사회복지계도 제2기 성년후견제 추진연대[3]를 발족해 성년후견제 도입 추진에 더욱 가속도를 내기 시작했다.

그 결과 18대 국회에서 드디어 그 결실을 맺게 되었다. 2009년 9월에 법무부가 성년후견제 도입을 골자로 하는 민법 개정안을 입법예고하고, 12월에 국회에 제출하였다. 또한 2009년 10월, 나경원 의원 등 16인이 특별법으로서 장애 성년후견법안을 발의하였다. 다음 해인 2010년 1월, 박은수 의원 등 39인에 의해서 성년후견제 도입을 골자로 하는 민법 개정안이 발의되었는데 이는 성년후견추진연대가 17대에 추진하려던 안을 조금 더 다듬고 진전시킨 법안을 박은수 의원이 전적으로 수용하여 이루어진 것이다.

이러한 과정을 통해 18대 국회에 제출된 세 법안은 법사위 논의를 거쳐 2011년 2월 18일에 국회 본회의를 통과해 2013년 7월부터 성년후견제가 시행될 예정이다.

---

3 장애우 권익문제연구소, 광주장애인총연합회, 대전장애인총연합회, 대한정신보건가족협회, 동작장애인 자립생활센터, 부산장애인총연합회, 서울장애인인권부모회, 장애우 권익문제연구소 전국지소, 전국장애인부모연대, 중앙노인보호전문기관, 한국노인복지시설협회, 한국노인복지진흥재단, 한국노인의전화, 한국농아인협회, 한국사회복귀시설협회, 한국사회복지사협회, 한국자폐인사랑협회, 한국장애인복지관협회, 한국장애인복지시설협회, 한국장애인부모회, 한국장애인재활협회, 한국정신보건사회복지사협회, 한국제나가족지원센터, 한국지적장애인복지협회, 함께사는세상, International Friends for the Developmentally Disabled(IFDD)(26개 단체)

피성년후견인을 위한 복지정책 현황

제 3 장

2013년 7월부터 새롭게 시행될 성년후견제도는 본인의 의사와 현존능력을 존중해 피후견인이 지역사회에서 고립되지 않고 살아갈 수 있도록 지원하는 제도이다. 개정 민법에서 규정하는 것처럼 질병이나 장애, 노령 등으로 인해 판단능력이 충분하지 않거나 정신적 제약이 있는 사람, 즉 지적장애·자폐성장애·정신장애·치매가 있는 사람이 이 제도를 주로 이용할 것으로 보인다. 이번 장에서는 성년후견제도의 대상이 되는 장애와 노인성 질환을 갖고 있는 사람의 특성과 이들에게 제공되는 복지서비스에 대해 알아보고자 한다.

1. 장애인

1) 장애의 정의와 범주

우리나라에서 적용되는 장애개념은 현재 시행되는 장애인 관련법의 목적에 따라 다소 다르다. 국제적 추세에 따라 그 정의와 범주는 조금씩 변하고 있다. 현재 우리나라의 장애개념은 의료적 모델에 근거해 신체구조 및 신체 기능상의 장애로 판정한다. 그러나 서구 선진국에서는 신체·정신의 기능적 장애와 특정한 일을 어느 정도 수행할 수 있는지에 대한 과업수행(노동) 능력, 개인 및 환경적 요인에 의한 불이익을 받는 조건까지 포함하는 사회적 의미의 장애를 포괄하는 장애범위를 채택하고 있다.

장애와 관련한 우리나라의 대표적 법률인 장애인복지법에서는 '장애인이란 신체적·정신적 장애로 오랫동안 일상생활이나 사회생활에서 상당한 제약을 받는 자'로 정의하고, 신체적 장애와 정신적 장애로 구분한다. 신체적 장애는 '주요 외부 신체기능의 장애와 내부기관의 장애 등'을 말하며, 정신적 장애는 '발달장애 또는 정신질환으로 발생하는 장애'로 규정한다. 장애인복지법 시행령에서는 장애인을 〈표 3-1〉의 기준에 따라 구분한다.

〈표 3-1〉 장애인의 종류 및 기준

종류	기준
지체 장애인	• 한 팔, 한 다리 또는 몸통의 기능에 영속적인 장애가 있는 사람 • 한 손의 엄지손가락을 지골(指骨 : 손가락 뼈) 관절 이상의 부위에서 잃은 사람 또는 한 손의 둘째손가락을 포함한 두 개 이상의 손가락을 모두 제1지골 관절 이상의 부위에서 잃은 사람 • 한 다리를 리스프랑(Lisfranc : 발등뼈와 발목을 이어주는) 관절 이상의 부위에서 잃은 사람 • 두 발의 발가락을 모두 잃은 사람 • 한 손의 엄지손가락 기능을 잃은 사람 또는 한 손의 둘째손가락을 포함한 손가락 두 개 이상의 기능을 잃은 사람 • 왜소증으로 키가 심하게 작거나 척추에 현저한 변형 또는 기형이 있는 사람 • 지체(肢體)에 위 각 목의 어느 하나에 해당하는 장애정도 이상의 장애가 있다고 인정되는 사람
뇌병변 장애인	뇌성마비, 외상성 뇌손상, 뇌졸중(腦卒中) 등 뇌의 기질적 병변으로 인하여 발생한 신체적 장애로 보행이나 일상생활의 동작 등에 상당한 제약을 받는 사람
시각 장애인	• 나쁜 눈의 시력(만국식 시력표에 따라 측정된 교정시력을 말한다. 이하 같다)이 0.02 이하인 사람 • 좋은 눈의 시력이 0.2 이하인 사람 • 두 눈의 시야가 각각 주시점에서 10도 이하로 남은 사람 • 두 눈의 시야 2분의 1 이상을 잃은 사람
청각 장애인	• 두 귀의 청력 손실이 각각 60데시벨(dB) 이상인 사람 • 한 귀의 청력 손실이 80데시벨 이상, 다른 귀의 청력 손실이 40데시벨 이상인 사람 • 두 귀에 들리는 보통 말소리의 명료도가 50퍼센트 이하인 사람 • 평형 기능에 상당한 장애가 있는 사람
언어 장애인	음성기능이나 언어기능에 영속적으로 상당한 장애가 있는 사람
지적 장애인	정신 발육이 항구적으로 지체되어 지적 능력의 발달이 불충분하거나 불완전하고 자신의 일을 처리하는 것과 사회생활에 적응하는 것이 상당히 곤란한 사람
자폐성 장애인	소아기 자폐증, 비전형적 자폐증에 따른 언어・신체표현・자기조절・사회적응 기능 및 능력의 장애로 인하여 일상생활이나 사회생활에 상당한 제약을 받아 다른 사람의 도움이 필요한 사람
정신 장애인	지속적인 정신분열병, 분열형 정동장애(情動障碍 : 여러 현실 상황에서 부적절한 정서 반응을 보이는 장애), 양극성 정동장애 및 반복성 우울장애에 따른 감정조절・행동・사고기능 및 능력의 장애로 인하여 일상생활이나 사회생활에 상당한 제약을 받아 다른 사람의 도움이 필요한 사람
신장 장애인	신장의 기능부전(機能不全)으로 인하여 혈액투석이나 복막투석을 지속적으로 받아야 하거나 신장기능의 영속적인 장애로 인하여 일상생활에 상당한 제약을 받는 사람

〈표 3-1〉 계 속

종류	기준
심장 장애인	심장의 기능부전으로 인한 호흡곤란 등의 장애로 일상생활에 상당한 제약을 받는 사람
호흡기 장애인	폐나 기관지 등 호흡기관의 만성적 기능부전으로 인한 호흡기능의 장애로 일상생활에 상당한 제약을 받는 사람
간 장애인	간의 만성적 기능부전과 그에 따른 합병증 등으로 인한 간기능의 장애로 일상생활에 상당한 제약을 받는 사람
안면 장애인	안면 부위의 변형이나 기형 때문에 사회생활에 상당한 제약을 받는 사람
장루요루 장애인	배변기능이나 배뇨기능의 장애로 인하여 장루(腸瘻) 또는 요루(尿瘻)를 시술하여 일상생활에 상당한 제약을 받는 사람
간질 장애인	간질에 의한 뇌신경세포의 장애로 인하여 일상생활이나 사회생활에 상당한 제약을 받아 다른 사람의 도움이 필요한 사람

2) 장애등록

(1) 등록절차

우리나라에서는 장애인복지법에 따라 장애등록을 해야 각종 복지서비스를 이용할 수 있는 기본적인 자격조건이 되며 이후 장애등급과 유형, 소득수준에 따라 차등적인 지원이 결정된다. 장애인등록제도의 법적 근거는 장애인복지법 제32조 및 동법시행규칙 제3조부터 제10조에 규정되어 있다.

장애인등록을 신청하고자 하는 사람은 주소지 담당 읍·면·동사무소를 방문하여 장애인등록 및 서비스신청서를 작성하여 제출해야 한다. 장애인등록 신청은 본인이 하는 것을 원칙으로 하지만 18세 미만의 아동과 거동을 할 수 없는 등 본인이 신청하기 어려운 경우에는 보호자가 신청을 대신할 수 있다. 대리신청이 가능한 보호자의 범위는 장애인의 배우자, 직계존비속, 직계존비속의 배우자, 형제

〈그림 3-1〉 장애인등록절차 흐름도

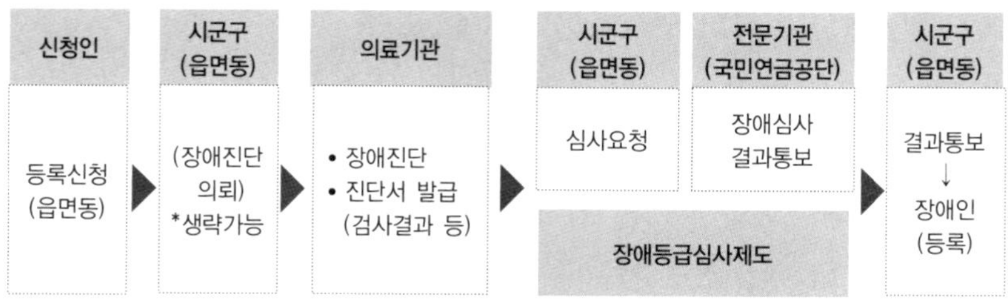

자료: 보건복지부(2011).

자매, 형제자매의 배우자, 장애인을 보호하고 있는 장애인복지시설의 장 등이다.

신청서를 제출하면 읍·면·동사무소에서는 장애진단 의뢰서를 발급하여 신청자에게 내주고, 신청자는 의료기관의 전문의사로부터 장애진단 및 검사를 통해 장애진단서를 발급받아 주소지 담당 읍·면·동사무소에 제출해서 장애인등록을 한다. 이때 신청인의 편의를 위해 장애인등록 신청을 하는 본인이 의료기관에 우선 방문하여 진단서를 제출하는 것도 가능한데 이 경우는 장애진단 의뢰서 발급 절차를 이행한 것으로 간주한다. 신규등록자나 재판정 대상자[1]는 장애상태의 확인을 위한 장애등급판정 기준상 장애유형별 참고서식, 검사자료, 진료기록지(주요 진료기록) 등을 반드시 해당 진단의사에게 발급받아 제출해야 한다. 이렇게 접수된 구비서류는 담당 국민연금공단 지사로 보내져 장애인등록 신청자의 장애등급심사가 결정되

1 등록장애인의 장애등급이 적정하게 유지되도록 하기 위해 장애유형별 의무재판정을 실시하고 있다. 정신장애는 2000년에 도입되었고, 지적장애와 자폐성장애는 2010년 1월부터 등록한 경우부터 의무재판정을 적용하고 있다. 지적장애 · 자폐성장애는 만 6세 미만에서 장애판정을 받은 경우 만 6세 이상~만 12세 미만에서 재판정, 정신장애는 매 2년마다 재판정(최초판정을 합하여 3회 등급판정 시 제외가능)하도록 하고 있다.

면 개별적으로 통보되고 시군구 및 읍면동에서 장애인등록이 완료된 후에 장애인복지서비스를 제공받을 수 있다.

(2) 장애진단서 발급비용 및 검사비 지원

신규 장애인등록이나 장애 재판정 시에는 장애진단서 발급과 검사에 따르는 비용이 소요된다. 특히 저소득층인 기초생활보장 수급자나 차상위계층은 비용부담 탓에 등록을 포기할 수가 있어 시・군・구에서 비용 일부를 지원한다.

장애진단서 발급은 기준비용 내에서 기초생활수급 대상자를 대상으로 지원하고 추가적 검사비용은 신청인이 부담하고 있다. 지적장애 및 자폐성장애는 4만 원, 기타 장애유형은 1만 5천 원까지 지원한다. 그리고 장애등급 심사결과가 장애등급결정에 해당하지 않더라도 비용을 지원한다. 또 검사비 지원은 장애인연금 신청, 활동지원제도 및 중증장애아동 수당 신청으로 재진단을 받아야 하는 기존 등록장애인 중 기초생활보장 수급자나 차상위계층에 지원한다. 기초생활보장 수급자는 진단비, 검사비를 포함하여 총 소요비용 5만 원 이상 초과금액 중 최대 10만 원 범위 안에서 지원하고, 차상위계층은 총 소요비용 10만 원 이상 초과금액 중 최대 10만 원 범위 안에서 지원한다.

3) 피성년후견 대상 장애인의 특성 및 판정기준

(1) 지적장애인

지적장애인이란 정신발육이 항구적으로 지체되어 지적 능력의 발달이 불충분하거나 불완전하고 자신의 일을 처리하는 것과 사회생활에 적응하는 것이 상당히 곤란한 사람을 말한다. 주로 18세 이전의 정신발달이 불완전하여 지능이 평균 이하로 저하되고, 이 때문에 자기의 신변관리와 사회생활에 적응이 곤란함을 겪는 경우가 많다. 장애인복지법 시행규칙에서 정하고 있는 지적장애인의 장애등급은 1~3급으로 1급은 지능지수와 사회성숙지수가 34 이하, 2급은 35 이상 49 이하, 3급은 50 이상 70 이하인 사람으로 규정한다.

장애인복지법 시행규칙에 따른 보건복지부 고시(2011-91)에 의하면 장애등급 판정기준은 〈표 3-2〉와 같다.

〈표 3-2〉 장애등급기준

장애등급	장애정도
1급	지능지수와 사회성숙지수가 34 이하인 사람으로 일상생활과 사회생활의 적응이 현저하게 곤란하여 일생 동안 타인의 보호가 필요한 사람
2급	지능지수와 사회성숙지수가 35 이상 49 이하인 사람으로 일상생활의 단순한 행동을 훈련시킬 수 있고, 어느 정도의 감독과 도움을 받으면 복잡하지 아니하고 특수기술을 요하지 아니하는 직업을 가질 수 있는 사람
3급	지능지수와 사회성숙지수가 50 이상 70 이하인 사람으로 교육을 통한 사회적·직업적 재활이 가능한 사람

가. 장애진단기관 및 전문의

의료기관의 정신과 또는 재활의학과 전문의

나. 진료기록 등의 확인

장애진단을 하는 전문의는 원인질환 등에 대하여 6개월 이상의 충분한 치료 후에도 장애가 고착되었음을 진단서, 소견서, 진료기록 등으로 확인하여야 한다(필요 시 환자에게 타 병원 진료기록 등을 제출하게 한다).

다. 장애진단 및 재판정 시기

① 장애의 원인질환 등에 관하여 충분히 치료하여 장애가 고착되었을 때에 진단하며, 그 기준시기는 원인질환 또는 부상 등의 발생 후 또는 수술 후 6개월 이상 지속적으로 치료한 후로 한다.

② 발달단계에 있는 소아청소년은 만 6세 미만에서 장애판정을 받은 경우 만 6세 이상~만 12세 미만에서 재판정을 실시하여야 한다.
만 6세 이상~만 12세 미만 기간에 최초 장애판정 또는 재판정을 받은 경우 향후 장애상태의 변화가 예상되는 경우에는 만 12세 이상~만 18세 미만 사이에 재판정을 받아야 한다.
③ 수술 또는 치료 등 의료적 조치로 기능이 회복될 수 있다고 판단하는 경우에는 장애판정을 처치 후로 유보하여야 한다. 다만, 1년 이내에 국내 여건 또는 장애인의 건강상태 등으로 인하여 수술 등을 하지 못하는 경우는 예외로 하되, 필요한 시기를 지정하여 재판정을 받도록 하여야 한다.
④ 향후 장애정도의 변화가 예상되는 경우에는 반드시 재판정을 받도록 하여야 한다. 이 경우 재판정의 시기는 최초의 진단일로부터 2년 이상 경과한 후로 한다. 2년 이내에 장애상태의 변화가 예상될 때에는 장애의 진단을 유보하여야 한다.
⑤ 재판정이 필요한 경우에 장애진단을 하는 전문의는 장애진단서에 그 시기와 필요성을 구체적으로 명시하여야 한다.

라. 지적장애 판정 절차

① 지적장애는 웩슬러 지능검사 등 개인용 지능검사를 실시하여 얻은 지능지수(IQ)와 사회성숙도 검사 등에 따라 판정하는데 지능지수는 언어성 지능지수와 동작성 지능지수를 종합한 전체 검사 지능지수를 말한다. 전체 지능지수가 34 이하인지 판별이 어려운 경우 검사자가 보정법에 의하여 추정치를 산출하거나, C-GAS를 추가 시행하고, 임상적 판단에 의하여 34 이하(정신연령 3세 이하)인지를 판단하여 그 근거를 기술한다. 사회성숙도 검사상, 사회성숙지수가 지능지수와 서로 다른 급으로 산출된 경우, 더 높은 점수를 기준으로 판단한다.
② 만 2세 이상부터 장애판정을 하며, 유아가 너무 어려서 상기의 표준화된 검사가 불가능할 경우 바인랜드(Vineland) 사회성숙도검사, 바인랜드 적응행동검사, 또는 발달검사를 시행하여 산출된 적응지수나 발달지수를 지능지수와 동일하게 취급하여 판정한다.
③ 뇌손상, 뇌질환 등 여러 가지 원인에 의하여 성인이 된 후 지능저하가 온 경우에도 상기기준에 근거하여 지적 장애에 준한 판정을 할 수 있다. 단, 노인성 치매는 제외한다.

(2) 자폐성장애인

자폐성장애인이란 소아기 자폐증, 비전형적 자폐증에 따른 언어·신체표현·자기조절·사회적응 기능 및 능력의 장애로 인하여 일상생활이나 사회생활에 상당한 제약을 받아 다른 사람의 도움이 필요한 사람을 말한다. 일반적으로 3세 이전에 발생하며 사회성 결여, 언어적 또는 비언어적 의사소통의 제한, 특정 행동 및 흥미에 반복적인 양상을 보이는 특징을 갖고 있다. 자폐는 두뇌의 기능에 영향을 미치는 신경학적 손상의 결과로 나타나며, 지적능력은 중도 지적장애부터 일반적인 수준의 능력에 이르기까지 넓은 경향을 보이지만 70~80% 이상은 지적장애를 수반한다.

장애인복지법 시행규칙에 따른 보건복지부 고시(2011-91)에 의하면 장애등급 판정기준은 〈표 3-3〉과 같다.

〈표 3-3〉 장애등급기준

장애등급	장애정도
1급	ICD-10의 진단기준에 의한 전반성발달장애(자폐증)로 정상발달의 단계가 나타나지 아니하고 지능지수가 70 이하이며, 기능 및 능력장애로 인하여 GAS척도 점수가 20 이하인 사람
2급	ICD-10의 진단기준에 의한 전반성발달장애(자폐증)로 정상발달의 단계가 나타나지 아니하고 지능지수가 70 이하이며, 기능 및 능력장애로 인하여 GAS척도 점수가 21~40인 사람
3급	2급과 동일한 특징을 가지고 있으나 지능지수가 71 이상이며, 기능 및 능력장애로 인하여 GAS척도 점수가 41~50인 사람

가. 장애진단기관 및 전문의

의료기관의 정신과(소아정신과) 전문의

나. 진료기록 등의 확인

장애진단을 하는 전문의는 원인질환 등에 대한 충분한 치료 후에도 장애가 고착되었음을 진단서, 소견서, 진료기록 등으로 확인하여야 한다(필요 시 환자에게 타 병원 진료기록 등을 제출하게 한다).

다. 장애진단 및 재판정 시기

① 전반성발달장애(자폐증)가 확실해진 시점(최소 만 2세 이상)에서 장애를 진단한다.

② 수술 또는 치료로 기능이 회복될 수 있다고 판단하는 경우에는 장애진단을 처치 후로 유보하여야 한다. 다만, 1년 이내에 국내 여건 또는 장애인의 건강상태 등으로 인하여 수술 등을 하지 못하는 경우는 예외로 하되 필요한 시기를 지정하여 재판정을 받도록 하여야 한다.

③ 소아청소년은 만 6세 미만에서 장애판정을 받은 경우 만 6세 이상~만 12세 미만에서 재판정을 실시하여야 한다.
만 6세 이상~만 12세 미만 기간에 최초 장애판정 또는 재판정을 받은 경우 향후 장애상태의 변화가 예상되는 경우에는 만 12세 이상~만 18세 미만 사이에 재판정을 받아야 한다.

④ 향후 장애정도의 변화가 예상되는 경우에는 반드시 재판정을 받도록 하여야 한다. 이 경우 재판정의 시기는 최초의 진단일로부터 2년 이상 경과한 후로 한다. 2년 이내에 장애상태의 변화가 예상될 때에는 장애의 진단을 유보하여야 한다.

⑤ 재판정이 필요한 경우에 장애진단을 하는 전문의는 장애진단서에 그 시기와 필요성을 구체적으로 명시하여야 한다.

라. 자폐성장애 진단 절차

자폐성장애 장애등급 판정은 ① 자폐성장애의 진단명에 대한 확인, ② 자폐성장애의 상태(*impairment*) 확인, ③ 자폐성장애로 인한 정신적 능력장애(*disability*) 상태 확인, ④ 자폐성장애 등급의 종합적인 진단의 순서를 따라 이루어진다.

① 자폐성장애의 진단명에 대한 확인

- 우리나라에서 공식적인 자폐성장애의 분류체계로 사용하고 있는 국제질병분류표 ICD-10(International Classification of Diseases, 10th Version)의 진단지침에 따른다.
- ICD-10의 진단명이 F84 전반성발달장애(자폐증)인 경우에 자폐성장애 등급판정을 한다.

② 자폐성장애의 상태(*impairment*) 확인: 진단된 자폐성장애의 상태가 자폐성장애 등급판정기준에 따라 어느 등급에 적절한지를 임상적 진단평가과정을 통하여 판단한 뒤 등급을 정하며, 자폐증상의 심각도는 전문의의 판단에 따른다. 또한 K-CARS 또는 여러 자폐성 척도를 이용하여 판단할 수 있다. 이 경우 사용한 척도와 그 점수 및 판단소견을 기술한다.

③ 자폐성장애로 인한 정신적 능력장애(*disability*) 상태 확인: 자폐성장애에 대한 임상적 진단평가와 보호자 및 주위사람의 정보와 일상환경에서의 적응상태 등을 감안하여 등급판정을 내린다.

④ 자폐성장애 등급의 종합적인 진단: 자폐성장애의 상태와 GAS 평가를 종합하여 최종 장애등급 진단을 내린다.

(3) 정신장애인

정신장애인이란 지속적인 정신분열병, 분열형 정동장애, 양극성 정동장애 및 반복성 우울장애에 따른 감정조절·행동·사고기능 및 능력의 장애로 인하여 일상생활이나 사회생활에 상당한 제약을 받아 다른 사람의 도움이 필요한 사람을 말한다. 정신장애인은 정신적 혹은 정서적 장애와 더불어 일상생활에서 위생 및 자기보호, 자기지시, 대인관계, 사회적 교류, 학습과 레크리에이션 등에서 기능적 능력의 발달과 경제적 자립의 어려움을 겪는 특징이 있다. 흔히 정신장애와 정신질환을 혼동해 사용하는 경우가 많은데 정신질환은 병적 증상의 완화와 같은 질병의 개념을 강조한 것이라 한다면 정신장애는 증상의 완화를 포함해 질병 때문에 이전의 정신적 기능의 상태로 되돌아갈 수 없는 것을 말한다.

장애인복지법 시행규칙에 따른 보건복지부 고시(2011-91)에 의하면 장애등급 판정기준은 〈표 3-4〉와 같다.

〈표 3-4〉 장애등급기준

장애등급	장애정도
1급 1호	정신분열병으로서 망상, 환청, 사고장애, 기괴한 행동 등의 양성증상 또는 사회적 위축과 같은 음성증상이 심하고 현저한 인격변화가 있으며, 기능 및 능력장애로 인하여 능력장애 판정기준의 6항목 중 3항목 이상에서 전적인 도움이 필요하며, GAF척도 점수가 40점 이하인 사람(정신병을 진단받은 지 1년 이상 경과한 사람에 한한다. 이하 동일)
1급 2호	양극성 정동장애(조울병)로 기분, 의욕, 행동 및 사고장애 증상이 심한 증상기가 지속되거나 자주 반복되며, 기능 및 능력장애로 인하여 능력장애 판정기준의 6항목 중 3항목 이상에서 전적인 도움이 필요하며, GAF척도 점수가 40점 이하인 사람

〈표 3-4〉 계 속

장애등급	장애정도
1급 3호	반복성 우울장애로 정신병적 증상이 동반되고 기분, 의욕, 행동 등에 대한 우울증상이 심한 증상기가 지속되거나 자주 반복되며, 기능 및 능력장애로 인하여 능력장애 판정기준의 6항목 중 3항목 이상에서 전적인 도움이 필요하며, GAF척도 점수가 40점 이하인 사람
1급 4호	분열형 정동장애로 제1호 내지 제3호에 준하는 증상이 있는 사람
2급 1호	정신분열병으로 망상, 환청, 사고장애, 기괴한 행동 등의 양성증상 및 사회적 위축 등의 음성증상이 있고 중등도의 인격변화가 있으며, 기능 및 능력장애로 인하여 능력장애 판정기준의 6항목 중 3항목 이상에서 많은 도움이 필요하며, GAF척도 점수가 41점 이상 50점 이하인 사람
2급 2호	양극성 정동장애(조울병)로 기분, 의욕, 행동 및 사고장애 증상이 있는 증상기가 지속되거나 자주 반복되며, 기능 및 능력장애로 인하여 능력장애 판정기준의 6항목 중 3항목 이상에서 많은 도움이 필요하며, GAF척도 점수가 41점 이상 50점 이하인 사람
2급 3호	만성적인 반복성 우울장애로 망상 등 정신병적 증상이 동반되고 기분, 의욕, 행동 등에 대한 우울증상이 있는 증상기가 지속되거나 자주 반복되며, 기능 및 능력장애로 인하여 장애등급별 능력장애 판정기준의 6항목 중 3항목 이상에서 많은 도움이 필요하며, GAF척도 점수가 41점 이상 50점 이하인 사람
2급 4호	만성적인 분열형 정동장애로 제1호 내지 제3호에 준하는 증상이 있는 사람
3급 1호	정신분열병으로 망상, 환청, 사고장애, 기괴한 행동 등의 양성증상이 있으나 인격변화나 퇴행은 심하지 아니한 경우로서, 기능 및 능력장애로 인하여 능력장애 판정기준의 6항목 중 3항목 이상에서 간헐적인 도움이 필요하며, GAF척도 점수가 51점 이상 60점 이하인 사람
3급 2호	양극성 정동장애(조울병)로 기분, 의욕, 행동 및 사고장애 증상이 현저하지는 아니하지만 증상기가 지속되거나 자주 반복되는 경우로서, 기능 및 능력장애로 인하여 능력장애 판정기준의 6항목 중 3항목 이상에서 간헐적인 도움이 필요하며, GAF척도 점수가 51점 이상 60점 이하인 사람
3급 3호	반복성 우울장애로 기분, 의욕, 행동 등에 대한 우울증상이 있는 증상기가 지속되거나 자주 반복되는 경우로서, 기능 및 능력장애로 인하여 능력장애 판정기준의 6항목 중 3항목 이상에서 간헐적인 도움이 필요하며, GAF척도 점수가 51점 이상 60점 이하인 사람
3급 4호	분열형 정동장애로 제1호 내지 제3호에 준하는 증상이 있는 사람

가. 장애진단기관 및 전문의

① 장애진단 직전 1년 이상 지속적으로 진료한 의료기관의 정신과 전문의
- 지속적으로 진료받았다 함은 3개월 이상 약물치료가 중단되지 않았음을 의미한다.

② ①에 해당하는 전문의가 없는 경우 장애진단 직전 3개월 이상 지속적으로 진료한 의료기관의 정신과 전문의가 진단할 수 있으나 장애진단 직전 1년 이상의 정신과 진료기록 등을 확인하여야 한다.

나. 진료기록 등의 확인

장애진단을 하는 전문의는 장애판정 직전 1년 이상 지속적으로 치료를 받은 환자로서 진단 시에도 적절한 치료중임에도 불구하고 장애가 고착되었음을 진단서, 소견서, 진료기록 등으로 확인하여야 한다(필요 시 환자에게 타 병원 진료기록 등을 제출하게 한다).

다. 장애판정 및 재판정 시기

① 1년 이상의 성실하고, 지속적인 치료 후에 호전의 기미가 거의 없을 정도로 장애가 고착되었을 때에 장애를 판정한다.

② 장애인등록 이후에 매 2년마다 장애등급을 재판정한다. 다만, 2회에 걸친 재판정에서 최초 판정 시와 동급판정(최초판정을 합하여 연속 3회에 걸쳐 동급판정)을 받은 경우에는 이후의 의무적인 재판정에서 제외할 수 있다. 이 경우에도 장애 판정의의 판단에 의하여 장애상태의 변화가 예상되는 때에는 장애진단서에 재판정 시기와 구체적 필요성을 명시하여 최종 판정일로부터 2년 이후의 일정한 시기를 정하여 재판정을 받도록 할 수 있다.

라. 정신장애 판정 절차

정신장애 장애등급 판정은 ① 현재 치료중인 상태를 확인, ② 정신질환 진단명 및 최초 진단시기에 대한 확인, ③ 정신질환 상태(*impairment*) 확인, ④ 정신질환으로 인한 정신적 능력장애(*disability*) 상태 확인, ⑤ 정신장애 등급의 종합적인 판정의 순서를 따라 한다.

① 현재 치료중인 상태를 확인: 현재 약물복용 등 치료중인 상태에서 정신장애 판정을 하여야 한다.

② 정신질환 진단명 및 최초 진단시기에 대한 확인: 우리나라에서 공식적인 정신질환 분류체계로 사용하고 있는 국제질병 분류표 ICD-10(International Classification of Diseases, 10th Version)의 진단지침에 따라 ICD-10의 F20 정신분열병, F25 분열형 정동장애, F31 양극성 정동장애 및 F33 반복성 우울장애로 진단된 경우에 한하여 정신장애 판정을 하여야 한다.

③ 정신질환 상태(*impairment*) 확인: 정신질환 상태에 대한 확인은 진단된 정신질환 상태가 정신장애 등급판정기준에 따라 어느 등급에 적절한지를 임상적 진단평가과정을 통하여 판단한 뒤 등급을 정한다.

④ 정신질환으로 인한 정신적 능력장애(*disability*) 상태 확인

- 개요
  - 정신질환으로 인한 능력장애에 대한 확인은 정신장애자에 대한 임상적 진단평가와 보호자 및 주위사람으로부터의 정보, 정신보건의료서비스를 제공하고 있는 치료자의 의견, 학업이나 직업활동상황 등 일상환경에서의 적응상태 등을 감안하여 등급판정을 내린다.
  - '능력장애 상태'는 정신질환에 의한 일상생활 혹은 사회생활의 지장 정도 및 주위의 도움(간호, 지도) 정도에 대해 판단하는 것으로서 장애의 정도를 판단하기 위한 지표로서 이용된다.

⑤ 정신장애 등급의 종합적인 판정

- 정신질환 상태와 능력장애 상태에 대한 판정을 종합하여 최종 장애등급판정을 내린다. 다만, 정신질환 상태와 능력장애 상태에 따른 등급에 차이가 있을 경우 능력장애 상태를 우선적으로 고려한다.
- 정신질환 상태 및 능력장애 상태가 시간에 따라 기복이 있거나, 투약 등 치료를 통하여 상태의 변화가 있는 경우에는 최근 3개월간의 증상이 가장 심하였을 경우와 가장 호전되었을 경우의 평균적 상태를 기준으로 등급을 판정한다.

4) 장애인복지서비스

장애인복지법에 근거해 장애인등록이 완료되면, 장애인 관련법에 따라 복지서비스, 취업알선, 특수교육 등 장애인과 관련한 각종 서비스를 지원받게 된다. 현재 장애인의 복지증진을 위해 제공하는 보편적인 서비스는 대략 70여 가지나 된다. 이들 각종 서비스들은 보건복지부와 기타 중앙행정기관, 지방자치단체, 민간기관, 지방이양사업 등을 통해 제공된다.

보건복지부에서 발행(2012년 1월)한 2012년 장애인복지사업안내(1)의 장애인복지시책을 보면 다음과 같다.

(1) 보건복지부 시행사업

보건복지부에서 시행하는 사업은 연금, 일자리 등의 소득지원과 의료비, 장애인보장구 등의 의료지원, 가족양육 등 사회활동지원, 주택개조, 자동차 표지 등의 지원이 주요한 내용이다.

① 연금, 일자리 등 소득지원

:: 장애인연금

| 지원 대상 |

- 만 18세 이상 등록한 중증장애인 대상
  - 중증장애인: 1급, 2급, 3급 중복장애
  - 3급 중복장애: 주 장애가 3급이며 다른 유형의 장애가 하나 이상 있는 사람
- 본인과 배우자의 소득 인정액이 선정 기준액 이하인 사람

- 소득 인정액 = 월소득 평가액 + 재산의 소득 환산액
- 2012년도 선정 기준액

  단독가구: 551,000원

  부부가구: 881,600원

| 지원 내용 |

▪ 연금 = 기초급여 + 부가급여 지원

매월, 단위: 원

구분		계	기초	부가
기초	18～64세	151,200	91,200	60,000
	65세 이상	150,000		150,000
차상위	18～64세	141,200	91,200	50,000
	65세 이상	50,000		50,000
차상위 초과	18～64세	91,200	91,200	
	65세 이상	20,000		20,000

* 개인의 상황에 따라 연금액은 차이가 있을 수 있음

▪ 읍·면·동에 신청

:: 경증 장애수당 및 장애아동수당

| 지원 대상 |

▪ 경증 장애수당: 국민기초생활보장법에 의한 수급자 및 차상위 계층(120% 이하)의 18세 이상 등록장애인 중 장애등급이 3~6급인 자

▪ 장애아동수당: 국민기초생활보장법에 의한 수급자 및 차상위 계층(120% 이하)의 18세 미만 장애아동

  * 중증장애인: 1급, 2급, 3급 중복장애

  * 3급 중복장애: 주장애가 3급이며 다른 유형의 장애가 하나 이

상 있는 사람

* 경증장애인: 장애등급이 3~6급인 사람

| 지원 내용 |

- 경증 장애수당
- 기초 및 차상위: 1인당 월 3만 원
- 보장시설 수급자: 1인당 월 2만 원
- 장애아동수당
- 기초중증: 1인당 월 20만 원
- 차상위중증: 1인당 월 15만 원
- 기초 및 차상위경증: 1인당 월 10만 원
- 보장시설 중증: 1인당 월 7만 원
- 보장시설 경증: 1인당 월 2만 원
- 읍·면·동에 신청

:: 장애인 자녀 교육비 지원

- 소득 인정액 최저생계비 130% 이하인 가구의 1~3급 초·중·고등학생 장애인 본인 및 1~3급 장애인의 초·중·고등학생 자녀 대상
- 고등학생의 입학금 및 수업료 전액 지원
- 고등학생의 교과서대 119,200원(연 1회)
- 초·중학생의 부교재비 36,000원(연 1회)
- 중학생, 고등학생의 학용품비 49,500원(1학기 24,750원, 2학기 24,750원으로 연 2회)
- 읍·면·동에 신청

:: 장애아 무상보육료 지원

| 지원 대상 |

- 만 0~12세 장애아동
  - 장애인등록증 소지자 또는 장애진단서(만 5세 이하) 제출자

| 지원 내용 |

- 지원단가
  - 종일반: 39만 4천 원/월
  - 방과후: 19만 7천 원/월

  ※ 가구소득수준과 무관
- 읍·면·동에 신청

:: 장애인일자리 지원

- 만 18세 이상 등록장애인 및 미취업 시각장애인 안마사 대상
- 사업기간 및 내용, 급여

구분	내용	사업기간	급여
장애인 복지 일자리	학교급식도우미, 홀몸 어르신 안부지킴이 콜서비스 등 다양한 유형의 일자리 제공	9개월 ('12. 2~10월)	월 보수 25만 9천 원 1년 부대경비 11만 4천 원
장애인 행정 도우미	자치단체 관공서 등에 배치하여 사회복지 등 자치단체 특성에 맞는 업무 수행	12개월 ('12. 1~12월)	월 보수 87만 7천 원
시각 장애인 안마사 파견	일정시설 여건을 갖춘 노인복지관 등에 배치하여 안마 서비스 제공	12개월 ('12. 1~12월)	월 보수 100만 원 운영비 108천 원/월·인

- 시·군·구(읍·면·동) 및 위탁기관에서 공개모집

:: **장애인생산품 판매시설 운영 지원**

- 장애인직업재활시설 등에서 물품을 생산하는 장애인 대상
- 장애인들이 생산한 물품의 판로확보로 장애인 취업확대 및 소득보장
- 설치지역: 시·도당 1개소(16개 지역)
- 인근 장애인 생산품 판매시설에 의뢰 문의: 한국장애인 직업재활 시설협회(02-921-5053)

:: **중증장애인 직업재활 지원사업 수행기관 운영 지원**

- 등록장애인
- 장애인이 취업을 통하여 안정된 생활을 할 수 있도록 직업상담, 직업평가, 직업 적응훈련, 취업알선, 지원고용, 취업 후 지도 등 취업과 관련된 종합적인 서비스 제공
- 사업 수행기관: 장애인복지관, 단체, 직업재활시설 등에 내방, 전화 등으로 이용 신청

:: **장애인 자립자금 대여**

- 성년 등록장애인 대상

- 소득기준: 가구의 소득 인정액이 최저생계비 250% 이하
- 금융기관의 여신규정상 결격사유가 없는 사람

※ 국민기초생활보장법상의 수급자 및 차상위 계층은 저소득층 생업자금을 대여하므로 대상에서 제외. 다만, 저소득층 생업자금이 부족하여 못 받는 경우에 한해 가능

- 대여한도

- 무보증대출: 가구당 1,200만 원 이내

- 보증대출: 가구당 2,000만 원 이내
- 담보대출: 5,000만 원 이하

▪ 대여이자: 3% (고정금리)

▪ 상환방법: 5년 거치, 5년 분할상환

▪ 읍·면·동에 신청

:: **장애인근로자 자동차 구입자금 대여**

▪ 장애인근로자(등록장애인) 대상
- 금융기관의 여신규정상 결격사유가 없는 사람
- 신용대출 및 담보대출 가능

▪ 대여한도: 가구당 1,000만 원 이내
  (단, 특수설비 부착 시 1,500만 원 이내)

▪ 대여이자: 3% (고정금리)

▪ 상환방법: 5년 균등분할상환
  ※ 대여신청은 자금배정 소진 때까지

▪ 읍·면·동에 신청

② 의료비, 보장구 등 의료지원

:: **장애인등록 진단비 지급**

▪ 국민기초생활보장법상의 수급자로서 신규 등록장애인 및 재판정 시기가 도래한 장애인

▪ 진단서 발급비용 지원
- 지적장애 및 자폐성장애: 4만 원
- 기타 일반장애: 1만 5천 원

※ 장애판정을 위한 검사비용은 본인 부담

▪ 시 · 군 · 구에서 의료기관에 직접 지급

:: 장애검사비 지원

| 지원 대상 |

▪ 기존 등록장애인 중 장애인연금 또는 활동보조 신청 등으로 재진단을 받아야 하는 기초생활수급자 및 차상위계층인 사람

▪ 행정청 직권으로 재진단을 받는 사람

| 지원 내용 |

▪ 기초생활수급자

- 소요비용이 5만 원 이상 초과금액 중 최대 10만 원 내 지원

▪ 차상위계층

- 소요비용이 10만 원 이상 초과금액 중 최대 10만 원 내 지원

▪ 직권 재진단 대상

- 소요비용과 관계없이 10만 원 이하의 범위 내 지원

▪ 읍 · 면 · 동에 신청

:: 장애인 의료비 지원

| 지원 대상 |

▪ 의료급여법에 의한 의료급여 2종 수급권자인 등록장애인

▪ 건강보험의 차상위 본인부담 경감 대상자인 등록장애인(만성질환 및 18세 미만 장애인)

| 지원 내용 |

- 1차 의료급여기관 진료
  - 본인부담금 1,500원 중 750원 지원(원내 직접 조제)
  - 본인부담금 1,000원 중 750원 지원(그 이외의 경우)
- 2차, 3차 의료급여기관 진료
  - 의료(요양)급여수가적용 본인부담진료비 15%(차상위 14%, 암환자 5%, 입원 10% 등) 전액을 지원하되 본인부담금 식대 20%는 지원하지 않음
- 의료(요양)급여 적용 보장구 구입 시 상한액 범위 내에서 본인부담금(15%) 전액
- 의료급여증과 장애인등록증을 제시

:: 건강보험 지역가입자의 보험료 경감

| 자동차 분 건강보험료 전액 면제 |

- 장애인복지법 규정에 의해 등록한 장애인 소유 자동차 및 지방세법에 의하여 장애인을 위하여 사용하는 자동차로서 지자체가 자동차세를 면제하는 자동차 대상
- 건강보험료 책정 시 자동차분 건강보험료 전액 면제
- 국민건강보험공단 지사에 확인

| 생활수준 및 경제활동 참가율 등급별 점수 산정 시 특례 적용 |

- 등록장애인 대상
- 건강보험료 책정 시 지역가입자의 연령·성별에 상관없이 기본구간(1구간)을 적용하고, 자동차분 건강보험료를 면제받는 장애인용 자동차에 대하여 모두 기본구간(1구간)을 적용하여 보험

료를 낮게 책정

- 국민건강보험공단 지사에 신청

| 산출보험료 경감 |

- 지역가입자 중 등록장애인이 있는 세대로 소득이 360만 원 이하인 동시에 과표재산이 1억3천만 원 이하인 사람 대상
- 장애등급 1~2급인 경우: 30% 감면
- 장애등급 3~4급인 경우: 20% 감면
- 장애등급 5~6급인 경우: 10% 감면
- 국민건강보험공단 지사에 신청

:: 장애인 보조기구 교부

- 등록장애인 중 국민기초생활보장법상의 수급자 및 차상위계층
- 품목
  - 욕창방지용 방석 및 커버: 1~2급 지체·뇌병변·심장장애인
  - 음향신호기의 리모컨, 음성시계, 인쇄물 음성변환출력기, 시력 확대 및 각도조절 용구: 시각장애인
  - 휴대용 무선신호기, 진동시계와 음성증폭기: 청각장애인
  - 자세보조 용구, 보행기, 식사 보조기구와 기립 보조기구: 뇌병변장애인, 근육병 등 지체장애인 1, 2급
- 읍·면·동에 신청

:: 보장구 건강보험급여(의료급여) 적용

| 지원 대상 |

- 등록장애인 대상
  - 「보장구 급여비 지급청구서」 제출 시 첨부서류
    - 의사발행 보장구 처방전 및 보장구 검수확인서 각 1부
    - 요양기관 또는 보장구 제작·판매자 발행 영수증 1부

    ※ 지팡이·목발·휠체어(2회 이상 신청 시) 및 흰지팡이 또는 보장구의 소모품 경우는 위 영수증만 첨부
  - 「보장구 급여비 지급청구서」 제출기관
    - 건강보험: 공단
    - 의료급여: 시·군·구청

    ※ 의료급여수급권자는 보장구급여신청서 제출 후 적격 통보받은 자가 보장구급여비 지급청구 대상자임

| 지원 내용 |

- 건강보험대상자: 적용대상 품목의 기준액 범위 내에서 구입비용의 80%를 공단에서 부담
- 의료급여수급권자: 적용대상 품목의 기준액 범위 내에서 전부(1종) 또는 85%(2종)를 기금에서 부담
- 신청기관
  - 건강보험: 공단
  - 의료급여: 시·군·구청

  ※ 공단에 등록된 업소 및 품목에 대해 구입한 경우 급여지원(공단홈페이지 건강iN 참조)

〈적용대상 보장구 및 기준액〉

분 류	기준액(원)	내구연한(1년)
지체·뇌병변장애인용 지팡이	20,000	2
목발	15,000	2
수동휠체어	480,000	5
의지·보조기	유형별로 상이	유형별로 상이
시각장애용 저시력 보조 안경 돋보기 망원경 콘택트렌즈 의안	 100,000 100,000 100,000 80,000 300,000	 5 4 4 3 5
흰지팡이	14,000	0.5
보청기	340,000	5
체외용 인공후두	500,000	5
전동휠체어	2,090,000	6
전동스쿠터	1,670,000	6
정형외과용 구두	220,000	2
소모품(전지)	160,000	1.5

:: 장애아동 재활치료지원

| 지원 대상 |

- 연령기준: 만 18세 미만 장애아동
- 장애유형: 뇌병변, 지적, 자폐성, 언어, 청각, 시각 장애아동
- 소득기준: 전국가구 평균소득 100% 이하
- 기타요건
  - 장애인복지법상 등록 장애아동
  - 다만, 등록이 안 된 만 5세 이하(6세 미만) 아동은 의사진단서로 대체 가능

| 지원 내용 |

▪ 매월 16만~22만 원의 재활치료 바우처 지원

▪ 언어치료, 청능치료, 미술·음악치료 등 원하는 재활치료 서비스 선택하여 이용

▪ 읍·면·동에 신청

:: 시청각장애부모 자녀의 언어발달 지원

| 지원 대상 |

▪ 연령기준: 만 18세 미만 비장애아동(양쪽 부모가 시각·청각·언어지적·뇌병변 자폐성 등록장애인)

▪ 소득기준: 전국가구 평균소득 100% 이하

| 지원 내용 |

▪ 매월 16만 원~22만 원의 언어치료 등 바우처 지원

▪ 언어발달 진단서비스, 심리상담 서비스, 언어치료, 청능치료, 언어재활 서비스 및 독서지도, 놀이지도, 수화지도 등 원하는 서비스 선택하여 이용

▪ 읍·면·동에 신청

③ 가족양육 등 사회활동지원

:: 장애인 활동지원

▪ 만 6세~만 64세의 장애인복지법상 등록 1급 장애인 중 활동지원 인정조사표에 의한 방문조사 결과 220점 이상인 사람

- 장애등급심사를 거친 후 국민연금공단에서 방문조사를 실시하

고 시·군·구에서 수급자격 심의위원회를 거쳐 활동지원 등급 최종결정

▪ 급여내용

- 활동보조(신체활동, 가사활동, 사회활동 등 지원), 방문간호, 방문목욕, 긴급활동지원

▪ 월 한도액

- 기본급여: 등급별 월 35~86만 원
- 추가급여: 독거장애인, 출산가구, 학교생활, 직장생활, 자립준비 등에 대해 월 8~66만 원 추가급여 제공

▪ 본인부담금

- 기초: 무료
- 차상위: 2만 원
- 소득수준에 따라 기본급여의 6~15% + 추가급여 2~5%
  - 기본급여(1~4등급): 2만 1천~9만 1천 원(장애인연금 기초급여액으로 상한 설정)
  - 추가급여(독거, 출산, 학교·직장생활 등): 1천~3만 3천 원

▪ 읍·면·동, 국민연금공단 각 지사에 신청

:: **장애아 가족 양육지원**

▪ 연령기준: 만 18세 미만 중증장애아동

▪ 장애유형: 「장애인고용촉진 및 직업재활법」에 근거한 중증 장애아동 1, 2급 및 3급 일부*

* 3급 일부: 지체(상지), 뇌병변, 시각, 지적, 정신, 자폐성, 심장, 호흡, 간질장애

▪ 소득기준: 전국가구 평균소득 100% 이하

▪ 1가정 당 연 320시간 범위 내 지원

* 선정 후 1개월간 이용실적이 없는 경우 서비스 제한

▪ 아동의 가정 또는 돌보미 가정에서 돌봄서비스 제공(장애아동 보호 및 휴식 지원)

▪ 읍·면·동에 신청

④ 주택개조, 자동차 표지 등 지원

:: **농어촌 재가장애인 주택개조비 지원**

▪ 농어촌 거주 기초생활보장수급자 및 차상위계층 중 등록장애인으로 자가소유자 및 임대주택 거주자 대상

▪ 가구당 380만 원(1,000가구 지원)

▪ 읍·면·동에 신청

:: **실비 장애인 거주시설 입소 이용료 지원**

▪ 아래 소득조건 해당의 실비 장애인생활시설에 입소한 장애인

▪ 소득조건

- 등록 장애인이 속한 가구의 가구원 수로 나눈 월 평균소득액이 통계청장이 통계법시행령 제3조의 규정에 의하여 고시하는 '12년도의 도시근로자가구 월평균 소득을 평균가구원 수로 나누어 얻은 1인당 월 평균소득액 이하인 가구의 등록장애인

▪ 실비 장애인 거주시설 입소 시 입소비용 중 매월 27만 원 지원

▪ 국고에서 시·도로 지원하며, 시·군·구에서 해당시설에 지원

:: 장애인 자동차 표지 발급

| 지원 대상 |

- 장애인 또는 장애인과 세대별 주민등록표상 같이 기재되어 있는 배우자, 직계존·비속, 직계비속의 배우자, 형제, 자매명의로 등록하여 장애인이 주로 사용하는 자동차 1대
- 국내 거소신고를 한 재외동포와 외국인등록을 한 외국인으로서 보행장애가 있는 사람 명의로 등록한 자동차 1대

  ※ 장애인 본인 명의의 차량은 보호자용 표지 발급 가능
- 장애인복지시설 및 단체 명의의 자동차
- 장애인 본인 또는 장애인과 세대별 주민 등록표상 같이 기재되어 있는 직계 존· 비속이나 배우자, 형제자매, 직계비속의 배우자 명의로 계약한 자동차대여 사업자 또는 시설대여 업자로부터 1년 이상 임대한 계약자 명의 자동차 1대
- 노인의료복지시설 명의의 자동차
- 「장애인 등에 대한 특수교육법」 제28조 제5항에 따라 장애인의 통학을 위하여 사용되는 자동차
- 「영유아보육법」 제26조에 따라 장애아를 전담하는 보육시설의 명의로 등록하여 장애아보육사업에 사용되는 자동차
- 「교통약자의 이동편의증진법」 제16조에 따른 특별교통수단으로서 장애인의 이동 편의를 위해 사용되는 자동차

| 지원 내용 |

- 장애인 전용주차구역 이용(일부에 한함), 10부제 적용 제외, 지방자치단체별 조례에 의거 공영주차장 주차요금 감면 등

  ※ 장애인의 보행상 장애 여부에 따라 전용주차구역을 이용할 수 있는

표지가 발급되며, 장애인이 탑승한 경우에만 표지의 효력을 인정

▪ 읍·면·동에 신청

(2) 기타 중앙행정기관 시행사업

복지부 이외의 중앙행정기관에서 시행하는 사업으로는 소득공제 등의 각종 세제혜택, 장애인 고용촉진 및 방송시청 지원 등이 있다.

① 소득공제 등 각종 세제 혜택

:: **승용자동차에 대한 개별소비세 면제**

| **지원 대상** |

▪ 1~3급 장애인 본인 명의 또는 장애인과 주민등록표상 생계를 같이 하는 배우자·직계존속·직계비속·직계비속의 배우자·형제·자매 중 1인과 공동명의로 등록한 승용자동차 1대

※ 5년 이내 양도할 경우 잔존년도분 부과

※ 차량명의자 중 1인은 운전면허가 필히 있어야 함

| **지원 내용** |

▪ 개별소비세 및 교육세 전액 면세

▪ 자동차판매인에게 상담, 국세청 소관 관할세무서에 신청

:: **장애인용 차량에 대한 취득세(종전 등록세 포함) 자동차세 면제**

| **지원 대상** |

▪ 차량 명의를 1~3급(시각 4급은 자치단체 감면조례에 의함)의 장애인 본인이나 그 배우자 또는 주민등록표상 장애인과 함께 거주하

는 직계존·비속(재혼 포함), 직계비속의 배우자(외국인 포함), 형제, 자매 중 1인과 공동명의

- 배기량 2000cc 이하 승용차
- 승차정원 7인승 이상 10인승 이하인 승용차, 승차정원 15인승 이하 승합차, 적재정량 1톤 이하인 화물차, 이륜자동차 중 1대

| 지원 내용 |

- 취득세(종전 등록세 포함)·자동차세 면세
- 시·군·구청 세무과에 신청

:: 승용자동차 LPG 연료 사용 허용

- 장애인 또는 장애인과 주민등록상 같이 거주하는 보호자(배우자, 직계존·비속, 직계존·비속의 배우자, 형제·자매) 1인과 공동명의 또는 보호자 단독명의로 하는 경우의 등록한 승용자동차 1대
- LPG 연료사용 허용(LPG 연료사용 차량을 구입하여 등록 또는 휘발유 사용 차량을 구입하여 구조변경)

  ※ LPG 승용차를 사용하던 장애인이 사망한 경우는 동 승용차를 상속받은 자에게도 사용 허용
- 시·군·구 차량등록 기관에 신청/ 지식경제부 소관

:: 차량 구입 시 도시철도 채권 구입 면제

- 장애인 명의 또는 장애인과 주민등록상 같이 거주하는 보호자 1인과 공동명의로 등록한 보철용의 아래 차량 중 1대
- 비사업용 승용자동차
- 15인승 이하 승합차

- 소형화물차(2.5톤 미만)

▪ 도시철도채권 구입의무 면제(지하철 공사가 진행되고 있는 특별시와 광역시에 해당)

▪ 관할 시·군·구청 차량등록기관에 신청(자동차판매사 영업사원에게 문의)

:: **소득세 공제**

▪ 등록장애인 대상

▪ 소득금액에서 장애인 1인당 연 200만 원 추가 공제

▪ 부양가족(직계존·비속, 형제·자매 등) 공제 시 장애인인 경우 연령제한 미적용

▪ 연말정산 또는 종합소득 신고 시 공제신청

▪ 국세청 전화 세무상담 1588-0060

:: **장애인의료비 공제**

▪ 등록장애인 대상

▪ 당해년도 의료비 전액

- 총소득의 3% 초과분에 한해 공제(소득세법 제52조 특별공제)

▪ 연말정산 또는 종합소득 신고 시 공제신청 세무서 문의

:: **상속세 상속 공제**

▪ 등록장애인 대상

- 상속인과 피상속인이 사실상 부양하고 있던 직계존·비속, 형제, 자매

▪ 상속인 및 동거가족인 등록장애인에게 상속 공제

▪ 장애인이 재산을 상속받아 상속세를 납부하게 될 때에는「상

속세 과세가액」에서 그 장애인이 75세에 달하기까지 1년에 500만 원을 곱한 금액을 공제

※ 상속세과세가액 = 당초의 상속세과세가액 - 〔500만 원 × (75 - 당해 장애인의 연령)〕

▪ 관할 세무서에 신청

:: **장애인 특수교육비 소득공제**

▪ 등록장애인 대상

▪ 사회복지시설이나 보건복지부장관으로부터 장애인재활교육시설로 인정받은 비영리법인에 지급하는 특수교육비 전액

▪ 연말정산 또는 종합소득 신고 시 공제신청

:: **증여세 면제**

▪ 등록장애인 대상

- 장애인을 수익자로 하며, 신탁기간을 장애인의 사망시까지로 하여 신탁회사에 신탁한 부동산, 금전, 유가증권

▪ 장애인이 생존기간 동안 증여받은 재산 가액의 합계액에 대하여 최고 5억 원까지 증여세과세가액에 불산입

※ 중도에 신탁계약을 해지하는 경우 해지 시점에서 세금 납부 관할 세무서에 신청

:: **장애인보장구 부가가치세 영세율 적용**

▪ 등록장애인 대상

▪ 부가가치세 감면

- 의수족, 휠체어, 보청기, 점자판과 점필, 시각장애인용 점자정보단말기, 시각장애인용 점자프린터, 청각장애인용 골도전화

기, 시각장애인용 특수제작된 화면낭독 소프트웨어, 지체장애인용으로 특수제작된 키보드 및 마우스, 보조기(팔·다리·척추 및 골반보조기에 한함).

- 이상은 별도신청 없음

※ 텔레비전 자막수신기(국가·지방자치단체·한국농아인협회의 구매 시)

- 지체장애인용 지팡이, 시각장애인용 흰지팡이, 청각장애인용 인공달팽이관 시스템, 목발, 성인용 보행기, 욕창예방 물품, 인공후두, 장애인용 기저귀, 텔레비전 자막수신기, 청각장애인용 음향 표시장치, 시각장애인용 인쇄물 음성변환 출력기, 시각장애인용 전자독서확대기, 시각장애인 전용 음성독서기
- 이상 국세청 전화 세무담당 126

:: **장애인용 수입물품 관세 감면**

- 등록장애인 대상
- 장애인용 물품으로 관세법시행규칙 별표2에서 정한 101종의 수입물품에 대하여 관세 면제
- 재활병원 등에서 사용하는 지체·시각 등 장애인 진료용구에 대하여 관세면제
- 통관지 세관에서 수입신고 시에 관세면제 신청

:: **특허출원료 또는 기술평가 청구료 등의 감면**

- 등록장애인 대상
- 특허출원 시 출원료, 심사청구료, 1~3년차 등록료, 기술평가 청구료 면제

▪ 특허 · 실용신안원 또는 의장권에 대한 적극적인 권리범위 확인 심판 시 그 심판 청구료의 70% 할인

▪ 출원, 심사청구, 기술평가청구, 심판청구 시 또는 등록 시 특허청에 감면 신청

② 장애인 고용촉진 및 방송시청 지원

:: **장애인 고용서비스**

▪ 등록장애인 대상

▪ 장애인고용서비스 제공

- 장애인 직업상담과 직업능력평가 실시를 통한 집중 취업 알선
- 취업지원프로그램 실시 등 구직역량 강화 지원
- 장애인 직업훈련 실시 및 훈련비 지원
- 재직장애인 보조공학기기 및 근로 지원인 서비스 지원

▪ 상시 50인 이상 고용 사업주에 대한 장애인 의무고용 확대*

* 정부, 공공기관: 3%, 민간기업: 2% → 2.3%('10), 2.5%('12), 2.7%('14)

- 장애인 의무고용률 미준수 사업주에게 장애인고용부담금 부과 (상시근로자 100인 이상 사업체)
- 장애인 의무고용률(2.7%)을 초과 고용한 사업주에게 장애인고용 장려금 지급

▪ 고용노동부(한국장애인 고용공단) 1588-1519

※ 자세한 사항은 홈페이지 www.kead.or.kr에서 안내

:: **방송수신기 무료보급**

(자막방송 수신기화면 해설방송 수신기, 난청노인용 수신기)

- 시청각장애인, 난청노인 대상
  - 저소득층 및 중증장애인 우선보급
- 청각장애인을 위한 자막방송수신기
  - 한국농아인협회 보급
- 시각장애인을 위한 화면해설방송수신기
  - 한국시각장애인협회 보급

  ※ 난청노인용수신기: 한국노인종합복지관 및 노인복지진흥재단 보급
- 방송통신위원회 산하(한국전파진흥원 수행) 02-2142-4444~5

:: **장애인방송 시청 지원(자막방송, 수화방송, 화면해설방송)**

- 시청각장애인
- 시청각장애인을 위한 장애인방송(자막, 수화, 화면해설방송)지원
  - 방송사업자(KBS, MBC, SBS, EBS 등 지역지상파 방송사 등)의 장애인방송 제작 지원
- EBS 교육방송물 보급
  - 초・중・고등학생용 EBS 교육방송물을 재제작하여 웹 형태로 지원
- 방송통신위원회 산하(한국전파진흥원 수행) 02-2142-4444~5

(3) 지방자치단체 조례에 의한 사업

:: **차량 구입 시 지역개발 공채 구입 면제**

- 지방자치단체별 조례에서 규정하는 장애인용 차량

  ※ 도지역에 해당

▪ 지방자치단체별 조례에 의거 장애인 차량에 대한 지역개발공채 구입의무 면제

▪ 시 · 군 · 구청 차량등록기관에 신청(자동차판매사 영업사원에 문의)

:: **고궁, 능원, 국 · 공립 박물관 및 미술관, 국 · 공립공원, 국 · 공립 공연장, 공공체육시설 요금 감면**

▪ 등록장애인 및 1~3급 장애인과 동행하는 보호자 1인

- 국공립 공연장 중 대관공연은 할인에서 제외

▪ 입장요금 무료

※ 국 · 공립 공연장(대관공연 제외) 및 공공체육시설 요금은 50% 할인

※ 공공체육시설: 생활체육관, 수영장, 테니스장, 스키장 등

▪ 장애인등록증(복지카드) 제시

:: **공영주차장 주차요금 감면**

▪ 등록장애인

- 장애인 자가운전 차량

- 장애인이 승차한 차량

▪ 지방자치단체의 조례에 의거 할인 혜택 부여

※ 대부분 50% 할인혜택이 부여되나 각 자치단체별로 상이

▪ 장애인등록증(복지카드) 제시

(4) 민간기관에서 자체운영규정에 의하여 실시하는 사업

:: **철도 · 도시철도 요금 감면**

▪ 등록장애인 대상

▪ 등록장애인 중 중증장애인(1~3급)과 동행하는 보호자 1인 KTX,

새마을호, 무궁화, 통근열차: 50% 할인

- 등록장애인 중 4~6급
  - KTX, 새마을호: 30% 할인(토·일, 공휴일을 제외한 주중에 한하여)
  - 무궁화, 통근열차: 50% 할인
- 도시철도(지하철, 전철): 100%
- 장애인등록증(복지카드) 제시

:: 유선 전화요금 할인

| 지원 대상 |

- 장애인 명의의 전화 1대
- 장애인단체, 복지시설 및 특수학교 전화 2대(청각·언어장애인 시설 및 학교는 FAX 전용전화 1대 추가 가능)

※ 미성년자인 경우 부모동의서 제출

| 지원 내용 |

- 시내통화료 50% 할인
- 시외통화는 월 3만 원의 사용한도 내에서 50% 할인
- 이동전화에 걸은 요금: 월 1만 원의 사용한도 이내에서 30% 할인
- 114 안내요금 면제
- 관할 전신 전화국에 신청

:: 이동통신 및 인터넷요금 할인

| 지원 대상 |

- 장애인복지법에 따른 장애인, 장애인복지시설, 장애인복지단체

  ※ 모든 이동통신 사업자 중 개인은 1회선, 단체는 2회선에 한함(단, 청각장애인 단체에 대해서는 팩스용 1회선 추가)

- 국민기초생활보장법에 따른 수급자 중 "장애인고용촉진 및 직업재활법"에 따른 중증장애인으로 구성된 가구원, 장애인복지법에 따른 장애수당, 장애아동수당 수급자가 속한 가구원
- 국민기초생활보장법에 따른 차상위 계층 중 장애인복지법에 따른 장애수당, 장애아동수당 수급자가 속한 가구원

| 지원 내용 |

- 이동전화
  - 가입비 면제
  - 기본료 및 통화료(음성 및 데이터 한함) 35% 할인
- 인터넷 이용요금: 월 이용요금의 30%

  ※ 자세한 사항은 해당 이동통신사에서 안내

- 해당 회사에 신청

  ※ 전 이동통신회사

:: 시 · 청각장애인 TV수신료 면제

| 지원 대상 |

- 시각 · 청각 장애인이 있는 가정
- 사회복지시설에 입소한 장애인을 위하여 설치한 텔레비전 수상기

| 지원 내용 |

- TV수신료 전액 면제

※ 시 · 청각장애인 가정의 수신료 면제는 주거 전용의 주택 안에 설치된 수상기에 한함

- 주소지 관할 한전사업소, KBS콜센터 1588-1801
- 홈페이지(www.oklife.go.kr) 또는 읍 · 면 · 동 자치센터

:: **공동주택 특별 분양 알선**

- 등록장애인인 무주택 세대주 대상(지적장애 또는 정신 및 제3급 이상의 뇌병변 장애인의 경우 그 배우자 포함)
- 청약저축에 상관없이 전용면적 85제곱미터 이하의 공공분양 및 공공임대주택 분양 알선
- 시 · 도에 문의 및 읍 · 면 · 동에 신청

:: **무료 법률구조제도 실시**

- 등록장애인 대상
  - 법률구조공단에서 심의하여 무료 법률구조를 결정한 사건에 한함
- 소송 시 법원에 소요되는 일체의 비용(인지대, 송달료, 변호사 비용 등)을 무료로 법률구조서비스 제공
  - 무료 법률 상담
  - 무료 민사 · 가사사건 소송 대리(승소가액이 2억 원 초과 시 실비 상환)
  - 무료 형사변호(단, 보석보증금 또는 보석보증보험수수료 본인 부담)
- 대한법률구조공단 관할 지부에 유선 또는 방문상담
- 상담전화 132, 홈페이지 www.klac.or.kr에서 안내

:: **항공요금 할인**

- 등록장애인 대상
- 대한항공(1~4급), 아시아나항공 국내선 요금 50% 할인(1~3급 장애인은 동행하는 보호자 1인 포함)
- 대한항공(5~6급 장애인) 국내선 30% 할인

※ 대한항공은 2006년부터 사전예약제(Booking Class 관리 시스템) 실시로 주말, 성수기, 명절연휴 등 고객 선호도가 높은 항공편(제주노선부터 실시)의 경우 사전예약이 안되면 항공요금 감면 등 구입이 안 될 수 있으므로 동 시기에는 사전예약 요망

- 장애인등록증(복지카드) 제시

:: **연안여객선 여객운임 할인**

- 등록장애인 대상
- 연안여객선 여객운임 50% 할인 (1~3급 장애인 및 1급 장애인 보호자 1인)
- 연안여객선 여객운임 20% 할인 (4~6급 장애인)

※ 선사별, 개별운송약관에 의해 구체적 할인율이 상이할 수 있음

- 장애인등록증(복지카드) 제시
- 한국해운조합 6096-2044

:: **초고속인터넷 요금할인**

- 등록장애인
- 월 이용료의 30% 감면
- 해당회사에 신청

:: 고속도로통행료 50% 할인

| 지원 대상 |

▪ 장애인 또는 장애인과 주민등록표상 같이 기재되어 있는 보호자(배우자 · 직계 존속 · 직계비속 · 직계비속의 배우자 · 형제 · 자매)의 명의로 등록한 아래 차량 중 1대(장애인자동차표지 부착)에 승차한 등록장애인

- 배기량 2,000CC 이하 승용차/ 승차정원 7~10인승 승용차/ 승차정원 12인승 이하 승합차/ 적재정량 1톤 이하 화물차

※ 경차와 영업용차량(노란색 번호판의 차량)은 제외

| 지원 내용 |

▪ 고속도로 통행료 50% 할인

- 일반차로: 요금 정산소에서 통행권과 할인카드를 함께 제시하면 요금 할인
- 하이패스 차로: 출발 전 감면단말기에 연결된 지문인식기에 지문을 인증한 후 고속도로(하이패스 차로) 출구를 통과할 때 통행료 할인

▪ 할인카드발급 신청: 읍 · 면 · 동사무소

▪ 감면단말기 지문정보 입력: 읍 · 면 · 동사무소 및 한국도로공사 지역본부

:: 전기요금 할인

▪ 중증장애인(1급~3급) 대상

▪ 전기요금 정액 감액(월 8천 원 한도)

- 문의전화: 국번 없이 123

- 홈페이지: www.kepco.co.kr

▪ 한국전력 관할지사·지점에 신청(방문, 전화)

:: 도시가스 요금 할인

▪ 중증장애인(1급~3급) 대상

▪ 전기요금 정액 감액(월 8천 원 한도)

- 문의전화: 국번 없이 123

- 홈페이지: www.kepco.co.kr

▪ 한국전력 관할지사·지점에 신청(방문, 전화)

:: 장애인 자동차 검사 수수료 할인

| 지원 대상 |

▪ '장애인복지법' 제32조에 의한 등록 장애인 본인 또는 세대별 주민등록표상 같이 기재되어 있는 보호자(배우자, 직계존비속, 직계비속의 배우자, 형제, 자매)의 명의로 등록된 아래의 비사업용 자동차 1대

- 승용차, 12인승 이하 승합차, 적재량 1톤 이하 화물차

| 지원 내용 |

▪ 정기검사 및 종합검사 수수료의 50~30%

- 중증장애인(1급~3급): 50%

- 경증장애인(4급~6급): 30%

※ 일반수수료: 정기검사 15,000~25,000원, 종합검사 45,000~61,000원

▪ 대상자동차 확인 방법: 장애인차량표지(부착) 확인 후 장애인복

지카드, 장애인증명서 등

- 장소: 교통안전공단 자동차검사소

※ 일반검사소가 아님

- 교통안전공단 (문의: 1577-0990 / www.ts2020.kr)

(5) 지방이양 사업

:: 청각장애아동 인공달팽이관 수술비 지원

- 인공달팽이관 수술로 청력회복이 가능한 저소득 청각장애인 대상
- 인공달팽이관 수술비 및 재활치료비 지원
- 읍・면・동에 신청

:: 장애인 거주시설 운영

- 등록장애인 대상(국민기초생활보장법상의 수급자 우선 입소)
- 생활시설 입소 보호
  - 의식주 제공
  - 재활서비스 제공(사회심리 재활, 교육재활, 직업재활)
  - 재활서비스 제공(상담치료, 사회적응 훈련 등)
- 시・군・구에 신청

:: 장애인 복지시설 치과 유니트 지원

- 치과치료 기본장비가 필요한 장애인 복지시설 대상
- 통원치료가 곤란한 시설입소 장애인에 대해 치과치료 기본장비인 유니트 설치 지원

:: **장애인 직업재활시설 운영**

- 등록장애인 대상
- 일반사업장 취업이 어려운 저소득 중증 장애인에게 자신의 능력과 적성에 맞는 직업생활을 할 수 있도록 보호 고용 실시
- 시·군·구에 상담

:: **장애인 의료재활시설 운영**

- 등록장애인 대상
- 지원 내용: 장애의 진단 및 치료, 보장구 제작 및 수리, 장애인 의료재활상담 등
- 국민기초생활보장법상의 수급자는 무료, 그 외는 실비부담
- 의료급여증과 장애인등록증(복지카드)을 제시

:: **장애인 심부름센터 운영**

- 등록장애인 대상
- 사업 내용
  - 민원업무 대행, 직장 출·퇴근, 장보기, 이삿짐 운반, 가사 돕기, 취업안내 등
- 이용요금: 실비
- 사업 주체: 한국시각장애인연합회
- 해당지역 장애인심부름센터에 필요한 서비스를 요청
- 문의: 한국시각장애인 연합회 서울지부 02-2092-0001(0088)

:: **수화통역센터 운영**

- 청각·언어장애인 대상
- 출장수화통역

- 관공서·법률관련 기관 방문, 의료기관 진료 등의 경우에 수화 통역 필요 시 출장통역 실시

- 일반인에 대한 수화교육
- 청각·언어장애인에 대한 고충 상담
- 해당지역 수화 통역센터에 필요한 서비스를 요청
- 문의: 한국 농아인 협회 02-461-2261~2

:: 장애인복지관 운영

- 등록장애인 및 가족 대상
- 장애인에 대한 상담, 의료재활, 직업재활, 사회생활 적응지도, 사회교육 및 계몽 사업 등
- 해당 지역복지관 내방 및 전화 등으로 이용 신청

:: 장애인 공동생활가정 운영

- 등록장애인 대상
- 가정과 같은 주거환경에 거주하면서 독립적인 생활에 필요한 재활서비스 지원
- 해당지역 공동생활가정에 이용신청

:: 주간 · 단기보호시설 운영

- 등록장애인 대상
- 재가장애인 낮 동안 보호 또는 장애인 보호자가 출장, 여행 등의 경우 일시적으로 보호
- 해당지역 복지관, 주간·단기보호시설 등을 내방 이용

:: 장애인 체육시설 운영

- 등록장애인 등 대상
- 장애인의 체력증진 및 신체기능회복활동 지원
- 이용료는 재가장애인, 시설장애인, 지역주민으로 이용자를 구분 시설별 산정이용료 부담
- 해당지역 장애인 체육시설 등으로 이용신청

:: 장애인 재활지원센터 운영

- 등록장애인 및 가족, 관련 전문가 대상
- 장애인과 가족지원
  - 정보격차해소 지원사업: 정보제공 및 상담, 장애인 IT대회
  - 인권·교육 지원사업
  - 생활·문화 지원사업: 정서적, 사회적, 경제적 자원 제공
- 전문가와 지역사회지원
  - 전문가와 종사자 교육지원사업: 전문인력을 활용한 학술연구활동 지원
  - 지역사회통합지원사업: 장애 이해와 예방, 인식개선 활동
- 문의: (사) 한국장애인재활협회 02-3472-3556 / www.freeget.net

:: 장애인 재가복지봉사센터 운영

- 등록장애인 대상
- 장애인복지관에 재가복지봉사센터를 부설하여 운영
  - 재가장애인을 방문, 상담, 의료·교육 재활, 직업재활 등의 서비스 제공
- 해당복지관에 이용 신청

:: **지적장애인 자립지원센터 운영**

- 등록 지적장애인과 가족 대상
- 지적장애인에 대한 상담지원
- 지적장애인의 사회활동 수행보호를 위한 도우미서비스 제공
- 지적장애인 자립지원 프로그램 개발·보급 등
- 문의: (사)한국지적장애인 복지협회 02-592-5023

:: **장애인 특별운송사업 운영**

- 이동에 장애를 가진 자(보호자 포함) 대상
- 리프트가 장착된 특장차 운영
  - 셔틀 및 콜 운행 병용
- 시·도지사 운영(국토해양부 소관 지방 이양 사업)

:: **여성장애인 가사도우미 파견**

- 저소득 가정의 등록 여성장애인 대상
- 여성장애인의 임신·출산·육아 및 가사활동 지원을 위한 가사도우미 파견/산후조리, 자녀양육, 가사활동 지원
- 해당지역 시·도립 장애인복지관에 신청

:: **편의시설 설치 시민촉진단 운영**

- 시·도지사가 선정한 장애인단체 대상
- 주요업무 기능: 편의시설 설치 홍보 및 안내, 편의시설 실태조사 지원, 시설주관기관에 의견 제시 등
- 시·도지사 운영

:: **시각장애인 편의시설지원센터 운영**

- 시 · 도지사가 선정한 장애인단체 대상
- 주요업무 기능: 보행시설 자료수집 및 제도개선, 시각장애인 편의시설 설치와 기술지원, 편의시설 개선 추진 등
- 시 · 도지사 운영

:: **지체장애인 편의시설지원센터 운영**

- 한국지체장애인협회 16개 시 · 도 협회 대상
  * 시 · 도지사가 자체 선정 가능
- 주요업무 기능: 편의시설 설치관련 자문 · 기술적 지원, 기술 및 매뉴얼 개발 등
- 시 · 도지사 운영

2. 노인

우리나라는 급속한 경제성장과 사회문화적 변화, 의학기술의 발달로 평균수명이 연장되면서 세계에서 유례를 찾아볼 수 없을 정도로 빠르게 고령화사회로 접어들었다. 세계적으로 노인인구가 증가하면서 노인성 치매환자의 수도 급증하고 있는데, 이러한 현상은 급속히 고령화되는 우리 사회도 예외일 수 없다. 이 때문에 치매는 본인은 물론 가족과 사회의 문제로 확산되고 있다. 2011년 현재 우리나라의 65세 이상 노인 중 치매환자는 8.9%인 약 49만 명이며, 2030년에는 9.6%에 이르러 100만 명이 넘을 것으로 전망된다.

노화와 밀접한 관련을 갖고 발생하는 신체적, 정신적 질병인 노인성 질환은 노인이 되기 이전부터 지속되어온 고혈압, 당뇨병, 관절염 등과 노화로 인한 치매, 뇌졸중, 골다공증, 노안, 난청, 백내장 등이 있다. 이러한 노인성 질환 중 성년후견과 직접적인 관련이 있는 치매에 대해서 살펴보고자 한다.

1) 치매

(1) 치매의 정의

치매는 후천적으로 기억, 언어, 판단력 등의 여러 영역의 인지기능이 감소하여 일상생활에 지장을 가져오는 후천적 다발성 장애를 말한다. 노인장기요양보험법 시행령에 따르면 치매는 알츠하이머병에서의 치매, 혈관성 치매 등이 있으며, 노인성 질병의 종류로 분류하고 있다. 치매(癡呆)의 한자상 의미는 '어리석다'는 뜻이 내포되어 있어 일본은 2004년에 후생노동성의 용어 검토회의에서 치매 대신

〈표 3-5〉 치매노인 수 및 치매 유병률: 2010~2050

단위: 천 명, %

연도	2010	2011	2020	2030	2040	2050
65세 이상 노인 수	5,357	5,742	7,701	11,811	15,041	16,156
치매노인 수	469	495	750	1,135	1,685	2,127
치매 유병률	8.8	8.9	9.7	9.6	11.2	13.2

자료: 서울대학교병원(2008), 〈치매노인 유병률 조사〉.

"인지증"(認知症)이라는 용어사용을 제안했다. 이후 고령자 개호분야부터 용어환언이 시작되었고 2007년에 이르러서는 의학계 전반으로 확대되었다. 우리나라에서도 일부에서 이러한 부정적 의미의 용어 대신 "인식감퇴증"(認識減退症)이라는 용어를 사용하자는 주장이 있으나, 현재 우리나라에서는 '치매'라는 용어가 일반적으로 널리 사용되고 있으므로 이 책에서도 편의상 이 용어를 쓰기로 한다.

치매의 원인 중 가장 흔한 것은 퇴행성 뇌질환의 일종인 알츠하이머로 약 50~60%를 차지하고 그 다음으로는 혈관성 치매가 20~30%를 차지하며, 나머지 10~30%는 기타 원인에 의해 발생한다.

(2) 치매의 기준

치매는 지적장애와 마찬가지로 지능의 장애이지만 지적장애는 주로 지능의 발육이 늦거나 정지된 것이며, 치매는 병 이전에는 정상적이던 지능이 대뇌의 질환 때문에 저하된 것이다. 장애인복지법 시행규칙에 따른 보건복지부 고시(2011-91) 장애등급 판정기준에 의하면 노인성 치매는 지적장애에서 제외하고 있다.

우리나라의 장애범주는 1997년 '장애인복지발전 5개년계획'에 따라 2000년 1단계 확대, 2003년 2단계 확대가 이루어졌다. 정부는 2003년 '제 2차 장애인복지발전 5개년계획'에서 장애범주 확대를 지속적으로 추진할 것을 공표하고, 2006년에 3단계 장애범주 확대에 포함될 치매, 암 등의 일부 질환에 대해 검토하였다. 그 결과 치매는 노년기에 발생하는 대표적 장애로서 노인인구의 비중이 커지면서 법정장애로 포함될 타당한 이유가 있는 것으로 판정되었다. 하지만 2008년부터 노인장기요양제도가 시행되면 노인요양서비스가 대폭 확대될 예정이었기 때문에 장애인복지법상에서 치매를 법정장애로 포함할 필요성이 줄어들 것으로 판단했다. 무엇보다 치매환자의 수가 너무 많아 추가적 예산소요가 크다는 이유 등으로 치매는 법정장애 대상으로 하기보다 국회와 정부가 정책적 판단을 요하는 문제라고 결론을 내렸다. 이후로 최근까지 추가적인 장애범주의 확대는 없다.

그러나 국민연금법상 국민연금 급여[2]의 한 종류인 '장애연금'을 지급하는 기준이 되고 있는 "국민연금 장애심사규정"(보건복지부 고시 제2011-82호)에 따르면 치매는 정신 또는 신경계통 장애로 분류해 장애에 포함하고 있다. 이는 보건복지부가 노인성 치매를 지적장애에서 제외한 것과는 모순된 논리로 앞으로 장애등록에 대해 논의될 때 재고될 필요성이 있다. 일본의 장애판정기준을 보더라도 정신장애에는 정신분열증, 기분장애, 기질성 정신장애, 지적장애, 발달장애 등이 포함되며, 치매는 기질성 정신장애에 포함된다. 1급은 고도치매, 인격변화, 정신신경증 증상이 현저하여 상시적인 개호가 필요한 경우, 2급은 치매, 인격변화로 일상생활이 현저하게 제한받는 경우, 3급은 치매, 인격변화는 크지 않으나 정신장애 증상이 있고 노동에서 제한을 받는 경우로 구분한다.

---

2 국민연금 급여의 종류에는 노령연금(분할연금), 장애연금, 유족연금, 반환일시금, 사망일시금 등이 있다.

(3) 보건복지부 관련 사업현황

① 치매 조기검진 사업

치매 조기검진 사업은 치매의 위험이 큰 만 60세 이상 어르신을 대상으로 조기검진을 통해 치매환자를 조기에 발견하고 관리함으로써 치매환자와 가족들의 삶의 질을 향상하기 위한 것이다. 시·군·구의 보건소에서 만 60세 이상의 모든 노인을 대상으로 실시하되 저소득층을 우선으로 실시하고 있다. 보건소에서는 1단계로 치매선별검사를 하고, 그중에서 인지기능 저하자를 대상으로 보건소와 지정·연계한 거점병원에서 진단검사와 감별검사를 한다. 발견된 치매환자에 대해서는 각종 정보의 제공과 서비스를 연계하여 지원하고 치매 위험군에 대해서는 지속적인 치매예방교육과 홍보를 시행한다.

② 치매치료관리비 지원사업

치매치료관리비 지원사업은 치매를 조기에 치료해 치매증상을 효과적으로 호전시키고 중증화를 방지하기 위한 것이다. 시·군·구 보건소에서 접수하여 만 60세 이상에서 치매진단을 받고 치매 치료약을 복용하는 경우 월 3만 원을 지급하고, 연간 36만 원 범위 내에서 치매치료관리비 보험급여분에 대한 본인부담금을 지원한다. 60세 이상 치매노인과 가족, 기타 보건소장이 치매예방과 관리를 위해 필요하다고 인정되는 사람이 지원대상이 된다.

치매상담센터는 치매선별용 검사도구를 통해 치매선별검사를 한 후 진단검사 대상이 되는 사람에 한해 협약병원에 진단을 의뢰하는 등의 치매노인 등록과 관리를 한다. 또 치매노인 및 보호자 상담과 지원, 치매예방 및 치매노인 간병요령 등에 관한 교육시행, 재가 치

〈그림 3-2〉 사업수행 절차

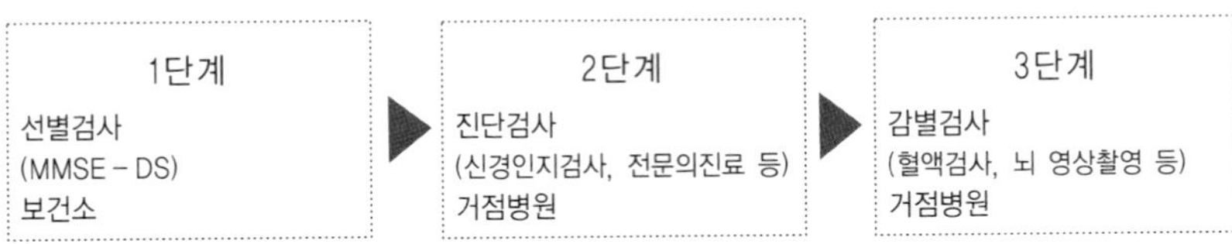

매노인 방문・관리, 재가 치매노인의 사회적 지원과 노인시설 안내 등을 실시한다.

2) 노인복지서비스

(1) 노인장기요양 보험제도

① 제도개요

고령이나 노인성 질병 등의 사유로 일상생활을 혼자서 수행하기 어려운 노인 등에게 신체활동이나 가사활동지원 등의 장기요양급여를 제공해 노후의 건강증진이나 생활안정을 도모하고 가족의 부담을 덜어줌으로써 삶의 질을 향상시키려는 목적의 사회보험제도이다. 노인장기요양 보험제도는 건강보험제도와는 별개의 제도로 도입・운영되며, 사회보험방식을 채택해 만 65세 이상의 노인과 65세 미만이지만 노인성 질병(치매, 뇌혈관성 질환, 파킨슨병)을 갖고 있는 사람을 대상으로 운영되고 있다.

② 신청 및 이용절차, 계약

장기요양이 필요한 만 65세 이상의 노인이나 65세 미만으로 노인성 질병이 있는 사람은 국민건강보험공단의 각 지사 노인장기요양보험 운영센터나 공단 홈페이지에 접속하여 장기요양인정신청서와 의사소견서를 제출하면 된다. 신청은 본인이나 가족, 친족 또는 이해관계인, 사회복지전담공무원, 시장·군수·구청장이 지정하는 자를 통해 대리신청할 수 있다.

의사소견서는 65세 이상 노인은 등급판정위원회에 자료제출 전까지 제출하면 되고, 65세 미만 중 노인성 질병이 있는 경우 신청서를 제출할 때 함께 제출해야 한다. 공단에서 '의사소견서 발급의뢰서'를 발급받아 의료기관에 제출하면 국가 또는 지자체, 공단에서 발급비용 일부를 부담하게 된다.

〈그림 3-3〉 신청절차

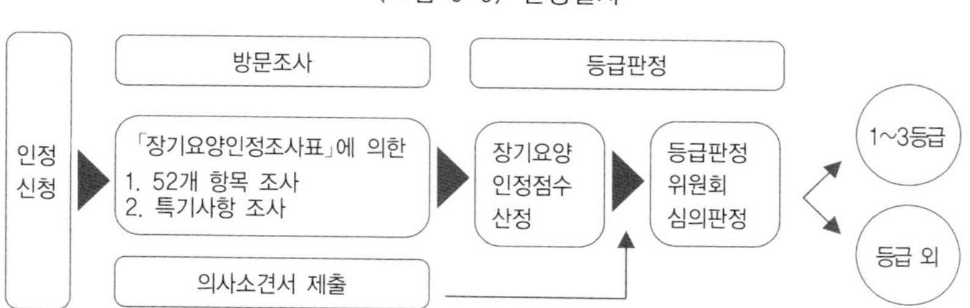

〈표 3-6〉 의사소견서 발급비용 부담률

단위: 원

구분		총비용	공단부담 (비용)	본인부담 (비용)
의료기관	일반(20%)	29,500	23,600	5,900
	경감대상자(10%)		26,550	2,950
	기초수급권자		29,500 (국가 및 지자체가 전액부담)	면제
보건소	일반(20%)	19,300	15,440	3,860
	경감대상자(10%)		17,370	1,930
	기초수급권자		19,300 (국가 및 지자체가 전액부담)	면제

국민건강보험공단에서는 장기요양인 신청서가 접수되면 소속직원이나 소정의 교육을 이수한 간호사나 사회복지사 등에게 신청인의 거주지에 방문해 기본적 일상생활활동(ADL), 인지기능, 행동변화, 간호처치, 재활영역 등의 요양욕구 5개 영역(52개 항목)의 기능상태와 환경적 상태, 서비스욕구 등을 조사해 등급판정을 거쳐 서비스 제공을 결정하게 한다.

등급판정은 "심신의 기능상태에 따라 일상생활에서 도움(장기요양)이 얼마나 필요한가"를 기준으로 3개 등급으로 판정하여 장기요양 급여를 제공한다. 장기요양 인정조사표에 따라 작성된 심신상태를 나타내는 52개 항목의 영역별 점수의 합계를 구하고 영역별 100점

〈표 3-7〉 장기요양 인정조사표

<table>
<tr><th>영역</th><th colspan="4">항목</th></tr>
<tr><td>신체기능
(12항목)</td><td colspan="2">• 옷 벗고 입기
• 식사하기
• 일어나 앉기
• 화장실 사용하기</td><td>• 세수하기
• 목욕하기
• 옮겨 앉기
• 대변 조절하기</td><td>• 양치질하기
• 체위 변경하기
• 방 밖으로 나오기
• 소변 조절하기</td></tr>
<tr><td>인지기능
(7항목)</td><td colspan="2">• 단기 기억장애
• 날짜 불인지
• 장소 불인지
• 지시 불인지</td><td>• 상황 판단력 감퇴
• 의사소통·전달 장애
• 나이·생년월일 불인지</td><td></td></tr>
<tr><td>행동변화
(14항목)</td><td colspan="2">• 망상
• 환각, 환청
• 슬픈 상태, 울기도 함
• 불규칙수면, 주야혼돈
• 도움에 저항</td><td>• 서성거림, 안절부절못함
• 길을 잃음
• 밖으로 나가려 함
• 의미 없거나 부적절한 행동
• 폭언, 위협행동</td><td>• 물건 망가뜨리기
• 돈·물건 감추기
• 부적절한 옷 입기
• 대·소변 불결행위</td></tr>
<tr><td>간호처치
(9항목)</td><td colspan="2">• 기관지 절개관 간호
• 흡인
• 산소요법</td><td>• 경관 영양
• 욕창 간호
• 암성통증 간호</td><td>• 도뇨 관리
• 장루 간호
• 투석 간호</td></tr>
<tr><td rowspan="2">재활
(10항목)</td><td colspan="2">운동장애(4항목)</td><td colspan="2">관절제한(6항목)</td></tr>
<tr><td>• 우측상지
• 좌측상지</td><td>• 우측하지
• 좌측하지</td><td>• 어깨관절
• 고관절
• 팔꿈치관절</td><td>• 무릎관절
• 손목 및 수지관절
• 발목관절</td></tr>
</table>

〈표 3-8〉 등급판정기준

등급	심신의 기능상태	장기요양 인정점수
1등급	전적으로 일상생활이 불가능한 상태 거의 움직이지 못하고 누워있어 식사, 배설 등 일상생활 활동에 있어 전적으로 다른 사람의 도움을 받아야 하거나, 최중증의 치매 등 인지기능 저하로 이상행동이 거의 매일 나타나 식사, 배설 등의 일상생활 활동에 상당부분 다른 사람의 도움을 받아야 하는 상태	95점 이상
2등급	상당부분 일상생활이 곤란한 상태 신체기능 저하로 식사, 배설 등 일상생활 활동에 상당부분 다른 사람의 도움을 받아야 하거나 중증의 치매 등 인지기능 저하로 이상행동을 자주 보여 식사, 배설 등의 일상생활 활동에 상당부분 다른 사람의 도움을 받아야 하는 상태	75점 이상 95점 미만
3등급	부분적으로 일상생활이 곤란한 상태 신체기능 저하로 식사, 배설 등 일상생활 활동에 부분적으로 다른 사람의 도움을 받아야 하거나 중증의 치매 등 인지기능 저하로 이상행동을 자주 보여 식사, 배설 등의 일상생활 활동에 부분적으로 다른 사람의 도움을 받아야 하는 상태	55점 이상 75점 미만

자료: 국민건강보험공단(2012), 〈노인장기요양 사업안내 지침〉.

환산점수를 '수형분석'이라는 통계방법을 사용해 장기요양 인정점수를 구해서 장기요양등급을 판정한다.

등급판정을 통해 결정된 수급자는 장기요양 인정서가 도달한 날부터 장기요양급여를 받을 수 있다. 수급자가 장기요양급여를 받기 위해서는 장기요양기관에 장기요양 인정서를 제시하고 자격을 확인받으면 기관이 수급자의 본인 여부, 장기요양등급, 장기요양인정 유효기간, 장기요양급여의 종류 및 내용, 본인부담금 경감 여부 등을 확인한다.

수급자와 장기요양기관은 장기요양급여를 제공하기 전에 장기요양급여 제공계약을 문서로 체결하게 된다. 계약을 체결할 때, 장기요양기관과 수급자(또는 그 가족)는 받게 되는 장기요양 급여의 제공계획, 비용 등 장기요양급여 제공과 관련된 사항에 대해 설명을 듣고 계약서(동의서)를 작성하게 된다. 계약은 장기요양급여 중 방문요양급여와 시설급여의 이용(제공)에 대한 계약서를 작성하게 되는데 계약당사자는 이용자(갑)와 제공자(을), 대리인 또는 보호자(병)가 계약당사자로서 체결하게 된다.

③ 급여의 종류

장기요양급여서비스를 받게 되는 이용자는 재가급여, 시설급여, 특별현금급여 등을 받는다. 재가급여는 장기요양원이 수급자의 가정을 방문하여 신체활동 및 가사활동 등을 지원하는 방문요양과 장기요양요원이 목욕설비를 갖춘 차량을 이용하여 수급자의 가정을 방문하여 목욕을 제공하는 방문목욕, 장기요양요원인 간호사 등이 의사, 한의사 또는 치과의사(구강위생에 한함)의 지시서에 따라 수급자의 가정을 방문하여 간호, 진료의 보조, 요양에 관한 상담 또는 구강위생 등을 제공하는 방문간호가 있다. 또 하루 일정시간 동안 서비스 이용자를 장기요양기관에서 보호하여 신체활동 지원 및 심신기능의 유지향상을 위한 교육·훈련 등을 제공하는 주·야간보호가 있다.

시설급여는 노인의료복지시설(노인요양시설, 노인요양 공동생활가정. 단, 노인전문병원 제외)에 장기간 입소하여 신체활동지원, 심신기능의 유지·향상을 위한 교육·훈련 등을 제공하는 요양급여이다.

특별현금급여에는 가족요양비, 특례요양비, 요양병원간병비가 있다. 가족요양비는 장기요양기관이 현저히 부족한 지역(도서·벽지)에 거주하는 사람, 천재지변 등으로 장기요양기관에서 실시하는 요양급여의 이용이 어렵다고 인정되는 사람, 신체·정신·성격 등의 사유로 가족 등으로부터 장기요양을 받아야 하는 사람에게 지급한다. 특례요양비는 수급자가 장기요양기관으로 지정되지 않은 장기요양시설 등의 기관과 재가 또는 시설급여에 상당하는 장기요양급여를 받으면 장기요양급여 비용의 일부를 지급한다. 요양병원 간병비는 수급자가 '노인복지법'상의 노인전문병원 또는 '의료법'상의 요양병원에 입원한 때에 장기요양에 사용되는 비용 일부를 지급한다.

(2) 기초노령연금제도

만 65세 이상 노인의 생활안정을 지원하고 노후 소득보장 사각지대의 해소를 위해 매월 일정액의 연금을 지급하는 제도이다. 만 65세 이상 전체 노인 중 소득과 재산면에서 하위 70%를 선정한다.

기초노령연금의 지급대상이 되는 소득 인정액 기준은 독거노인의 경우 78만 원 이하, 배우자가 있는 경우는 124만 8천 원 이하이다(2012년 기준). 연금액은 국민연금 가입자의 최근 3년간 월 평균소득월액(이를 연금제도에서는 "A값"이라 한다.)의 5%를 기준으로 책정하는데 연금의 지급대상이 되면 월 최고 단독수급자는 94,600원, 부부수급자는 151,400원(단독가구 연금액에서 20% 감액)을 받는다. 단, 수급자 중에서 일부 소득이 높거나 재산이 많은 경우는 감액된 연금을 받게 된다. 또 장애인연금 수급자 중 기초노령연금 지급대상자에게는 장애인연금의 기초급여를 지급하지 않는다.

기초노령연금을 신청하고자 하는 만 65세 이상 노인은 신분증과 통장사본, 전·월세 계약서를 지참해서 주소지 읍·면·동사무소나 가까운 국민연금공단지사에 가서 신청하면 된다. 신청이 어려운 노인의 경우에는 자녀나 형제자매, 친척, 사회복지시설의 장 등이 대리인이 되어 신청자가 작성한 위임장을 제출하면 대리신청이 가능하다. 단 배우자가 신청하는 경우에는 위임장을 제출하지 않아도 된다.

(3) 노인돌봄서비스사업

노인복지법과 사회복지사업법에 근거해 혼자 힘으로 일상생활을 영위하기 어려운 노인과 독거노인에게 욕구에 따라 안전 확인, 생활교육, 서비스연계, 가사·활동지원, 주간보호서비스 등 맞춤형 복지서비스를 제공한다. 노인돌봄서비스는 독거노인돌봄 기본서비스와 독거노인 응급안전 돌봄서비스, 독거노인 사랑잇기 서비스, 노인돌봄 종합서비스로 나뉜다.

독거노인돌봄 기본서비스는 만 65세 이상으로 요양서비스가 필요 없는 독거노인을 대상으로 소득, 건강, 주거, 사회적 접촉 등의 수준을 평가하여 보호에 대한 필요가 높은 순으로 대상자를 선정한다. 제공서비스는 가정방문, 유선 등을 통해 주기적인 안전 확인, 생활교육, 서비스연계 등이며 이용에 따른 비용부담은 없다. 독거노인 응급안전 돌봄서비스는 만 65세 이상으로 보호가 필요한 독거노인을 대상으로 온라인IT기술과 오프라인 독거노인 돌보미, 소방서 등을 연계하여 상시 안전을 확인하고 응급상황 발생 때 구조·구급하는 시스템을 갖춘 24시간 서비스이다. 독거노인 사랑잇기 서비스는 독거노인돌봄 기본서비스 예비대상자 중 서비스 제공에 동의한 독거노인에게 제공되는 것으로 민간 자원봉사자와 자원을 활용해 주 2회 안부전화와 말벗서비스, 규칙적인 방문서비스 및 후원금품 등을 제공한다. 노인돌봄 종합서비스는 전국가구 월평균 소득의 150% 이하인 만 65세 이상 장기요양보험 등급 외의 사람 중에서 요양서비스가 필요한 노인을 대상으로 한 서비스이다. 주로 가사 및 활동지원 서비스를 제공하는 방문서비스와 주간호보호서비스 등을 제공한다.

제 4 장

성년후견제도 소개와 이용 방법

1. 성년후견제도의 개요

2011년 3월에 개정되기 전의 민법에는 성년자에 대한 후견으로 금치산·한정치산제도를 두었다. 두 제도 모두 후견인이 피후견인의 법정대리인이 된다는 공통점이 있다.

그런데 이러한 획일적인 대리의사결정 방식은 본인의 의사와 현존능력을 무시하는 것이라는 비판을 받았다. 장애인의 의사결정을 돕는 방식으로는 다음과 같이 2가지가 있다. 첫 번째는 장애인 본인이 의사결정의 주체가 되고 후견인은 결정에 필요한 정보와 조언을 제공하는 데 그치는 이른바 '조력의사결정'(*supported decision making*) 방식이다. 두 번째는 피후견인인 장애인을 의사결정에서 배제하고 후견인 자신이 직접 의사결정을 하는 '대리의사결정'(*substituted decision making*) 방식이다. 개정 전의 민법은 이 두 번째 방식에 속하는 것으

개정 전 민법	개정 민법(2011.3.7)
제938조 후견인의 대리권 후견인은 피후견인의 법정대리인이 된다.	**제938조 후견인의 대리권 등** ① 후견인은 피후견인의 법정대리인이 된다. ②~④ (생략)

로 본인의사를 무시하고, 현존능력을 존중해 주지 못한다는 이유로 장애인들에게 비판을 받았던 것이다.

2011년 3월에 개정된 민법에서는 이러한 문제를 해결하기 위하여 후견의 유형과 내용을 다양화하였다. 성년자에 대한 법정후견을 성년후견, 한정후견, 특정후견으로 세분화해서 피후견인인 장애인이나 치매노인 등이 이 제도 중에서 본인의 현실에 맞는 제도를 선택해서 이용할 수 있도록 한 것이다. 또한 본인이 계약을 통해 직접 후견을 설계할 수 있는 임의후견제도(후견계약)도 도입하였다.

금치산·한정치산제도에서는 정신적 능력에 중대한 흠결이 있는 사람들만 후견을 이용할 수 있었던 것과는 달리 개정된 민법에서는 후견의 유형과 내용이 다양화하면서 의사무능력에 가까운 사람부터 정신적 흠결이 거의 없는 사람까지 폭넓게 후견을 이용할 수 있게 되었다. 또한 성년후견을 제외한 나머지 후견제도, 즉 한정후견, 특정후견, 임의후견제도에서는 후견인에게 포괄적인 법정대리권을 인정하는 것을 지양하고, 본인의 의사와 현존능력을 최대한 고려하여 필요한 범위에서만 대리권을 부여하도록 했다는 점에서 기존 제도에서 크게 발전했다고 할 수 있다.

1) 성년후견

개정 민법상 성년후견은 정신적 제약으로 사무를 처리할 능력이 지속적으로 결여된 사람을 대상으로 한다. 따라서 의사능력이 결여된 사람들이 주된 이용자라는 점에서 금치산제도와 비슷한 측면이 있다. 피성년후견인은 사실상 혼자서 법률행위를 할 수 있는 경우가 드물기 때문에 효율적인 '후견서비스'를 위하여 금치산제도에서와 마찬가지로 성년후견인에게 법정대리인으로서의 지위를 인정한다.

하지만 피성년후견인이 일용품 구입과 같이 일상적인 법률행위를 했을 경우에는 후견인이 법정대리인이라 할지라도 이러한 행위를 취소할 수 없도록 하는 한편, 가정법원이 본인의 의사와 현존능력을 고려하여 본인 혼자서 할 수 있는 법률행위의 영역을 정할 수 있게 했다는 점에서 기존의 금치산제도와 큰 차이가 있다.

또한 본인의 의사와 현존능력을 존중할 수 있도록 후견의 유형과 내용을 다양화하였고, 재산관리뿐만 아니라 신상보호의 근거와 절차도 구체적으로 법에 명시하였다. 또한 후견의 전문성과 공정성을

〈그림 4-1〉 새로운 성년후견제도의 흐름

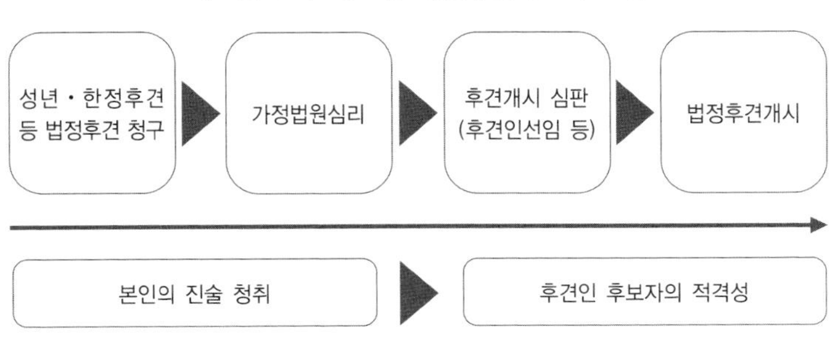

자료: 법무부.

더욱 높이기 위하여 후견인을 복수로 선임하거나, 법인을 후견인으로 둘 수 있게 하였다. 인권침해 논란을 많이 낳았던 기존의 친족회 제도를 폐지하는 대신 후견감독인 제도를 도입하여 운영의 투명성을 높이고 인권침해적 요소들을 최대한 없애고자 한 것도 새로운 민법의 특징이다.

2) 한정후견과 특정후견

개정 전 민법에서는 미성년자의 행위능력에 관한 규정을 한정치산자에 대해서도 준용함으로써 후견인의 동의 없이 행한 한정치산자의 법률행위를 취소할 수 있도록 하는 한편 후견인에게 일반적인 대리권을 부여하고 있었다. 후견인으로부터 허락을 받은 경우 한정치산자의 행위능력을 확장할 수 있는 길을 열어두었으나, 사실상 그 활용도가 높지 않았다.

이에 반해 개정 민법에서는 한정후견, 특정후견이라는 제한적 법정후견 유형을 두었다. 한정후견은 정신적 제약으로 인해서 사무를 처리할 능력이 부족한 사람을 대상으로 하는 후견제도이다. 한정후견은 이용대상과 효과 측면에서 한정치산제도와는 근본적인 차이가 있다. 이 제도는 판단능력이 매우 부족한 사람뿐만 아니라 약간 부족한 사람도 이용할 수 있도록 하고 있으며, 개별사건마다 한정후견인의 동의권과 대리권의 범위를 가정법원이 따로 정하도록 하였다.

이러한 한정후견제도의 구조는 본인의 판단능력 정도에 따라 법원이 전면적으로 그 보호나 대리의 범위를 재량적으로 결정하도록 하는 '일원적' 후견의 정신을 반영한 것으로, 향후 한정후견이 법정후견제도의 중추적 역할을 하면서 법정후견제도가 가진 기존의 부정적

인식을 개선하는 데 크게 기여할 것이라는 기대를 모으고 있다.

특정후견은 정신장애인이나 치매노인과 같이 정신적 제약으로 인해서 일시적 후원이나 상속, 매매와 같은 특정 사무에 대한 후원이 필요한 사람을 대상으로 한다. 후견의 기간이 언제부터 언제까지라는 식으로 미리 정해져 있고 후견의 대상과 후견사무도 미리 정해져 있으며, 가정법원의 직접적인 보호조치가 가능하다는 점에서 한정후견과는 많이 다르다. 특정후견은 일정기간 동안 특정 사무에 대해서만 후견이 이뤄지지만, 한정후견은 한정후견인을 통한 지속적 보호를 전제로 하기 때문이다. 민법 개정을 담당한 법무부 관계자에 의하면 이처럼 일시적인 조력이나 법원의 직접보호가 가능하도록 한 특정후견제도는 프랑스 민법상 '사법보우'(司法保佑, *sauvegarde de justice*) 제도와 영국 정신능력법(Mental Capacity Act) 상 특정명령 제도 등에서 영감을 얻어 만들어진 독창적인 제도라고 한다. 특정후견인은 조언 등을 통해 피후견인의 판단을 도울 뿐이기 때문에 피특정후견인의 행위능력이 제한되지 않으며, 특정후견인이 대리권을 갖기 위해서는 별도의 심판을 거쳐야 한다.

이와 같이 한정치산과 한정후견 사이에는 본질적인 차이가 있으며 특정후견은 기존 민법에서는 볼 수 없었던 전혀 새로운 후견 유형이다. 비록 보호의 대상이나 기간은 제한되어 있으나 행위능력을 제한하지 않고 손쉽게 이용할 수 있다는 장점을 가지고 있기 때문에 앞으로 특정후견의 활용도는 매우 클 것으로 예상된다.

3) 후견계약(임의후견제도)

후견계약은 개정 민법에서 새로 도입된 일종의 '임의후견'제도로서 본인이 직접 후견인과 후견의 내용을 정하는 후견제도의 한 유형이다. 개정 전 민법에서는 계약에 의한 임의후견이 없었으나, 개정 민법에서는 누가 후견인이 되고 어떤 후견을 받을 것인지를 본인이 직접 정할 수 있는 후견계약을 신설하였다.

후견계약은 현재 판단능력이 부족한 사람뿐만 아니라, 치매노인과 같이 장래에 판단능력이 저하될 것을 대비하는 사람까지 누구나 이용할 수 있기 때문에 원칙적으로 행위능력의 제한을 전제로 하지 않는다. 후견계약을 체결한 사람이 계약에서 상정한 정도로 정신능력이 저하되면, 가정법원에서 후견감독인을 선임한 때부터 후견계약이 발효되어 후견인이 활동할 수 있게 된다. 요컨대 후견계약의 체결단계에서는 위임계약과 큰 차이가 없으나, 위임인인 본인의 판단능력이 악화되면 수임인인 대리인의 공정한 직무수행을 담보할 수 없기 때문에 가정법원이 후견감독인을 선임해서 후견인을 관리·감독하는 것을 전제로 임의후견이 개시되도록 한 것이다.

임의후견은 행위능력을 제한하지 않으며 무엇보다 후견의 '필요성' 및 '보충성' 원칙에 가장 충실할 수 있는 미래지향적 보호장치이기 때문에 앞으로 성년후견제도의 긍정적 이미지 제고와 발전가능성 측면에서 가장 기대가 큰 후견 유형이다.

여기서 '필요성'의 원칙이란 피후견인이 필요로 할 때 후견이 실행되어야 한다는 원칙을 말한다. 즉, 피후견인이 필요로 하는 이상으로 후견인이 간섭하거나 피후견인이 아닌 가족 등 주변인의 필요에 의해 후견이 이용되어서는 안 된다는 원칙이다. '보충성'의 원칙이란 피후견인의 개인적 자유와 자기결정권 등을 통틀어 일컫는 '사적 자치'라는 개념을 강조하는 것이다. 즉, 어떠한 경우에도 본인이 주도적으로 의사결정을 할 수 있는 임의후견이나 위임을 우선적으로 활용해야 하고, 그것으로 미흡해서 추가적 보호조치를 보충할 필요가 있을 때라야 비로소 법정후견을 발동할 수 있다는 원칙이다.

4) 일원론과 다원론

성년후견제도를 구성할 때는 이른바 일원(一元)적 체제구성과 다원(多元)적 체제구성의 2가지 입법례가 있다. 일원적 체제란 후견의 유형을 법에서는 나누어 두지 않고 재판부가 사안별로 후견의 내용을 정하는 방식을 말한다. 반면 다원적 체제란 법에서 후견의 유형을 여러 가지 정해 두고 재판부가 이 중 하나를 선택하는 방식을 말한다.

일원적 체제는 개별사안에서 본인의 의사와 현존능력에 따라 맞춤형 후견이 가능하다는 장점이 있다. 무엇보다 판단능력의 정도에 따라 등급을 매기지 않기 때문에 피후견인의 명예를 훼손할 염려가 적다. 장애인들은 장애의 정도에 따라 등급을 매기는 정부의 처사에 대하여 큰 저항감을 가진다. 정확하지도 못하면서 의료적 기준으로 미리 인간을 재단하는 것보다는 구체적 서비스의 내용과 질에 관심을 가지라는 것이다.

그러나 일원적 체제는 법원에 과중한 업무부담을 줄 수밖에 없으므로, 법원의 전문인력 확충이 선행되어야 하는 난제를 안고 있었다.

구상엽 검사도 앞서 소개한 심포지엄에서 이번 민법 개정에서는 예산과 조직에 관련된 문제는 가급적 배제하기로 했기에 법원의 예산과 조직확대가 수반되는 일원론은 초기 입법단계에서는 무리였다고 솔

직히 인정하였다. 전문인력이 부족한 상태에서 이상에 치우쳐 일원론을 채택하였을 때 오히려 이용자에게 시간적, 경제적 부담만 안겨 수요자로부터 새 제도가 외면당하는 위험도 고려하였다고 했다.

그러나 후견제도에 대한 부정적 인식을 완화할 때 일원론이 가지는 장점은 매우 매력적인 것이었기 때문에, 민법을 개정할 때 일원론의 정신을 최대한 반영하도록 노력하였다. 그 노력의 일환으로 한정후견이 가장 광범위한 적용대상을 가지고 법정후견의 중심이 될 수 있도록 설계한 점을 강조하였다.

한정후견의 이념과 적용방식은 일원론적 태도와 거의 일치하기 때문에 결국 우리 법정후견은 큰 흐름에서 볼 때는 일원론에 가까운 입법이라는 평가도 가능하다.

이러한 입법태도에 대하여 구 검사는 의복에 비유하여 설명하였다. 한정후견이라는 맞춤옷을 중심으로 하되, 필요에 따라 덧입을 수 있는 성년후견과 모자나 장갑에 해당하는 특정후견까지 마련해 두었다는 것이다.

5) 앞으로 남겨진 두 가지 과제

개정 민법은 여러 외국법제들의 장점을 고르게 참고하면서도 우리 현실에 맞는 고유한 법제를 만들고자 했다는 점에서 높이 평가할 수 있다. 하지만 심도 있는 연구와 입법상 보완이 필요한 과제들도 많이 있다. 이를 2가지 정도로 요약해서 제시하면 다음과 같다.

먼저 후견계약의 규정들을 보다 촘촘히 구성할 필요가 있다. 개정 민법상 후견계약 관련조문은 준용 규정을 제외하면 7개에 불과하다. 앞서 말했듯이 후견계약이 성년후견제도의 미래지향적 모델로서 가지는 위상이 크다는 점과 외국의 입법례 등을 고려할 때 후견계약의 절차·한계 등에 대한 보다 구체적인 규정들이 필요한 것으로 보인다. 일례로 프랑스 민법에서는 장래보호 위임계약에 대하여 19개의 조문을 두고 있고, 일본의 임의후견법은 13개 조문으로 구성되어 있다. 하지만 기본법인 민법을 다시 개정하려면 시간이 많이 걸릴 것이므로 일단 공증인법을 개정할 때 필요한 사항을 반영하는 것이 현실적인 대안일 것이다.

또한 진정한 '수요자 중심'의 입법이 되기 위해서 법률가가 아닌 국민들도 알아보기 쉽도록 규정형식을 개편해야 한다. 개정된 민법은 가급적 기존 민법의 틀을 유지하고자 했기 때문에 성년후견제도에 관한 규정들이 총칙부터 친족편까지 여기저기 흩어져 있게 되었다. 무엇보다 '준용'규정이 너무 많고, 심지어 준용규정을 다시 재준용하는 경우까지 있어 과연 얼마나 많은 국민들이 이런 법조문을 정확하게 이해하고 제도를 이용할 수 있을지 걱정된다. 이러한 현실적인 어려움을 조금이라도 덜어보고자 이 책을 썼지만, 장기적으로는 민법 여기저기에 흩어져 있는 성년후견제도에 관한 조문들을 모두 골라내서 "성년후견"이라는 독립적인 표제 아래 체계적으로 상세하게 규정하는 방안도 고려해 볼 수 있을 것이다.

지금까지 설명한 개정 전 민법상의 금치산·한정치산제도와 개정 민법상의 새로운 성년후견제도를 표로 요약 정리하면 〈표 4-1〉과 같다.

〈표 4-1〉 신구(新舊) 제도 비교표

	금치산 · 한정치산제도	새로운 성년후견제도
용어	금치산 · 한정치산 등 부정적 용어 사용	부정적 용어 폐지
보호대상	중증 정신질환자에 국한	치매노인 등 고령자까지 확대
보호범위	재산행위	의료, 요양 등 복리영역까지 확대
행위능력	▪금치산자: 독자적인 법률행위 불가 ▪한정치산자: 모든 법률행위에 후견인의 동의 필요(수익적 법률행위 제외)	▪피성년후견인: 일용품 구입 등 일상행위 가능 ▪피한정후견인: 가정법원이 정한 행위에만 후견인 동의 필요
후견인 선임	일률적으로 순위 규정 (배우자 → 직계혈족 → 3촌 이내의 친족)	가정법원이 전문성, 공정성 등을 고려하여 선임
본인의사 존중	관련 규정 결여	본인의사 존중 원칙 명시
감독기관	친족회(실질적인 활동 없었음)	가정법원이 선임한 후견감독인
후견인 자격	자연인 한 사람만 가능 (전문 후견인 양성 불가)	복수 또는 법인 후견인 가능 (전문 후견인 양성 가능)
후견계약	불가능(법원이 후견인과 후견내용 결정)	가능(본인이 후견인과 후견내용 결정)

자료: 구상엽, "개정 민법상 성년후견제도에 대한 연구"(서울대, 2012).

2. 성년후견

1) 성년후견의 개시

(1) 성년후견의 개시 원인

개정 전 민법은 "심신상실의 상태(常態)에 있는 자"를 금치산제도를 이용할 수 있는 사람(이용 대상자)으로 규정하고 있었다(제 12조).

이때 심신(心神)이란 네이버 어학사전으로 검색하면 '心身'으로 표시하여 '마음과 몸을 아울러 이르는 말'이라고 나온다. 그러나 우리 민법에서 사용하는 심신은 '心神'으로 표현하여 의사능력이란 뜻이다.

의사능력이란 자신이 하는 행위의 의미나 결과를 합리적으로 판단할 수 있는 정신적 능력을 말한다.

따라서 '심신상실'이란 자신이 하는 행위의 내용과 결과에 대해서 합리적으로 판단할 능력이 결여된 것으로, '의사무능력'과 같은 의미이다. 심신상실의 '상태'(常態)에 있다는 것은 일시적으로 의사능력이 회복되는 경우가 있더라도 전반적으로 의사무능력 상태에 있다고 볼 수 있는 상황을 말한다.

이렇게 어려운 용어로 되어 있던 것을 개정 민법은 쉬운 말로 고쳤다. 개정 민법은 "질병, 장애, 노령, 그 밖의 사유로 인한 정신적 제약으로 사무를 처리할 능력이 지속적으로 결여된 사람"이 성년후견을 이용할 수 있도록 규정한다(제 9조).

구체적으로 어느 정도의 정신적 제약이 있어야 성년후견의 대상이 될 수 있는지를 명확하게 말하기는 어렵다. 다만, 식물인간 상태에 있다든지, 자신이나 가족의 이름이나 사는 곳도 기억하지 못할 정도로 일상적인 인지능력이 떨어진다든지, 정신적 제약으로 인해

통상적인 사회활동이나 경제활동을 혼자서 전혀 할 수 없는 경우 등이 대표적인 사례라고 할 것이다. 따라서 금치산제도에서와 마찬가지로 의사무능력 상태인 사람이 성년후견을 주로 이용할 가능성이 높다. 이를 종합하면, 보건복지부에서 시행하는 현행 장애인등급제도와 노인장기요양등급 제도상으로 최소한 1·2급의 중증 지적·자폐성장애인과 정신장애인 및 노인장기요양 1등급에 해당하는 치매노인들이 대부분 성년후견을 이용할 수 있는 범주에 포함되리라 본다. 현행 장애인 등급제도와 노인장기요양 등급제도 등에 대한 자세

개정 전 민법	개정 민법
제9조 한정치산의 선고 심신이 박약하거나 재산의 낭비로 자기나 가족의 생활을 궁박하게 할 염려가 있는 자에 대하여는 법원은 본인, 배우자, 4촌 이내의 친족, 후견인 또는 검사의 청구에 의하여 한정치산을 선고하여야 한다.	**제9조 성년후견개시의 심판** ① 가정법원은 질병, 장애, 노령, 그 밖의 사유로 인한 정신적 제약으로 사무를 처리할 능력이 지속적으로 결여된 사람에 대하여 본인, 배우자, 4촌 이내의 친족, 미성년후견인, 미성년후견감독인, 한정후견인, 한정후견감독인, 특정후견인, 특정후견감독인, 검사 또는 지방자치단체의 장의 청구에 의하여 성년후견개시의 심판을 한다. ② (생략)
제12조 금치산의 선고 심신상실의 상태에 있는 자에 대하여는 법원은 제9조에 규정한 자의 청구에 의하여 금치산을 선고하여야 한다.	**제12조 한정후견개시의 심판** ① 가정법원은 질병, 장애, 노령, 그 밖의 사유로 인한 정신적 제약으로 사무를 처리할 능력이 부족한 사람에 대하여 본인, 배우자, 4촌 이내의 친족, 미성년후견인, 미성년후견감독인, 성년후견인, 성년후견감독인, 특정후견인, 특정후견감독인, 검사 또는 지방자치단체의 장의 청구에 의하여 한정후견개시의 심판을 한다. ② 한정후견개시의 경우에 제9조 제2항을 준용한다.

한 내용은 이 책 제3장 "피성년후견인을 위한 복지정책 현황"을 참고하기 바란다.

(2) 성년후견의 청구

개정 전 민법은 "본인, 배우자, 4촌 이내의 친족, 후견인 또는 검사"를 금치산 선고를 청구할 수 있는 사람(청구권자)으로 규정하고 있었다(제12조, 제9조). 이에 반해 개정 민법에서는 "본인, 배우자, 4촌 이내의 친족, 미성년후견인, 미성년후견감독인, 한정후견인, 한정후견감독인, 특정후견인, 특정후견감독인, 검사 또는 지방자치단체의 장"이 성년후견개시 심판을 청구할 수 있는 것으로 규정한다(제9조).

본인도 일시적이나마 의사능력을 회복한 경우에는 청구가 가능하다. '배우자', '4촌 이내의 친족'이 청구할 수 있도록 한 것은 개정 전 민법을 그대로 승계한 측면이 크다. 또한 개정된 민법에 따라 성년후견인이 될 가능성이 큰 '미성년후견인'과 '한정후견인', '특정후견인'을 청구권자에 포함시킨 것도 당연한 것이라 할 수 있다. 이와 더불어 새로 신설된 후견감독인 제도에 따라서 후견감독인도 성년후견을 청구할 수 있는 사람에 추가하였다. '미성년후견인', '한정후견인', '특정후견인', '후견감독인' 등의 청구권자들은 개정 전 민법에서와 마찬가지로, 피후견인이 정신적으로 악화되어 기존의 후견만으로는 보호가 충분하지 않은 경우 보다 강력한 보호장치로서 성년후견을 청구하는 자격을 가지게 된다. 또한 무연고자(無緣故者)나 학대받는 노인 등의 보호를 위하여 '검사'뿐만 아니라 '지방자치단체의 장'도 청구권자에 포함했다.

한편, 사회복지시설의 장도 청구권자에 포함시켜야 한다는 입법안이 있었다. 후견의 필요성을 가장 잘 파악할 수 있는 위치에 있다는 이유가 논거였으나, 지방자치단체의 권한을 위임받아 행사하는 위치에 불과하므로, 지방자치단체의 책임을 명확히 하기 위하여 지방자치단체의 장만을 새로이 청구권자로 하였다.

참고로 외국의 사례를 보면, 독일 민법에서는 본인의 청구 또는 법원의 직권에 의해서만 후견인을 선임할 수 있도록 제한하는 반면(독일 민법 제1896조 제1항) 프랑스 민법에서는 본인, 배우자, 혈족, 인척, 검사뿐만 아니라 본인과 밀접하고 지속적인 관계를 가진 사람이나 법적 보호조치를 행하는 사람은 모두 보호조치(성년후견)를 청구할 수 있도록 한다(프랑스 민법 제430조).

(3) 성년후견개시의 심판 및 효과

① 성년후견개시의 심판

:: 관할

성년후견과 관련된 건(件)에 대한 재판은 당연히 당사자의 편의를 위하여 본인의 주소지 가정법원이 관할한다. 이는 일본과 그 밖의 나라들에서도 대체로 동일하다.

:: 본인의사의 고려

피후견인의 의사와 관계없이 일방적으로 보호하려는 태도를 버리고, 피성년후견인의 자기결정권의 존중을 위하여 가정법원은 성년후견개시의 심판을 함에 있어 본인의 의사를 고려하여야 한다(개정 민법 제9조 제2항).

성년후견인이 이러한 복리배려 의무와 의사존중 의무를 위반하여 임무를 수행하는 경우, 이는 후견인 변경의 사유가 될 수 있고(개정 민법 제940조 제1항), 더 나아가 가정법원은 성년후견인의 임무수행이 피성년후견인의 복리에 부합하지 않는다고 판단하는 때에는 직권으로 재산관리 등 그 후견임무수행에 관하여 필요한 처분을 함으로써 개입할 수 있다(개정 민법 제954조).

:: 정신감정

감정이란 법관의 판단능력을 보충하기 위하여 전문적 지식과 경험을 가진 자로 하여금 그 전문적 지식 또는 그에 기한 판단을 법원

개정 민법의 제9조 2항
제9조 성년후견개시의 심판 ① (생략) ② 가정법원은 성년후견개시의 심판을 할 때 본인의 의사를 고려하여야 한다.

개정 전 민법	개정 민법
제947조 금치산자의 요양, 감호 ① 금치산자의 후견인은 금치산자의 요양, 감호에 일상의 주의를 해태하지 아니하여야 한다. ② 후견인이 금치산자를 사택에 감금하거나 정신병원 기타 다른 장소에 감금치료함에는 법원의 허가를 얻어야 한다. 그러나 긴급을 요할 상태인 때에는 사후에 허가를 청구할 수 있다.	**제947조 피성년후견인의 복리와 의사존중** 성년후견인은 피성년후견인의 재산관리와 신상보호를 할 때 여러 사정을 고려하여 그의 복리에 부합하는 방법으로 사무를 처리하여야 한다. 이 경우 성년후견인은 피성년후견인의 복리에 반하지 아니하면 피성년후견인의 의사를 존중하여야 한다.

가사소송규칙 제33조
제33조 심신상태의 감정 가정법원이 한정치산 또는 금치산 선고의 심판을 할 경우에는 사건본인의 심신상태에 관하여 의사에게 감정을 시켜야 한다. 다만, 사건본인의 심신상태를 판단할 만한 다른 충분한 자료가 있는 때에는 그러하지 아니하다.

에 보고하게 하는 증거조사를 말한다.

개정 전 민법의 금치산제도에서는 사건 본인의 심신상태에 관하여 의사에게 감정을 의뢰하는 것을 원칙으로 하되, 사건 본인의 심신상태를 판단할 만한 다른 충분한 자료가 있는 때에는 감정을 하지 않을 수 있었다(가사소송규칙 제33조). 이 경우의 심신상태 또한 몸과 마음이란 뜻이 아니고 앞에서 설명했듯이 의사능력이라는 뜻의 심신(心神)이다. 따라서 법원은 주로 전문성이 높은 신경정신과 전문의로 하여금 감정하게 하였다. 그러나 법관의 최종판단은 법률적인 판단이므로 정신과 전문의의 결론에 반드시 따라야 하는 것은 아니고 자유로운 판단이 가능하다. 가정법원은 이 조항을 '금치산 선고가 있을 경우 피후견인의 행위능력이 심각하게 제한되므로 신중한 판단을 위하여 가급적 감정을 거쳐야 하며, 다만, 비슷한 시기에 다른 재판절차에서 나온 정신감정 결과를 활용할 수 있는 등 예외적인 경우에 한해서 감정을 생략할 수 있다'고 해석했다.

성년후견개시 심판(판결)도 금치산 선고에 맞먹을 정도로 행위능력을 제한할 수 있기 때문에 본인의 이익을 위해서라도 원칙적으로 정신감정을 거쳐야 한다. 다만, 진단서 등을 종합해 볼 때 본인이 식물인간 상태에 있음이 명백하거나, 비슷한 시기에 다른 재판에 나온 정신감정 결과를 활용할 수 있는 경우 등에 한해서 감정절차를 생략할 수 있다.

감정절차의 생략문제와 관련해서 현행 장애인등급 판정제도와 노인장기요양등급 판정제도를 어떻게 활용할 것인지를 깊이 고민해 볼 필요가 있다. 앞서 말했듯이 정확한 감정을 위해서는 적지 않은 시간과 비용이 필요하다. 마찬가지로 정신장애인, 지적장애인, 자폐성장애인, 치매노인 등 성년후견을 이용할 수 있는 유형의 장애인 등의 등급판정을 하는 데에도 적지 않은 시간과 비용이 든다. 장애인 등급판정의 경우 최근 몇 년간 기준과 절차가 매우 까다롭고 엄격하게 강화되어 장애인들의 원성의 대상이 되기까지 했다. 때문에 특별한 사유가 없는 한 장애인 및 노인장기요양등급 판정제도를 활용하고, 별도의 까다로운 감정절차를 생략하는 방안도 고민해 볼 필요가 있지 않을까 하는 것이다.

다만, 현행 장애인등급 판정제도를 전적으로 활용하는 것은 조금 조심스럽다. 장애인들은 장애인 본인이 처한 생활환경이나 근로조건, 복지서비스 욕구 등을 무시한 채 획일적으로 의학적 기준만으로 등급을 매기는 현행 장애인등급 판정제도를 '후진적'이고 '반장애인적'이라고 비판한다. 대부분의 선진국에서 장애인등급 판정제도를 폐지하거나 시행하지 않는 것에 비추어 볼 때 이는 어느 정도 설득력이 있다. 특히 장애인들에게 주어지는 복지서비스가 의학적 기준에 의해 일률적으로 매겨진 장애인등급을 기준으로 해서 획일적으로 제공됨에 따라 장애인들이 처한 환경과 장애유형에 따른 특수성이 무시되고 있다는 비판은 정부에서조차 어느 정도 인정하고 있다.

그러나 장애인의 등급판정에 필요한 의사의 진단서, 진료기록 등은 국민연금공단에 보관되며, 노인장기요양의 등급판정에 필요한 자료는 건강보험공단에서 관리한다. 그리고 성년후견개시 심판에 필요한 감정은 소송절차에서의 감정과는 그 성격을 달리한다. 법원이 소송의 쟁점에 대해 판단하기 위하여 필요한 감정과 달리 정신감정은 법원의 후견적 기능에 따라 실시하는 참고자료라 할 수 있다. 성년후견제도 이용자의 대부분이 가난하고 소외된 계층임을 감안할 때 국민연금공단, 건강보험공단 등과 공조하여 이미 조사된 자료를 충분히 검토해야 한다. 법원의 후견적 기능을 강조한다면 법원이 스스로 정신의학 전문가를 조사관으로 고용하여 보조하게 할 수도 있을 것이다. 성년후견개시 심판에 필요한 정신감정은 통상의 국민이 이해하는 합리적 수준의 감정으로 충분하다.

② 성년후견개시 심판의 효과

성년후견이 개시되면 원칙적으로 피성년후견인은 행위능력을 상실하여 후견인의 대리를 통해서 법률행위를 해야 하며, 이를 위반한 법률행위는 취소할 수 있게 된다(제 10조 제 1항).

그러나 개정 민법은 금치산제도와 달리 피성년후견인이 독자적으로 행한 법률행위 중 일용품의 구입 등 일상생활에 필요하고 그 대가가 과도하지 않은 것(이하 '일상적 법률행위')은 취소할 수 없도록 하였다(제 10조 제 4항). 일상적 법률행위까지 취소권을 인정할 경우 일반인들이 피성년후견인과 거래하는 것을 기피하게 되어 피성년후견인의 불편과 사회적 고립을 초래할 수 있기 때문이다.

따라서 개정 민법에서는 피성년후견인의 '자기결정권'과 '현존능력'을 존중하고 '정상화'(*normalization*)의 이념을 실현하기 위하여 일상적 법률행위에 대해서는 행위능력을 인정하였다. 이것은 피성년후견인에게도 우리사회의 구성원으로서 활동할 수 있는 일정범위의 자격을 인정한 것으로 그 의미가 있다고 할 것이고 사회전체의 거래의 안전에도 도움을 줄 것이다.

일상적 법률행위에 해당하는지 여부는 피성년후견인의 직업, 자산, 그 행위의 목적과 규모 등 제반 사정을 종합하여 판단한다. 따라서 어떤 행위가 일상적 법률행위라고 단정적으로 말하기는 어렵지만, 예를 들어 동네 슈퍼에서의 식료품 구입이나 지하철 승차권의 구입, 간단한 공과금 납부 등은 일상적 법률행위라 할 것이고, 주택

개정 민법 제10조

제10조 피성년후견인의 행위와 취소

① 피성년후견인의 법률행위는 취소할 수 있다.
② 제1항에도 불구하고 가정법원은 취소할 수 없는 피성년후견인의 법률행위의 범위를 정할 수 있다.
③ 가정법원은 본인, 배우자, 4촌 이내의 친족, 성년후견인, 성년후견감독인, 검사 또는 지방자치단체의 장의 청구에 의하여 제2항의 범위를 변경할 수 있다.
④ 제1항에도 불구하고 일용품의 구입 등 일상생활에 필요하고 그 대가가 과도하지 아니한 법률행위는 성년후견인이 취소할 수 없다.

의 구입이나 임차 또는 이를 위한 금전의 차용 같은 것은 일상적 법률행위의 범주를 벗어난다 할 것이다.

또한 개정 민법에서는 가정법원으로 하여금 일상적 법률행위와는 별도로 취소할 수 없는 피성년후견인의 법률행위를 정할 수 있도록 했다(제10조 제2항). 피성년후견인의 현존능력에 따라 융통성 있게 법적으로 가능한 행위와 그렇지 않은 행위의 범위를 정할 수 있도록 한 것이다.

이와 더불어 개정 민법은 성년후견개시 심판 이후 판단능력이 좋아지거나 나빠짐에 따라서 취소할 수 없는 법률행위의 범위가 맞지 않게 된 경우에는 본인, 배우자, 4촌 이내의 친족, 성년후견인, 성년후견감독인, 검사 또는 지방자치단체의 청구에 따라 가정법원이 그 범위를 변경할 수 있도록 하고 있다(제10조 제3항).

③ 상대방과의 관계

피성년후견인의 법률행위를 취소할 수 있다면 피성년후견인이 시행한 법률행위의 상대방은 법적 보호를 받지 못할 우려가 있다. 한마디로 법률행위 상대방의 법적 지위가 불안해질 수도 있는 것이다. 예를 들어 IQ60인 지적장애인이 후견인의 동의 없이 빵을 하나 샀을 때는 개정된 민법에 따라 이를 취소할 수 없는 법률행위로 규정할 수 있기 때문에 빵가게 주인이 손해를 볼 이유가 없지만, 동일한 지적장애인이 후견인의 동의 없이 전세계약을 체결했을 경우에는 이 법률행위는 취소할 수도 있기 때문에 상대방인 집주인의 법적 지위가 불안해질 수도 있다는 얘기다.

이때에 집주인은 피후견인이 성년후견종료의 심판을 받아 능력을 회복하였을 때에는 1개월 이상의 기간을 정하여 그 계약을 취소할 것인지 아니면 그대로 유지할 것인지(추인) 확답을 요구할 수 있다는 것이다. 즉, 개정 민법은 상대방에게 최고권(촉구권), 철회권 및 거절권을 부여한다.

'최고권'이란 다른 사람에게 일정한 행위를 할 것을 촉구할 수 있는 권리로, 법률행위의 시효를 연장하는 등의 효과가 있다. 예를 들면, 빚을 받을 사람(채권자)이 빚을 진 사람(채무자)에 대하여 빚을 갚으라고 요구하는 의사표시를 할 때 '최고장'을 보내는데, 이것이 바로 '최고권'의 행사이다. 철회권은 상대방에게 피성년후견인과의 법적 행위를 철회할 수 있는 권리를 준다는 뜻이고, 거절권은 법적 행위가 이뤄지기 전에 피성년후견인이 요구한 법적 행위를 거절할 수 있다는 의미이다. 개정 민법은 또, 제한능력자(피후견인)가 속임수를 사용한 경우에는 취소권, 즉 피후견인이 법적 행위를 취소할 수 있는 권리를 박탈한다.

이는 개정 전 민법과 내용상으로는 비슷하지만, 차별적인 용어를 개선한 것이라는 점에서 긍정적이다(제 15조, 제 16조, 제 17조). 즉, 개정 전 민법 제 15조, 제 16조, 제 17조에서는 행위능력이 제한되는 사람을 모두 "무능력자"로 규정했지만, "무능력자"는 피후견인의 현존능력을 무시하고 법적 지위를 지나치게 제약하는 인상을 주기 때문에 "제한능력자"라는 용어로 대체하기에 이른 것이다. 이는 "금치산", "한정치산"을 "성년후견", "한정후견"으로 바꾼 것과 비슷한 맥락이다. 일본 민법에서도 성년후견제를 도입하면서 무능력자를 "제한행위능력자"라는 용어로 순화하였다.

위에서 알 수 있듯이 개정 민법에서는 제한능력자(피후견인)가 능력자가 되었을 경우 제한능력자의 상대방에게 최고권을 준다. 즉, 제한능력자의 상대방은 제한능력자에게 1개월 이상의 기간을 정해서 본인과의 거래행위를 취소할 것인지, 추인할 것인지 여부를 확답해 달라고 촉구할 권리를 가진다. 또한, 위에서 정한 1개월 이상의 기간 내에 제한능력자가 확답을 하지 않았을 경우 그 행위를 사실로 인정(추인) 한 것으로 본다.

개정 전 민법에서 금치산자가 '능력자가 된 때'란 금치산 선고의 취소를 받은 경우를 뜻한다. 개정 민법에서도 '능력자가 된 때'는 피성년후견인이 성년후견종료 심판을 받으면 된다(제 11조).

반면, 제한능력자가 능력자가 되지 못한 경우에는 법정대리인에게 확답을 촉구해야 하며, 정해진 기간 안에 확답을 발송하지 않은 경우에는 이 역시 그 행위를 사실로 인정(추인) 한 것으로 본다(제 15조 제 2항).

나아가 상대방은 적극적으로 철회권, 거절권 등을 행사하여 불안한 법적 지위에서 해방될 수 있다. 제한능력자가 맺은 계약은 사실로 인정(추인) 할 때까지 상대방이 그 의사표시를 철회할 수 있고, 제한능력자의 단독행위는 추인이 있을 때까지 상대방이 거절할 수 있다(제 16조 제 1항, 제 2항). 철회와 거절의 의사표시는 법률관계로부터 당사자를 해방시키는 것이고 특별히 불이익을 주는 것이 아니기 때문에 법정대리인뿐만 아니라 제한능력자에 대해서도 할 수 있다(제 16조 제 3항). 마지막으로 제한능력자가 속임수로써 자기를 능력자로 믿게 한 경우에는 취소권이 배제된다(제 17조 제 1항).

개정 전 민법	개정 민법
제 15조 무능력자의 상대방의 최고권 ① 무능력자의 상대방은 무능력자가 능력자가 된 후에 이에 대하여 1월 이상의 기간을 정하여 그 취소할 수 있는 행위의 추인여부의 확답을 최고할 수 있다. (이하 생략) ②~③ (생략)	**제 15조 제한능력자의 상대방의 확답을 촉구할 권리** ① 제한능력자의 상대방은 제한능력자가 능력자가 된 후에 그에게 1개월 이상의 기간을 정하여 그 취소할 수 있는 행위를 추인할 것인지 여부의 확답을 촉구할 수 있다. (이하 생략) ②~③ (생략)
제 16조 무능력자의 상대방의 철회권과 거절권 ① 무능력자의 계약은 추인이 있을 때까지 상대방이 그 의사표시를 철회할 수 있다. (이하 생략) ② 무능력자의 단독행위는 추인이 있을 때까지 상대방이 거절할 수 있다. ③ (생략)	**제 16조 제한능력자의 상대방의 철회권과 거절권** ① 제한능력자가 맺은 계약은 추인이 있을 때까지 상대방이 그 의사표시를 철회할 수 있다. (이하 생략) ② 제한능력자의 단독행위는 추인이 있을 때까지 상대방이 거절할 수 있다. ③ (생략)
제 17조 무능력자의 사술 ① 무능력자가 사술로써 능력자로 믿게 한 때에는 그 행위를 취소하지 못한다. ② (생략)	**제 17조 제한능력자의 속임수** ① 제한능력자가 속임수로써 자기를 능력자로 믿게 한 경우에는 그 행위를 취소할 수 없다. ② (생략)

개정 민법 제11조
제 11조 성년후견종료의 심판 성년후견개시의 원인이 소멸된 경우에는 가정법원은 본인, 배우자, 4촌 이내의 친족, 성년후견인, 성년후견감독인, 검사 또는 지방자치단체의 장의 청구에 의하여 성년후견종료의 심판을 한다.

2) 성년후견인의 선임 및 직무

(1) 성년후견인의 선임

개정 민법에 따르면, 가정법원이 성년후견개시 심판을 하는 때에는 피성년후견인을 위하여 직권으로 성년후견인을 선임해야 한다(제929조, 제936조 제1항). 성년후견제도에서는 성년후견인을 통한 지속적 후견이 중요하므로 성년후견인이 사망, 자격상실(결격), 또는 그 밖의 사유로 없게 된 경우 보호의 공백이 생기지 않도록 가정법원이

개정 민법 제929조, 제936조
제929조 성년후견심판에 의한 후견의 개시 가정법원의 성년후견개시 심판이 있는 경우에는 그 심판을 받은 사람의 성년후견인을 두어야 한다.
제936조 성년후견인의 선임 ① 제929조에 따른 성년후견인은 가정법원이 직권으로 선임한다. ② 가정법원은 성년후견인이 사망, 결격, 그 밖의 사유로 없게 된 경우에도 직권으로 또는 피성년후견인, 친족, 이해관계인, 검사, 지방자치단체의 장의 청구에 의하여 성년후견인을 선임한다. ③ 가정법원은 성년후견인이 선임된 경우에도 필요하다고 인정하면 직권으로 또는 제2항의 청구권자나 성년후견인의 청구에 의하여 추가로 성년후견인을 선임할 수 있다. ④ 가정법원이 성년후견인을 선임할 때에는 피성년후견인의 의사를 존중하여야 하며, 그 밖에 피성년후견인의 건강, 생활관계, 재산상황, 성년후견인이 될 사람의 직업과 경험, 피성년후견인과의 이해관계의 유무(법인이 성년후견인이 될 때에는 사업의 종류와 내용, 법인이나 그 대표자와 피성년후견인 사이의 이해관계의 유무를 말한다) 등의 사정도 고려하여야 한다.

개정 전 민법	개정 민법
제930조 후견인의 수 후견인은 1인으로 한다.	**제930조 후견인의 수와 자격** ① (생략) ② 성년후견인은 피성년후견인의 신상과 재산에 관한 모든 사정을 고려하여 여러 명을 둘 수 있다. ③ 법인도 성년후견인이 될 수 있다.

피성년후견인, 친족, 이해관계인, 검사, 지방자치단체장의 청구에 의하거나 직권으로 성년후견인을 선임해야 한다(제936조 제2항).

① 복수후견인제도 신설

개정 전 민법에서는 자연인 한 명만 후견인이 될 수 있었으나(제930조), 개정 민법에서는 후견의 효율성과 전문성을 높이기 위하여 후견인을 여러 명 복수로 선임하거나, 법인을 후견인으로 선임하는 것도 가능하다(제930조 제2항, 제3항).

피후견인의 재산이 여러 지역으로 분산되어 있을 경우에 지역별로 여러 명의 후견인이 선임될 수도 있으며, 재산관리와 신상보호를 분리하여 각 업무의 성격에 적합한 후견인을 둘 수도 있게 한 것이다. 재산 또는 신상에 관한 사무가 방대한 경우에도 복수의 후견인을 선임하여 업무분장을 통해 직무수행의 효율성을 높일 수 있으며, 상호 견제와 균형을 통해 피후견인의 권익을 보호할 수도 있다.

② 법인후견인

법인도 후견인이 될 수 있게 한 것은 획기적이다.

현대사회의 발전과 유지에 법인의 존재와 역할이 필수적인 현실을 민법이 수용한 것으로 후견의 전문화에 크게 기여할 것으로 생각된다. 법률에서는 단순히 법인으로만 표현하고 있어 후속입법에 의해 보완될 문제이나, 민법, 상법상의 법인, 사회복지법인, 법무법인도 가능할 것이다.

또한 법인에 의한 후견의 근거가 마련되었으므로 향후 후견전문법인이 설립되거나 복지관, 시민단체, 사회적 기업 등이 양질의 서비스를 저렴한 비용으로 제공할 수 있을 것으로 기대된다. 후견인이 선임된 이후 업무증가 등으로 더 많은 후견인이 필요하게 된 경우에는 가정법원이 피후견인, 친족, 이해관계인, 검사, 지방자치단체장의 청구에 의하거나 직권으로 후견인을 추가로 선임할 수 있도록 했다(제936조 제3항). 또한 성년후견인과 마찬가지로 한정후견인, 특정후견인, 후견감독인도 여러 명 둘 수 있고, 법인으로도 둘 수 있다.

그러나 법인으로 성년후견인을 선임하는 경우에도 가급적 법인에 소속된 특정부서나 특정인에게 후견업무를 전담하도록 하여 전문성을 키우는 한편, 수준 있는 교육을 통하여 성년후견제도의 도입정신이 살아나도록 하여야 할 것이다.

2000년부터 성년후견제를 시행하는 일본에서 2008년 한 해 동안의 사례를 일본 최고재판소가 조사한 통계를 살펴보면, 후견인으로 친족이 선임된 경우가 전체의 68.5%, 친족 이외의 제3자가 선임된 것이 31.5%로 나타났다.

제3자 선임비율이 증가세이며, 그 직역은 법무사, 변호사, 사회복지사, 법인의 순서로 나타났다.

③ 후견인의 결격 사유

개정 전 민법은 미성년자, 금치산자, 한정치산자, 파산선고를 받은 자, 자격정지 이상의 형의 선고를 받고 그 형기 중에 있는 자, 법원에서 해임된 법정대리인 또는 친족회원, 행방이 불명인 자, 피후견인에 대하여 소송을 하였거나 하고 있는 자 또는 그 배우자와 직계혈족은 후견인이 될 수 없도록 했다(제937조).

"금치산자, 한정치산자"가 후견인이 될 수 없도록 했던 것을, "피성년후견인, 피한정후견인, 피특정후견인, 피임의후견인"이 후견인

개정 민법 제937조
제937조 후견인의 결격 사유 다음 각 호의 어느 하나에 해당하는 자는 후견인이 되지 못한다. 1. 미성년자 2. 피성년후견인, 피한정후견인, 피특정후견인, 피임의후견인 3. 회생절차개시결정 또는 파산선고를 받은 자 4. 자격정지 이상의 형의 선고를 받고 그 형기(刑期) 중에 있는 사람 5. 법원에서 해임된 법정대리인 6. 법원에서 해임된 성년후견인, 한정후견인, 특정후견인, 임의후견인과 그 감독인 7. 행방이 불분명한 사람 8. 피후견인을 상대로 소송을 하였거나 하고 있는 자 또는 그 배우자와 직계혈족

이 될 수 없는 것으로 바꾸었다(제937조 제2호).

시급히 바로잡아야 할 입법상의 실수가 있다. 개정 민법에서는 피후견인이 후견인이 될 수 없게 규정하였다. 이것은 피후견인의 인격을 존중하고, 그 현존능력을 존중하자는 성년후견제도의 도입 취지에 정면으로 배치되는 입법이라 할 것이므로 반드시 개정되어야 한다.

후견을 받고 있다는 사실만으로 자격을 제한하는 것은, 후견의 사회적 낙인효과를 시정하여 장애인의 사회통합을 도모하고자 했던 성년후견제 도입의 근본 출발점을 몰각한 것으로, 다른 법률의 자격제한규정까지 모두 개정하고자 노력하는 장애인단체와 시민단체의 개정운동까지 영향을 미치게 되므로, 최우선적으로 시정되어야 할 것이다.

특히 피특정후견인과 피임의후견인의 경우는 개정 민법에서는 행위능력을 그대로 보유한다는 점을 간과한 중요한 입법상의 실수로 보인다. 그리고 피한정후견인의 경우에도 정신능력에 중대한 흠결이 있다고 할 수는 없기 때문이다. 설사 경미한 정신적 제약이 있다고 하더라도 피후견인과 오랜 시간 개인적 유대와 신뢰관계를 형성해왔고 동시에 피후견인이 원하는 사람이라면 후견인으로 선임할 수 있도록 하는 것이 옳다. 이 경우 후견직무를 온전히 수행하지 못할 정도로 정신적 제약을 가진 사람이라면 가정법원이 후견인을 선임하는 과정에서 배제하면 될 것이다. 이렇게 후견인이 될 길을 법으로 완전히 막은 처사는 큰 실수이므로, 후견인의 결격 사유에서 피후견인은 반드시 삭제되어야 할 것이다.

그 밖에도 "파산선고를 받은 자"뿐만 아니라 "회생절차개시 결정을 받은 자"도 결격 사유에 추가하였는데(제 937조 제 3호), 이는 채무자 회생 및 파산에 관한 법률제정 등 변화된 입법 현실을 반영한 것이다.

다음으로 "법원에서 해임된 법정대리인 또는 친족회원"을 "법원에서 해임된 법정대리인"으로 고쳤는데(제 937조 제 5호), 이는 친족회 폐지에 따라 친족회원 부분을 삭제한 것이다.

"법원에서 해임된 성년후견인, 한정후견인, 특정후견인, 임의후견인과 그 감독인"을 결격 사유에 추가하였다(제 937조 제 6호). 개정 전 민법에서는 모든 후견인이 법정대리인에 당연히 포함되었으나 새로운 후견제도에서는 특정후견인 등 법정대리권이 없는 후견인이 존재할 수 있기 때문에 제 937조 제 5호만으로는 모든 후견인을 망라할 수 없다는 점과 후견감독인제도가 신설된 점을 고려한 것이다.

참고로 독일 민법에서는 피후견인이 수용되어 있거나 거주하는 시설 및 단체와 밀접한 관계에 있는 자는 후견인으로 선임할 수 없도록 규정하고 있다(독일 민법 제 1897조 제 3항). 또한 프랑스 민법에서도 의료분야 종사자는 자신의 환자에 대해서, 신탁계약의 수탁자는 신탁자에 대해서 부조나 후견사무를 행할 수 없도록 규정한다(프랑스 민법 제 445조 제 2항, 제 3항). 우리 민법에는 이런 규정이 없기 때문에 결격 사유에 대한 개정이 이루어지기 전까지는 후견인 선임에 있어 피후견인과의 이해관계를 고려하도록 한 제936조 제4항의 규정을 적극적으로 활용해서 이해가 상반되는 문제를 해결해야 할 것으로 보인다(제936조 제4항).

④ 후견인의 선임 기준

개정 전 민법에서는 후견인의 법정순위가 일률적으로 정해져 있었으나(제932조~제935조), 개정된 민법은 이해가 상반되는 배우자, 직계혈족 등도 자동적으로 후견인이 되는 폐해를 막고, 가정법원이 가장 적격인 후견인을 선임할 수 있도록 후견인의 법정순위를 폐지하였다(제932조 개정, 제933조~제935조 삭제). 독일 민법에서도 후견에 적합한 자를 후견인으로 선임한다는 규정만 두고 있으며(독일 민법 제1897조 제1항), 일본 민법에서도 배우자가 당연히 후견인이 되는 규정을 삭제하였다(일본 민법 제840조). 프랑스 민법에서는 본인이 사전에 후견인을 지정하지 않은 경우 생활을 같이하는 배우자를 후견인으로 선임하도록 하고 있으나, 그에게 보호조치를 맡길 수 없는 사정이 있는 경우는 예외이다(프랑스 민법 제449조 제1항).

하지만 개정 민법이 시행되더라도 개인적 유대와 신뢰를 중요시하는 후견의 특성상 배우자나 근친자가 후견인으로 선임되는 비율은 여전히 높을 것으로 예상된다. 예를 들어 일본의 경우, 성년후견제가 도입된 이후에 가족이나 친척 중에 후견인이 선임되는 비율이 2003년 82.5%에서 2008년 68.5%로 낮아지기는 했으나 여전히 큰 비중을 차지한다.[1]

개정 민법에서 후견인을 선임하는 가장 중요한 기준은 본인의 의

---

1 김명중(2010), "일본의 성년후견제도의 동향과 과제", 〈국제노동브리프〉 8(6): 73.

개정 전 민법	개정 민법
제932조 미성년자의 후견인의 순위 제931조의 규정에 의한 후견인의 지정이 없는 때에는 미성년자의 직계혈족, 3촌 이내의 방계혈족의 순위로 후견인이 된다.	**제932조 미성년후견인의 선임** ① 가정법원은 제931조에 따라 지정된 미성년후견인이 없는 경우에는 직권으로 또는 미성년자, 친족, 이해관계인, 검사, 지방자치단체의 장의 청구에 의하여 미성년후견인을 선임한다. 미성년후견인이 없게 된 경우에도 또한 같다. ②~③ (생략)

사이다(제936조 제4항 앞부분). 이와 같은 성년후견인 선임에 관한 기준은 한정·특정후견인 및 모든 후견감독인을 선임하는 기준에도 그대로 적용된다. 성년후견개시 심판에서는 "본인의 의사를 '고려'하여야 한다"고 규정했으나(제9조 제2항), 후견인의 선임에서는 '고려'가 아니라 "피성년후견인의 의사를 '존중'하여야 한다"고 규정한 점에서도 이러한 취지가 잘 드러난다. '고려'보다 한 단계 수위가 높은 '존중'이라는 표현을 씀으로써 후견인의 선임에서 가장 중요한 기준이 본인의 의사임을 분명히 한 것이다.

독일 민법에서도 성년후견인의 선임은 본인의 자유의사에 반해서는 안 되고(독일 민법 제1896조 제1a항), 본인이 성년후견인을 지정하는 경우 그의 복리에 반하지 않는 한 그 지정에 따라야 함을 명시하고 있으며(독일 민법 제1897조 제4항), 프랑스 민법에서도 본인이 부조 또는 후견의 대상이 될 때에 대비하여 부조인 또는 후견인을 미리 지정한 경우 법관이 그 지정에 구속된다고 규정한다(프랑스 민법 제448조 제1항). 나아가 일정한 요건을 갖춘 부모가 자신의 사망 또는 유고(有故) 시에 대비하여 자녀를 위한 부조인 또는 후견인을 지정한 경우에도 특별한 사정이 없는 한 법원이 이에 구속된다는 규정을 두고 있다(프랑스 민법 제448조 제2항).

우리나라에서도 성년후견제도를 도입하게 된 가장 큰 계기 중 하나가 사후에 자식을 믿고 맡길 수 있는 보호장치에 대한 부모들의 열망이었음을 고려할 때, 부모의 의사를 보다 진지하게 고려할 수 있는 방안을 검토할 필요가 있다. 물론 부모의 의사가 자녀의 이익에 부합하지 않거나 자녀의 자기결정권을 침해할 우려가 있다는 비판이 제기될 수도 있지만, 그래도 본인의 의사를 가장 정확히 헤아려 자녀를 위한 판단을 내릴 수 있는 사람은 부모일 것이다. 본인의 복리에 반하지 않는 한도에서 일정한 자격을 갖춘 부모의 의사를 충실히 고려하도록 하는 원칙적 규정을 두는 것은 부모와 자식 간의 친밀감과 결합도가 유난히 강한 우리나라의 정서와 현실에도 부합하리라 생각한다.

후견인 선임에 있어서 본인의 의사 다음으로 중요한 기준은 피후견인의 건강과 재산상황, 후견인의 자질과 이해관계 등이다(제936조 제4항 뒷부분). 우리 민법은 이러한 사항들을 예를 들어서 열거하고 있는데, 가정법원은 피후견인과의 개인적 유대, 공정성과 전문성 등 모든 사정을 고려하여 피후견인의 의사와 복리를 가장 잘 실현할 수 있는 사람을 후견인으로 선임해야 할 의무가 있다. 특히 피후견인과 이해관계가 충돌되는 사람이 후견인으로 선임되지 않도록 주의해야 한다.

법인을 후견인으로 선임할 경우에는 법인의 사업종류와 내용, 법인이나 그 대표자와 피성년후견인 사이의 이해관계 유무를 판단해야 한다(제936조 제 4항 뒷부분).

만약 법인의 모든 구성원과 이해관계 충돌 여부를 판단해야 한다면 개인적으로 피후견인과 이해가 상충되는 직원이 사실상 그 후견업무와 무관하더라도 법인 전체가 후견인이 될 수 없기 때문에 법인과 대표자를 기준으로 이해관계를 판단하도록 한 것이다. 따라서 직접 후견업무를 수행할 법인의 직원이 피후견인과 이해관계가 없더라도, 법인이나 그 대표자가 피후견인과 이해가 상충된다면 그 법인은 후견인으로 선임해서는 안 될 것이다.

(2) 성년후견인의 직무 : 재산관리와 신상보호

① 쟁점

(가) 민주국가에서 복지국가로

인류의 오랜 역사에 수많은 국가들이 있었다.

현재의 선진국들은 대개 신분계급이 붕괴되면서 민주국가의 경험을 거쳐 복지국가로 이행하는 경험을 가지고 있다. 민주국가의 특징은 공적 영역과 사적 영역에서 각기 다른 원리가 작동된다는 점이다. 선거과정을 통해 권력이 만들어지는 공적 영역에서는 민주주의의 원리가 적용되고, 시장을 통해 생산과 분배가 이루어지는 사적 영역에서는 자유주의 원리가 적용된다. 이 때문에 우리가 자유민주주의라는 표현을 쓰기도 한다.

현재의 복지국가는 예외 없이 민주국가의 단계를 거쳐 복지국가로 진입하였다. 복지를 주장하면서 민주주의의 가치를 부인하는 행위는 자가당착이다. 국민의 생각을 압제하고, 평화에 대한 신념 없이 전쟁을 말하는 자는 복지를 말할 자격이 없다.

국어사전에서 복지는 첫 번째 해석으로 '행복한 삶', 두 번째 해석으로 '행복하게 살 수 있는 사회환경'을 의미한다. 우리는 개인의 행복을 복지스럽다고 표현하지는 않으며, 주로 사회복지라고 하여 공동체와 사회적 맥락을 고려한 제도의 개념으로 이해한다.

국민생활에 대한 국가의 영향력은 대개 보편적이다. 전쟁이 일어나면 대부분의 국민이 영향을 받으며, 도로가 만들어지면 누구나 차별 없이 이용할 수 있다. 이에 반해 복지국가는 구체적이고 세분화된 방식으로 개별 국민에게 영향을 미친다는 특징이 있다.

민주국가 단계에서는 민주적 절차에 따라 국가의 권력이 구성되고, 행사된다는 점에서 국가존재의 정당성이 확보되었다.

복지국가는 이러한 정당성에서 더 나아가 국민들의 일상생활의 안전성이 보장되고, 생활상의 불안이 발생한 국민들에게는 구체적인 복지서비스가 제공되어 그 불안이 해소됨으로써 비로소 국가존재의 정당성이 확보되었다.

즉, 국가가 제공하는 복지혜택은 국가의 시혜가 아니라, 국가에 대한 국민의 권리라는 인식이 형성된 것이다. 이 때문에 우리는 민주국가 단계의 민주주의를 형식적 민주주의라 부르고, 복지국가에 이르러 비로소 실질적 민주주의가 완성되는 것이라고 말한다.

(나) 사회복지서비스

구체적인 사회복지제도는 국가의 연혁과 역사적 경험에 따라 다양한 형태로 발전하였다. 사회복지는 원래는 민간의 자발적 자선활동에서 출발하였다. 그러나 민간의 활동은 항상 불규칙적이며 선별적일 수밖에 없으므로, 국가가 복지활동의 지속성과 체계성을 발전시켰다.

국가 주도의 복지활동은 법과 제도를 통해 전개되므로 이를 사회보장제도라고 부르며, 강학상으로는 크게 4가지의 유형, 즉 사회보험, 사회수당, 공공부조, 사회복지서비스로 나누어서 살핀다.

사회보험은 보험방식을 이용해 위험에 대처하는 복지프로그램이다. 우리나라에서는 현재 건강보험, 고용보험, 국민연금, 산업재해보험, 노인장기요양보험 제도가 실시된다. 모든 국민에게 보편적으로 적용되는 대표적 보편주의 복지제도이며, 소득의 재분배효과를 어느 정도로 할 것인가가 항상 정치적 쟁점이 된다.

사회수당은 아동수당, 노인수당, 무료급식과 같이 빈곤의 증명이 없어도 특정 인구범주에 속한다는 이유만으로 급여를 제공하는 보편주의 방식이 일반적이다, 그러나 우리나라에서는 낙인효과를 제거하려는 본래의 제도 취지대로 실시하자는 입장과, 재원문제로 대상을 선별하자는 주장이 맞서 있는 상황이다.

공공부조는 가난한 사람만을 선택해 복지급여를 제공하는 대표적 선별주의 복지제도이다. 한정된 재원으로 가장 도움이 필요한 사람들을 집중적으로 지원할 수 있어, 비용대비 효과는 가장 크다.

그러나 빈곤조사 과정에서 대상자에게 부정적 스티그마(*stigma*)를 부여하고 사회통합에 부정적이어서 복지국가 초기단계에서 주로 선택되었고, 점차 보편적 복지제도를 지향한다.

이상의 세 유형은 현금 형태로 소득을 지원하는 제도인 데 반하여 미국에서는 현금이 아닌 전문가에 의한 서비스형태의 지원이 이루어지는 사회복지서비스 제도가 발전하였다.

현금 제공을 중심으로 하는 복지제도에서는 소득의 재분배 효과와 형평성이 관심사이지만, 사회복지서비스 분야에서는 복지서비스의 고도화, 서비스 공급자 사이의 경쟁을 통한 서비스 질의 향상, 서비스 수요자의 선택권을 보장하는 소비자 주권이 새로운 관심사가 된다.

복지서비스를 국가가 직접 제공하는 경우에 발생하는 행정우월주의 내지는 행정편의주의의 개선을 위하여, 호주, 일본 같은 나라에서는 복지개혁의 한 방법으로 서비스는 민간에서 제공하고, 그 비용은 국가가 지원하는 바우처(이용증서) 방식을 채택하기 시작했다.

(다) 민법과 사회복지의 가교

특히 일본에서는 개호보험제도가 도입되면서 종래의 행정에 의한 '조치'제도에서 이용자가 서비스를 선택하는 '계약'제도로 서비스 제공방법을 크게 바꾸었다.

계약제도는 이용자의 자기결정권, 선택권을 존중하고, 서비스 제공자 사이에 경쟁원리가 작동하게 하여 서비스의 질을 크게 향상시켜 주리라고 기대하였다.

그 기대를 담아 일본의 학자들은 일본 사회복지의 패러다임이 '조치'에서 '계약'으로 전환되었다고 설명하였다. 그동안 행정기관의 사회복지에 관한 조치가 매우 관료적이며 행정편의주의적으로 진행되었던 것을 소비자가 선택이 가능하게 바꾸었다는 의미에서 패러다임의 전환이라고 표현하나, 행정서비스도 민간 못지않게 질이 높을 수도 있는 것이므로 패러다임의 전환으로까지 표현하는 것에 필자는 동의하지 않는다.

이에 따라 지적장애인이나 치매노인같이 판단능력이 부족한 사람들도 계약이 가능하도록 성년후견제도의 도입이 중요하다고 인식하여 개호보험제도와 성년후견제도를 새로운 복지제도의 두 바퀴라고 강조하며, 동시에 준비하여 실시하였다.

이에 대부분의 일본 학자들은 성년후견제도를 일본 사회복지제도의 중요한 인프라로 수용하여야 한다고 주장하고, 성년후견제도가 민법상의 제도를 넘어 사회복지제도와의 가교 역할을 할 것이라며 큰 의미를 부여한다.

2010년 일본 요코하마에서 열린 성년후견법세계대회에서도 사회복지와 법적 영역의 통합현상과 성년후견제도의 가교역할을 주목하며, 법률가와 사회복지사가 함께 이 제도에 관심가질 것을 강조하였다.

(라) 신상보호의 도입

사회복지를 국가의 가장 소중한 책무로 보는 보편적 복지이념이 확산되고, 현실적으로도 노인과 중증장애인의 개호책임이 가족에게만 있지 않고, 사회의 책임으로 보는 인식이 확대됨에 따라 성년후견제도도 종래의 재산관리뿐만이 아니라 신상보호에 대한 후견인의 직무 필요성이 커졌다.

이에 개정된 민법도 피후견인의 복지를 적극적으로 실현할 수 있도록 신상보호까지 후견인의 직무임을 분명하게 선언하였다.

즉, 제947조에서 후견인은 피후견인의 재산관리와 신상보호를 할 때 여러 사정을 고려하여 그의 복리에 부합하는 방법으로 사무를 처리하여야 한다고 선언하여 후견인의 직무가 본인의 신상보호에까지 미침을 문언으로 선언한 것이다.

참고로 살피건대, 일본 민법 제858조는 "후견인은 피후견인의 생활, 요양간호 및 재산의 관리에 관한 사무를 행하는 때에는 피후견인의 의사를 존중하며 그 심신의 상태 및 생활상황을 배려하여야 한다고 규정한다.

일본의 학자들은 이를 '신상감호의무'라고 부른다.

우리의 법률용어 연혁 경험상 감호라는 용어는 보호감호제도가 연상되어 피한 듯하고, 생활보호라는 용어는 기초생활보장제도가 떠올라 사용하지 않은 것 같다.

결국 판례와 해석에 의해 그 의미와 범위를 정해 나갈 수밖에 없으나, 피후견인의 생활, 의료, 요양의 영역에서 피후견인의 복지를 책임진다고 해야 할 것이다.

전통적 민법 해석에서는 '재산관리'라고 표현할 때, 부재자의 재산관리, 상속재산의 관리, 상법, 파산관계법에서의 재산관리 등과 같이 재산의 멸실을 방지하고 선량한 관리자로서 유지하는 행위를 의미했다. 그러나 신상보호 의무를 새로이 도입한 취지를 살린다고 했을 때는 후견인의 재산관리도 피후견인의 신상보호를 목적으로 행해져야 한다고 해석함이 적절할 것이다.

예를 들어 중풍이나 교통사고로 어려움을 겪고 있는 상황이라면, 피후견인의 재산을 단순히 신탁 등의 방법으로 유지하는 것만이 능사가 아니고, 피후견인의 의사와 복리를 존중하여 재산을 합목적적으로 관리하여야 할 것이다. 거주용 부동산의 이용과 처분 또한 단순히 재산증식보다는 피후견인의 인격실현에 더 중점을 두어야 할 것이다.

이런 점에서는 후견인의 직무를 열거할 때 일본처럼 신상보호를 우선함이 타당하리라고 본다.

제3자 후견의 방법이 오히려 성년후견제도의 취지를 잘 살릴 수 있다고 보는 논거도 참고할 만하다.

배우자나 자식은 추정상속인이어서, 재산을 본인을 위해 사용할수록 배우자나 자식의 상속분은 감소하는 이해상반의 관계에 있으므로, 후견인으로서는 적절하지 않을 수도 있는 것이다.

② 재산관리

개정 민법은 성년후견인에게 법정대리권을 인정하며(제938조 제1항), "성년후견인은 피성년후견인의 재산을 관리하고 그 재산에 관한 법률행위에 대하여 피성년후견인을 대리한다"고 규정한다(제949조 제1항). 피후견인의 경우 대부분 정신능력이 현저하게 결여된 상태이기 때문에, 효율적인 보호를 위하여 다른 나라들과 마찬가지로 후견인에게 포괄적인 권한을 부여한 것이다. 다만, 후견인의 대리를 통해 피후견인이 채무를 부담할 경우에는 민법 제920조의 단서 규정과 같이 본인의 동의를 얻어야 한다(제949조 제2항).

대리의 대상에는 재산관리뿐만 아니라 신상보호와 관련된 법률행위 및 이들과 관련된 소송행위도 포함된다. 그러나 유언이나 혼인 등

개정 민법 제938조

제938조 후견인의 대리권 등

① 후견인은 피후견인의 법정대리인이 된다.
② 가정법원은 성년후견인이 제1항에 따라 가지는 법정대리권의 범위를 정할 수 있다.
③ 가정법원은 성년후견인이 피성년후견인의 신상에 관하여 결정할 수 있는 권한의 범위를 정할 수 있다.
④ 제2항 및 제3항에 따른 법정대리인의 권한의 범위가 적절하지 아니하게 된 경우에 가정법원은 본인, 배우자, 4촌 이내의 친족, 성년후견인, 성년후견감독인, 검사 또는 지방자치단체의 장의 청구에 의하여 그 범위를 변경할 수 있다.

개정 민법 제920조, 제949조 (개정 전과 같음)

제920조 자의 재산에 관한 친권자의 대리권

법정대리인인 친권자는 자의 재산에 관한 법률행위에 대하여 그 자를 대리한다. 그러나 그 자의 행위를 목적으로 하는 채무를 부담할 경우에는 본인의 동의를 얻어야 한다.

제949조 재산관리권과 대리권

① 후견인은 피후견인의 재산을 관리하고 그 재산에 관한 법률행위에 대하여 피후견인을 대리한다.
② 제920조 단서의 규정은 전항의 법률행위에 준용한다.

타인에게 결코 양도될 수 없는 '일신전속적 행위'는 포함되지 않는다.

개정 민법은 금치산제도에서와는 달리 가정법원이 후견인의 법정대리권의 범위를 따로 정할 수 있도록 했다(제 938조 제 2항). 이는 피후견인의 의사와 현존능력을 존중하기 위하여 그가 독자적으로 할 수 있는 법률행위를 별도로 정할 수 있도록 한 것과 같은 맥락이다(제 10조 제 2항). 피후견인의 정신능력이 호전 또는 악화되는 등 사정변경이 있어 법정대리권의 범위가 적절하지 않게 된 경우에는 가

개정 민법 제 947조의 2 (신설)

제 947조의 2 피성년후견인의 신상결정 등

① 피성년후견인은 자신의 신상에 관하여 그의 상태가 허락하는 범위에서 단독으로 결정한다.
② 성년후견인이 피성년후견인을 치료 등의 목적으로 정신병원이나 그 밖의 다른 장소에 격리하려는 경우에는 가정법원의 허가를 받아야 한다.
③ 피성년후견인의 신체를 침해하는 의료행위에 대하여 피성년후견인이 동의할 수 없는 경우에는 성년후견인이 그를 대신하여 동의할 수 있다.
④ 제 3항의 경우 피성년후견인이 의료행위의 직접적인 결과로 사망하거나 상당한 장애를 입을 위험이 있을 때에는 가정법원의 허가를 받아야 한다. 다만, 허가절차로 의료행위가 지체되어 피성년후견인의 생명에 위험을 초래하거나 심신상의 중대한 장애를 초래할 때에는 사후에 허가를 청구할 수 있다.
⑤ 성년후견인이 피성년후견인을 대리하여 피성년후견인이 거주하고 있는 건물 또는 그 대지에 대하여 매도, 임대, 전세권 설정, 저당권 설정, 임대차의 해지, 전세권의 소멸, 그 밖에 이에 준하는 행위를 하는 경우에는 가정법원의 허가를 받아야 한다.

개정 민법 제 949조의 2 (신설)

제 949조의 2 성년후견인이 여러 명인 경우 권한의 행사 등

① 가정법원은 직권으로 여러 명의 성년후견인이 공동으로 또는 사무를 분장하여 그 권한을 행사하도록 정할 수 있다.
② 가정법원은 직권으로 제 1항에 따른 결정을 변경하거나 취소할 수 있다.
③ 여러 명의 성년후견인이 공동으로 권한을 행사하여야 하는 경우에 어느 성년후견인이 피성년후견인의 이익이 침해될 우려가 있음에도 법률행위의 대리 등 필요한 권한행사에 협력하지 아니할 때에는 가정법원은 피성년후견인, 성년후견인, 후견감독인 또는 이해관계인의 청구에 의하여 그 성년후견인의 의사표시를 갈음하는 재판을 할 수 있다.

정법원이 본인, 배우자, 4촌 이내의 친족, 성년후견인, 성년후견감독인, 검사 또는 지방자치단체장의 청구에 의하여 이를 변경할 수 있다(제 938조 제 4항). 가정법원이 복수의 성년후견인을 선임할 경우에는 직권으로 그들이 공동으로 또는 사무를 분장하여 권한을 행사하도록 정할 수 있다(제 949조의 2 제 1항). 또한 가정법원은 직권으로 위 결정을 변경하거나 취소할 수 있으며(제 949조의 2 제 2항), 피후견인의 이익이 침해될 우려가 있음에도 일부 후견인이 법률행위의 대리 등 필요한 권한행사에 협력하지 아니할 때에는 가정법원이 피성년후견인, 성년후견인, 후견감독인 또는 이해관계인의 청구에 의하여 비협조적인 후견인의 의사표시에 갈음하는 재판을 할 수 있다(제 949조의 2 제 3항).

만약 후견인이 피후견인과 이해상반되는 행위 등을 할 경우에는 특별대리인의 선임을 청구해야 하나, 후견감독인이 있는 경우에는 특별대리인의 선임이 필요 없다(제 949조의 3, 제 921조).

개정 전 민법에서와 마찬가지로 후견인은 선임된 직후 지체 없이 피후견인의 재산을 조사하여 2개월 안에 그 목록을 작성하여야 하고(제 941조), 피후견인과의 사이에 채권·채무 관계가 있는 때에는 재산목록의 작성을 완료하기 전에 그 내용을 제시하여야 하며, 이를 의도적으로 게을리하였을 때 그 채권을 포기한 것으로 간주한다(제 942조).

다만, 친족회 폐지 및 후견감독인제도 신설에 따라 몇 가지 변화가 있다. 첫째, 재산조사와 목록작성 시 친족회가 지정한 회원 대신 후견감독인이 참여하도록 하였다. 그런데 후견감독인은 필수적으로 선임되는 것이 아니기 때문에 후견감독인이 없을 경우에는 후견인은 단독으로 재산조사와 목록작성을 할 수 있다. 둘째, 후견인과 피후견인 사이의 채권·채무 관계는 후견감독인이 있는 경우, 친족회 및 친족회가 지정한 회원 대신 후견감독인에게 제시하도록 하였다.

개정 민법 제921조 (개정 전과 같음)

제921조 친권자와 그 자간 또는 수인의 자간의 이해상반행위

① 법정대리인인 친권자와 그 자 사이에 이해상반 되는 행위를 함에는 친권자는 법원에 그 자의 특별대리인의 선임을 청구하여야 한다.

② 법정대리인인 친권자가 그 친권에 따르는 수인의 자 사이에 이해상반 되는 행위를 함에는 법원에 그 자 일방의 특별대리인의 선임을 청구하여야 한다.

개정 민법 제949조의3 (신설)

제949조의3 이해상반행위

후견인에 대하여는 제921조를 준용한다. 다만, 후견감독인이 있는 경우에는 그러하지 아니하다.

개정 민법 제941조

제941조 재산조사와 목록작성

① 후견인은 지체 없이 피후견인의 재산을 조사하여 2개월 내에 그 목록을 작성하여야 한다. 다만, 정당한 사유가 있는 경우에는 법원의 허가를 받아 그 기간을 연장할 수 있다.

② 후견감독인이 있는 경우 제1항에 따른 재산조사와 목록작성은 후견감독인의 참여가 없으면 효력이 없다.

개정 민법 제942조

제942조 후견인의 채권·채무의 제시

① 후견인과 피후견인 사이에 채권·채무의 관계가 있고 후견감독인이 있는 경우에는 후견인은 재산목록의 작성을 완료하기 전에 그 내용을 후견감독인에게 제시하여야 한다.

② 후견인이 피후견인에 대한 채권이 있음을 알고도 제1항에 따른 제시를 게을리한 경우에는 그 채권을 포기한 것으로 본다.

③ 신상보호의 필요성과 근거

'신상보호'란 피후견인의 생활, 의료, 요양 등 복리에 관한 사무를 말한다. 인간답고 풍요로운 삶을 위해서는 재산뿐만 아니라 정신적, 신체적 건강 등 신상에 관한 복리도 매우 중요하다. 그러나 '보호'라는 용어는 피후견인의 현존능력과 자기결정권 존중 측면에서 조금은 문제가 있어 보인다. 향후 민법을 개정할 때에는 성년후견제도 도입취지에 맞게 '신상보호'라는 용어보다는 '복지적 권리의 대리' 혹은 '생활복지' 정도의 용어로 대체하는 것이 타당할 것이다. 그럼에도 불구하고 이 책에서는 법적 용어인 '신상보호'를 그대로 쓰기로 한다.

개정 전 민법에서 피후견인의 신상보호에 관한 규정이 전혀 없었던 것은 아니다. 제 947조에서 금치산자의 요양, 감호에 관하여 규정했으나 금치산자의 신상보호를 하기에 충분하지 않았고, 그나마 한정치산자의 신상보호에 대해서는 근거규정을 찾기도 힘들었다. 그 결과 기존의 후견제도는 주로 재산관리에 치중했다. 이에 반해 개정 민법에서는 피후견인의 복지를 보다 적극적으로 증진시킬 수 있도록 신상복리 전반으로 후견의 영역을 확대할 수 있는 근거를 마련했다. 먼저 제 947조를 피후견인의 신상보호 일반에 대한 규정으로 확대하면서 본인의 복리와 의사존중을 재산관리와 신상보호에 공통되는 성년후견인의 의무로 규정하였다(개정 전후 민법 제 947조).

또한 성년후견인의 신상보호 활동이 적합한 범위 내에서 원활히 이루어지게 하기 위해 가정법원이 피후견인의 신상에 관하여 성년후견인이 결정할 수 있는 권한의 범위를 정할 수 있도록 했다(제 938조 제 3항).

피후견인의 정신능력의 변화 등과 같은 사정변경이 있어 성년후견인의 신상에 관한 권한의 범위가 적절하지 않게 된 경우에는 가정법원이 본인, 배우자, 4촌 이내의 친족, 성년후견인, 성년후견감독인, 검사 또는 지방자치단체장의 청구에 의하여 그 권한의 범위를 변경할 수 있도록 하였다(제 938조 제 4항).

④ 본인 신상결정의 원칙

신상에 관한 사항은 피후견인의 생명, 신체, 프라이버시와 밀접한 관련이 있기 때문에 후견인에 의한 신상보호가 남용될 경우 피후견인의 자기결정권을 본질적으로 훼손하는 등 회복 불가능한 피해를 가져올 수 있다. 이러한 우려 때문에 개정 민법은 후견인이 피후견인의 재산관리와 신상보호에 있어서도 여러 사정을 고려하여 그의 복리에 부합하는 방법으로 사무를 처리해야 하며 이 경우 피후견인의 의사를 존중해야 한다는 기본 원칙을 천명하는 한편(제 947조), 특히 신상보호에 관해서는 그 요건과 절차를 엄격히 규정한다.

먼저 피후견인이라도 신상에 관한 사항은 상태가 허락하는 한 단독으로 결정하는 것이 원칙임을 분명히 했다(제 947조의 2 제 1항). 해외사례를 보면, 프랑스 민법에서도 "피보호자의 상태가 허락하는 한 본인이 스스로 신상에 관한 결정을 한다"고 명시한다(프랑스 민법 제 459조 제 1항). 다만 신체를 침해하는 의료행위에 대하여 피후견인이 직접 동의할 수 없는 경우에는 성년후견인이 피후견인을 대신해서 동의할 수 있는 근거를 마련했다(제 947조의 2 제 3항).

나아가 피후견인의 생명, 신체 등에 중대한 영향을 미치는 사항에 대해서 후견인이 대신 결정하려고 할 경우에는 엄격한 절차를 거치도록 하였다.

첫째, 후견인이 피후견인을 치료 등의 목적으로 정신병원이나 그 밖의 장소에 격리하는 경우에는 반드시 가정법원의 허가를 받아야 한다(제947조의2 제2항). 이 경우에는 피후견인의 생명과 신체에 대한 응급조치와는 관련이 적기 때문에 반드시 사전 허가만 허용한다. 둘째, 후견인이 피후견인을 대신하여 '침습적 의료행위', 즉 수술과 같이 피부를 뚫고 들어가는 의료행위에 동의하고자 할 경우, 그 의료행위의 직접적 결과로 피후견인이 사망하거나 상당한 장애를 입을 위험이 있는 때에는 가정법원의 허가를 받아야 한다(제947조의2 제4항 본문). 다만 허가절차로 인하여 의료행위가 지체되어 피후견인의 생명에 위험을 초래하거나 심신상의 중대한 장애를 초래할 때에는 사후에 허가를 청구할 수 있다(제947조의2 제4항 단서).

셋째, 후견인이 피후견인을 대리하여 피후견인이 거주하는 건물 또는 그 대지에 대하여 매도, 임대, 전세권 설정, 저당권 설정, 임대차의 해지, 전세권의 소멸, 그 밖에 이에 준하는 행위를 하는 경우에도 가정법원의 허가를 받아야 한다(제947조의2 제5항).

⑤ 법률행위와 사실행위

새로운 후견제도에서 성년후견인의 본질적인 역할은 무엇일까. 이는 개호의 사회화, 보편적 복지국가 논쟁, 민법과 사회복지의 관계, 나아가 사법적극주의 문제에까지 연결되는 매우 논쟁적이고, 철학적인 질문이다.

후견인의 역할, 특히 신상보호와 관련하여 후견인이 피후견인의 주거, 의복, 식생활까지 세심히 돌보아야 하는 것인가 하는 질문이 제기될 수 있다. 이에 대해서는 개정 민법에 추상적인 규정만 두었기 때문에 그 해석과 운용에 따라 얼마든지 후견인의 역할이 달라질 수밖에 없다. 참고로 민법 개정을 담당한 법무부 관계자들에 따르면, 후견인의 역할은 주로 "법률서비스(*legal service*)의 대리"에 초점이 맞추어져 있었다고 한다. 즉, 피후견인의 주거, 의복 등에 관한 것들은 사회복지 영역에서 담당하는 것이 효과적이며, 후견인의 핵심적 역할은 계약체결 등 법적 지원을 통해서 피후견인이 가장 적합한 사회복지서비스를 이용할 수 있도록 조정(*coordinate*)하는 일이라는 것이다. 독일 민법에서도 과거에는 후견인이 피후견인의 사무를 처리한다는 포괄적 규정을 두었으나, 1998년 개정을 통하여 사무 처리에 '법적으로'(*rechtlich*)라는 표현을 추가함으로써 후견의 본질이 법적 지원이라는 점을 분명히 했다(독일 민법 제1901조 제1항). 또한 일본에서도 개호행위(요양)와 같은 이른바 "순수한 사실행위"는 후견인의 신상보호 활동 영역에 포함되지 않는다고 해석한다. 요컨대 개정 민법의 입법 취지나 외국의 사례 등에 비춰 볼 때, 성년후견인의 본질적인 역할은 어디까지나 의사결정의 조력, 법률행위의 대리 등 '법적 지원'이라고 할 수 있다.

여기서 한 가지 주목할 만한 현상은 과거에는 법률서비스와 복지서비스의 영역 구분이 명확했으나 현대 복지국가에서는 그 영역이 점차 융합되어 간다는 점이다. 오늘날 복지정책에서 중요한 화두 가운데 하나인 '보편적 복지'는 복지를 하나의 '권리'로 인식하는 데서 출발한다. 즉, 못사는 사람에게 국가가 베풀어주던 시혜적, 동정적인 어떤 것이 아니라 인간이 법적으로 보장받아야 할 '권리'의 하나로 복지를 인식하게 되면서 법률서비스와 복지서비스의 구분이 모호해졌다는 것이다. 그리고 그 융합의 중심에 바로 이 책의 주제인 성년후견제도가 있다.

요컨대 우리 개정 민법은 후견인이 법률서비스를 통해 법적 영역과 복지 영역을 이어주는 가교(架橋) 역할을 할 수 있도록 근거를 마련하였다 할 수 있으며, 앞으로 법률가와 사회복지 관계자의 노력 여하에 의해 사회복지 내지는 사법의 새 영역을 우리가 기대할 수 있을 것이다.

여기서 한 가지 더 언급하고 싶은 것이 있다. 바로 개정 민법이 후견인을 복수 또는 법인으로도 선임할 수 있도록 한 것에 주목해야 한다는 사실이다. 만약 후견인이 재산관리(법률서비스)와 신상보호(복지서비스)를 동시에 잘 해주기를 바라는 피후견인이 있다면, 법률서비스의 전문가인 변호사나 법무사를 후견인으로 선임하면서 사회복지사나 사회복지법인을 복수의 후견인으로 동시에 선임하는 방향으로 제도를 효과적으로 이용하는 것이 가능하며, 함께 일하는 과정에서 우리나라의 사회복지는 한층 더 발전하리라 믿는다.

⑥ 피후견인의 복리 및 의사존중 의무

개정 민법은 재산관리와 신상보호에 관한 성년후견인의 직무 수행 시 보다 강화된 '주의' 의무를 부과한다. 금치산자의 후견인이나 성년후견인 모두 수임인의 '선관주의' 의무(선량한 관리자로서의 의무)가 부과되는 것은 마찬가지이다(제956조, 제681조). 그러나 개정 전 민법은 금치산자의 요양, 감호와 관련해서 "일상의 주의를 해태하지 아니하여야 한다"는 규정만 두고 있었던 반면(개정 전 민법 제947조 제1항), 개정 민법은 "성년후견인이 피후견인의 재산관리와 신상보호를 할 때 여러 사정을 고려하여 그의 '복리'에 부합하는 방법으로 사무를 처리하여야 하며 피후견인의 복리에 반하지 아니하면 피후견인의 의사를 존중해야 함"을 명시한다(제947조). 이는 후견인의 직무범위가 재산관리뿐만 아니라 신상보호 전반으로 확대될 수 있음을 보여주는 한편, 후견사무 처리의 지도이념이 "피후견인의 복리에 부합하고, 의사를 존중"하는 데 있다는 점을 강력히 선언함으로써 직무수행의 실효성을 높이는 데 그 취지가 있다.

따라서 후견인은 직무를 수행하는 매 순간 객관적인 이해득실만 따지기보다는 피후견인의 감정이나 가치관을 최대한 존중해야 한다.

이와 관련해서 영국 정신능력법은, ① "본인의 의사결정능력이 추정되어야 하고, ② 본인에 의한 의사결정을 끈기 있게 지원해야 하며, ③ 객관적으로 불합리하게 보이는 의사결정이라도 본인의 진심인 한 무시해서는 안 되고, ④ 본인의 '최선의 이익'(*best interest*)의 확보를 제도 전체의 궁극적이고 유일한 목적으로 해야 하며, ⑤ 본인의 '의사결정능력' 상실상태에서 본인을 대신하여 의사결정을 실시하는 데 있어서는 본인의 자유를 제한하는 정도를 최소화해야 한다"는 것을 5대 기본원칙으로 삼는다. 이를테면 실무지침서에서는 정신능력이 부족한 피후견인이 장기간 상당한 비용을 들여 여행하길 원할 경우 여행보다 치료를 계속 받는 것이 객관적으로 더 현명한 결정일지라도 본인의 결정은 존중해야 한다는 예시를 들고 있다.

독일 법무부에서도 피후견인 자신의 관념을 후견인의 관념으로 대체해서는 안 되며, 예컨대 피후견인의 자산이 충분하다면 피후견인의 의사에 반하여 근검절약을 강요해서는 안 된다고 설명한다. 피후견인의 의사를 존중하기 위해서 가장 중요한 전제는 그의 '의사'를 제대로 확인하는 것이며 이를 위해서는 그에게 정확한 정보를 제공해야 한다.

(3) 성년후견인의 사임 및 변경

성년후견의 기간 내지 성년후견인의 임기에는 제한이 없다. 그러나 후견인의 건강악화나 피후견인과의 갈등 등으로 더 이상 후견을 계속하기 어려운 상황이 발생할 수 있다. 개정 전 민법에서 후견인은 정당한 사유가 있을 경우 법원의 허가를 얻어 후견인직을 사퇴할 수 있었다(제939조). 그런데 단순히 후견인의 사퇴만 이루어질 경우 후견인이 없는 후견이 계속되어 피후견인의 보호에 흠결이 생길 수 있다. 이러한 문제를 보완하기 위하여 개정 민법은 후견인이 사임하고자 할 경우에는 사임청구와 동시에 가정법원에 새로운 후견인의 선임을 청구할 의무를 부과하였다(제939조). 이 경우 가정법원은 후임 후견인이 선임되어야 현재 후견인의 사임청구를 받아들일 수 있을 것이다. 미성년·성년후견인의 사임에 관한 제939조는 한정·특정후견인 및 모든 후견감독인에게도 그대로 준용되는 조항이다.

개정 전 민법	개정 민법
제939조 후견인의 사퇴 후견인은 정당한 사유 있는 때에는 법원의 허가를 얻어 이를 사퇴할 수 있다.	**제939조 후견인의 사임** 후견인은 정당한 사유가 있는 경우에는 가정법원의 허가를 받아 사임할 수 있다. 이 경우 그 후견인은 사임청구와 동시에 가정법원에 새로운 후견인의 선임을 청구하여야 한다.
제940조 후견인의 변경 ① 가정법원은 피후견인의 복리를 위하여 후견인을 변경할 필요가 있다고 인정되는 경우에는 피후견인의 친족이나 검사의 청구 또는 직권에 의하여 후견인을 변경할 수 있다. ② 제1항의 경우에는 제932조 내지 제935조에 규정된 후견인의 순위에 불구하고 4촌 이내의 친족 그 밖에 적합한 자를 후견인으로 정할 수 있다.	**제940조 후견인의 변경** 가정법원은 피후견인의 복리를 위하여 후견인을 변경할 필요가 있다고 인정하면 직권으로 또는 피후견인, 친족, 후견감독인, 검사, 지방자치단체의 장의 청구에 의하여 후견인을 변경할 수 있다.

후견인이 사임을 원하지 않는 경우에도 부적정한 임무수행 등을 이유로 피후견인 측이 후견인 교체를 원할 수 있다. 개정 전 민법에서는 가정법원이 피후견인의 복리를 위하여 후견인을 변경할 필요가 있다고 인정되는 경우에 한해서 피후견인의 친족이나 검사의 청구 또는 직권에 의하여 후견인을 변경할 수 있었다(제 940조 제 1항). 개정된 민법도 기본적으로 같은 맥락에서 후견인 변경을 청구할 수 있는 권한을 가진 사람에 피후견인, 지방자치단체장을 추가하였다(제 940조). 참고로 미성년·성년후견인의 변경에 관한 제 940조는 한정·특정후견인 및 모든 후견감독인에게도 그대로 준용된다. 개정된 민법 제 940조의 7, 제 959조의 3, 제 959조의 5, 제 959조의 9, 제 959조의 10 등이 이와 관련된 준용조항이다.

성년후견인이 사망, 결격, 그 밖의 사유로 없게 된 경우에 피성년후견인, 친족, 이해관계인, 검사, 지방자치단체장의 청구에 의하거나 직권으로 후임 성년후견인을 선임하도록 한 것은 앞서 말한 바와 같다(제 936조 제 2항).

(4) 성년후견 사무의 종료

성년후견인의 임무가 종료된 때에 후견인 또는 그 상속인은 1개월 내에 피후견인의 재산에 관한 계산을 하여야 하며, 정당한 사유가 있는 경우에 법원의 허가를 받아 그 기간을 연장할 수 있다(제 957조 제 1항). 후견감독인이 있는 경우에는 그가 위 계산에 참여하여야 하고 그렇지 않은 경우 계산은 효력이 없다(제 957조 제 2항).

후견인이 피후견인에게 지급할 금액이나 피후견인이 후견인에게 지급할 금액에는 계산종료의 날로부터 이자를 부가하여야 하며(제 958조 제 1항), 후견인이 자기를 위하여 피후견인의 금전을 소비한

개정 민법 제957조
제957조 후견사무의 종료와 관리의 계산 ① 후견인의 임무가 종료된 때에는 후견인 또는 그 상속인은 1개월 내에 피후견인의 재산에 관한 계산을 하여야 한다. 다만, 정당한 사유가 있는 경우에는 법원의 허가를 받아 그 기간을 연장할 수 있다. ② 제1항의 계산은 후견감독인이 있는 경우에는 그가 참여하지 아니하면 효력이 없다.

개정 민법 제958조(개정 전과 같음)
제958조 이자의 부가와 금전소비에 대한 책임 ① 후견인이 피후견인에게 지급할 금액이나 피후견인이 후견인에게 지급할 금액에는 계산종료의 날로부터 이자를 부가하여야 한다. ② 후견인이 자기를 위하여 피후견인의 금전을 소비한 때에는 그 소비한 날로부터 이자를 부가하고 피후견인에게 손해가 있으면 이를 배상하여야 한다.

때에는 그 소비한 날로부터 이자를 부가하고 피후견인에게 손해가 있으면 이를 배상해야 한다(제958조 제2항).

한 가지 알아둘 것은, 민법의 위임에 관한 규정 가운데 '위임종료 시의 긴급처리'에 관한 민법 제691조와 '위임종료의 대항요건'에 관한 제692조를 준용한 개정 민법 제959조에 의해 성년후견의 종료 시에도 그대로 준용된다. 따라서 성년후견이 종료된 경우에라도 급박한 사정이 있는 때에는, 후견인이 피후견인, 그 상속인이나 법정대리인이 위임사무를 처리할 수 있을 때까지 그 사무의 처리를 계속하여야 하며, 그럴 경우에는 성년후견이 존속하는 것과 동일한 효력이 있다는 사실이다. 또한 위임 종료와 관련해 법적인 다툼이 있을 경우 성년후견 종료의 사유를 상대방에게 통지하지 않았거나 상대방이 이런 사실을 알고 있지 못한다면, 후견인은 피후견인에게 성년후견인으로서의 권리를 주장할 수 없다. 이를 법률적인 용어로 '위임종료의 대항요건'이라 한다.

개정 민법 제691조 및 692조(개정 전과 같음)
제691조 위임종료시의 긴급처리 위임종료의 경우에 급박한 사정이 있는 때에는 수임인, 그 상속인이나 법정대리인은 위임인, 그 상속인이나 법정대리인이 위임사무를 처리할 수 있을 때까지 그 사무의 처리를 계속하여야 한다. 이 경우에는 위임의 존속과 동일한 효력이 있다.
제692조 위임종료의 대항요건 위임종료의 사유는 이를 상대방에게 통지하거나 상대방이 이를 안 때가 아니면 이로써 상대방에게 대항하지 못한다.

3) 성년후견감독인의 선임 및 직무

(1) 친족회의 폐지 및 후견감독인 제도 신설

개정 전 민법에서는 후견인의 감독기관으로 친족회를 두고 있었다(제960조~제973조). 이러한 제도의 근원은 프랑스에서 찾을 수 있는데 이것이 일본을 거쳐 우리나라에 온 것이다.

우리나라의 전통적인 친족회로는 한 집안, 즉 '일문'(一門)의 모임인 '문회'(門會)가 있고, 한 씨족, 즉 '일족'(一族)의 모임인 '종회'(宗會)라는 것이 있었는데, 민법의 친족회 제도는 일본 민법과 행위능력 제도를 우리가 거의 그대로 받아들인 것으로 우리의 전통관습과는 전혀 관련이 없다. 게다가 일본은 민법 개정을 통해서 친족회제도를 폐지하였는데 우리나라에서 여전히 그 잔재가 남아있는 것은 역사적으로도 당위성을 찾기 어려웠다.

개정 전 민법에서는 미성년자, 금치산자 또는 한정치산자를 위하여 친족회를 상설하도록 하고(제965조) 주요 법률행위나 이해상반행위에 대해서 후견인이 친족회의 동의를 받도록 하는 등 친족회가 후견인의 임무수행을 감독하는 역할을 했다(제950조 내지 제953조).

개정 전 민법 제953조, 제965조
제953조 친족회의 후견사무의 감독 친족회는 언제든지 후견인에 대하여 그 임무수행에 관한 보고와 재산목록의 제출을 요구할 수 있고 피후견인의 재산상황을 조사할 수 있다.
제965조 무능력자를 위한 상설친족회 ① 미성년자, 금치산자 또는 한정치산자를 위한 친족회는 그 무능력의 사유가 종료할 때까지 계속한다. ② (생략)

그러나 친족회는 유명무실한 기관으로서 실질적으로 후견인의 감독 기능을 수행하지 못한다는 비판을 끊임없이 받았다. 이에 따라 위와 같은 문제를 근본적으로 해결하기 위해서 친족회를 완전히 폐지하고 전문성과 공정성을 갖춘 후견감독인 제도를 신설한 것이다.

(2) 성년후견감독인의 선임

가정법원은 필요하다고 인정되면 피성년후견인, 친족, 성년후견인, 검사, 지방자치단체장의 청구에 의하거나 직권으로 성년후견감독인을 선임할 수 있다(제940조의4 제1항). 여기서 주의해야 할 것은 성년후견감독인을 반드시 선임해야 하는 것은 아니라는 점이다.

민법 개정 당시에는 친족회를 폐지하면서 후견감독인을 반드시 선임하지 않아도 되도록 한 것은 오히려 감독기능을 약화시키는 것 아니냐는 우려가 있었다. 그러나 개정 민법이 후견인의 법정순위를 폐지하는 등 후견인 선임절차의 공정성을 높였고 후견인의 중요한 재산적 법률행위나 신상행위에 대한 가정법원의 허가·감독 기능을 대폭 강화했기 때문에 전반적으로 후견인에 대한 감독기능은 훨씬 나아졌다고 봐야 할 것이다.

개정 민법 제940조의4 (신설)

제940조의4 성년후견감독인의 선임

① 가정법원은 필요하다고 인정하면 직권으로 또는 피성년후견인, 친족, 성년후견인, 검사, 지방자치단체의 장의 청구에 의하여 성년후견감독인을 선임할 수 있다.

② 가정법원은 성년후견감독인이 사망, 결격, 그 밖의 사유로 없게 된 경우에는 직권으로 또는 피성년후견인, 친족, 성년후견인, 검사, 지방자치단체의 장의 청구에 의하여 성년후견감독인을 선임한다.

성년후견감독인은 성년후견인에 관련된 조항과 마찬가지로 피성년후견인의 신상과 재산에 관한 사정을 고려하여 복수로 여러 명을 선임할 수 있으며 법인도 성년후견감독인이 될 수 있다(제940조의7, 제930조 제2항, 제3항). 이 역시 전문적이고 공정한 성년후견감독인이 선임될 수 있도록 하기 위함이다. 또한 추후에 가정법원이 피성년후견인, 성년후견감독인, 친족, 이해관계인, 검사, 지방자치단체 장의 청구에 의하거나 직권으로 성년후견감독인을 추가로 선임할 수 있다(제940조의7, 제936조 제3항). 성년후견감독인을 선임할 때에도 피성년후견인의 의견을 존중하여야 하며, 피성년후견인의 상황, 성년후견감독인의 자질과 피후견인과의 이해관계 유무 등을 고려해야 한다(제940조의7, 제936조 제4항). 성년후견감독인이 사망, 결격, 그 밖의 사유로 없게 된 경우에는 가정법원이 성년후견감독인의 선임 청구권자의 청구에 의하거나 직권에 의하여 성년후견감독인을 새로 선임할 수 있다(제940조의4 제2항). 성년후견감독인도 피성년후견인의 보호에 적지 않은 역할을 담당하기 때문에 성년후견인과 마찬가지로 판단능력이 충분하지 않거나 범죄사실이 있는 사람은 선임할 수 없도록 결격규정을 두었다(제940조의7, 제937조). 신설된 개정 민법 제940조의7의 구체 조문은 다음과 같다.

또한 후견감독의 공정성을 담보하기 위하여 성년후견인의 가족, 즉 배우자, 직계혈족, 형제자매, 생계를 같이하는 직계혈족의 배우자, 배우자의 직계혈족 및 배우자의 형제자매는 성년후견감독인이 될 수 없도록 하였다(제 940조의 5, 제 779조).

개정 민법 제 940조의7, 5 (신설)

제 940조의 7 위임 및 후견인 규정의 준용

후견 감독인에 대하여는 제 681조, 제 691조, 제 692조, 제 930조 제 2항·제 3항, 제 936조 제 3항·제 4항, 제 937조, 제 939조, 제 940조, 제 947조의 2 제 3항부터 제 5항까지, 제 949조의 2, 제 955조 및 제 955조의 2를 준용한다.

제 940조의 5 후견감독인의 결격 사유

제 779조에 따른 후견인의 가족은 후견감독인이 될 수 없다.

개정 민법 제 777조 및 제 779조 (개정 전과 같음)

제 777조 친족의 범위

친족관계로 인한 법률상 효력은 이 법 또는 다른 법률에 특별한 규정이 없는 한 다음 각 호에 해당하는 자에 미친다.

1. 8촌 이내의 혈족
2. 4촌 이내의 인척
3. 배우자

제 779조 가족의 범위

① 다음의 자는 가족으로 한다.

1. 배우자, 직계혈족 및 형제자매
2. 직계혈족의 배우자, 배우자의 직계혈족 및 배우자의 형제자매

② 제 1항 제 2호의 경우에는 생계를 같이 하는 경우에 한한다.

(3) 성년후견감독인의 직무

성년후견감독인은 성년후견인의 사무를 감독하며, 성년후견인이 없게 되는 경우 지체 없이 가정법원에 성년후견인의 선임을 청구해야 한다(제 940조의 6 제 1항).

또한 피성년후견인의 신상이나 재산에 대하여 급박한 사정이 있는 경우 피성년후견인의 보호를 위하여 필요한 행위 또는 처분을 할 수 있다(제 940조의 6 제 2항).

여기서 '급박한 사정'이란 성년후견인의 소재불명, 유고(有故) 등으로 인하여 직무수행이 불가능한 상태에서 긴급히 사무를 처리하지 않을 경우 피후견인 본인에게 회복하기 어려운 피해가 발생할 개연성이 높은 상황을 말하며, '필요한 행위 또는 처분'이란 후견인을 대신하여 직무를 수행하는 것을 의미한다. 주의해야 할 것은 이러한 성년후견감독인의 활동은 아무리 '급박한 사정'이라 하더라도 성년후견인의 권한범위를 넘어서지 말아야 한다는 점이다. 또한, 성년후견인의 권한범위 이내라고 하더라도 임시적 조치에 불과하므로 가급적 적극적인 처분이나 무엇인가를 고치는 행위(개량행위)보다는 응급한 수선, 보전 처분, 시효 중단 등 현상을 보존하거나 피해를 막는 데 주력하는 것이 바람직하다. 또한 성년후견감독인은 성년후견인과 피후견인 사이에 이해가 상반되는 행위에 관해서 피후견인을 대리한다(제 940조의 6 제 3항).

성년후견감독인은 언제든지 성년후견인에게 그의 임무수행에 관한 보고와 재산목록의 제출을 요구할 수 있고, 피후견인의 재산상황을 조사할 수 있다(제 953조). 참고로 성년후견감독인뿐만 아니라 가정법원도 직권으로 또는 피후견인, 후견감독인, 제 777조에 따른 친족, 그 밖의 이해관계인, 검사, 지방자치단체의 장의 청구에 의하여

개정 민법 제940조의6 (신설)

제940조의6 후견감독인의 직무

① 후견감독인은 후견인의 사무를 감독하며, 후견인이 없는 경우 지체 없이 가정법원에 후견인의 선임을 청구하여야 한다.

② 후견감독인은 피후견인의 신상이나 재산에 대하여 급박한 사정이 있는 경우 그의 보호를 위하여 필요한 행위 또는 처분을 할 수 있다.

③ 후견인과 피후견인 사이에 이해가 상반되는 행위에 관하여는 후견감독인이 피후견인을 대리한다.

피후견인의 재산상황을 조사하고 후견인에게 재산관리 등 후견임무 수행에 관하여 필요한 처분을 명할 수 있다(제954조).

성년후견감독인에 대해서도 민법의 '위임규정' 중 '위임종료 시의 긴급처리'(제691조), '위임종료의 대항요건'(제692조)에 관한 것이 그대로 준용된다. 또, 성년후견인에 대한 규정 중 신상결정 등에 대한 일부 조항(제947조의2 제3항부터 제5항), 성년후견인이 여러 명인 경우 권한의 행사방식(제949조의2), 보수와 비용처리(제955조, 제955조의2)에 관한 것도 제691조와 제692조가 그대로 준용된다(제940조의7).

마지막으로 성년후견감독인이 직무를 수행함에 있어서는 당연히 수임인의 '선관주의 의무', 즉 선량한 관리자로서의 의무가 그대로 준용된다(제940조의7, 제681조). 성년후견감독인은 피성년후견인의 재산관리와 신상보호를 하는 일차적인 주체가 아니므로(성년후견인이 일차적인 주체임), 성년후견인의 직무수행에 관한 제947조는 준용하지 않고 있다. 그러나 직무수행 시 피성년후견인의 복리와 의사를 존중해야 한다는 이념 면에서는 성년후견인이나 성년후견감독인이나 다르지 않다.

개정 민법 제955조(개정 전과 같음) 및 955조의2(신설)
제955조 후견인에 대한 보수 법원은 후견인의 청구에 의하여 피후견인의 재산상태 기타 사정을 참작하여 피후견인의 재산중에서 상당한 보수를 후견인에게 수여할 수 있다.
제955조의2 지출금액의 예정과 사무비용 후견인이 후견사무를 수행하는 데 필요한 비용은 피후견인의 재산 중에서 지출한다.

개정 민법 제681조(개정 전과 같음)
제681조 수임인의 선관의무 수임인은 위임의 본지에 따라 선량한 관리자의 주의로써 위임사무를 처리하여야 한다.

(4) 성년후견감독인의 사임 및 변경

성년후견감독인의 사임 및 변경에 대해서는 성년후견인의 관련규정을 준용한다(제940조의7, 제939조, 제940조). 따라서 성년후견감독인이 더 이상 직무수행이 어려운 정당한 사유가 있는 경우에는 성년후견인과 마찬가지로 가정법원의 허가를 얻어 사임할 수 있으며, 이 경우 사임청구와 동시에 가정법원에 새로운 성년후견감독인의 선임을 청구해야 한다. 또한 피성년후견인의 복리를 위하여 성년후견감독인을 변경할 필요가 있는 경우에는 피성년후견인, 친족, 성년후견인, 검사, 지방자치단체장의 청구에 의하거나 직권에 의하여 성년후견감독인을 변경할 수 있다.

4) 성년후견의 종료

성년후견개시의 원인이 소멸된 경우에(더 이상 성년후견을 계속해야 할 이유가 없을 경우에) 가정법원은 본인, 배우자, 4촌 이내의 친

개정 민법 제14조의3 및 제14조의2 (신설)

제14조의3 심판 사이의 관계

① 가정법원이 피한정후견인 또는 피특정후견인에 대하여 성년후견개시의 심판을 할 때에는 종전의 한정후견 또는 특정후견의 종료 심판을 한다.
② 가정법원이 피성년후견인 또는 피특정후견인에 대하여 한정후견개시의 심판을 할 때에는 종전의 성년후견 또는 특정후견의 종료 심판을 한다.

제14조의2 특정후견의 심판

① 가정법원은 질병, 장애, 노령, 그 밖의 사유로 인한 정신적 제약으로 일시적 후원 또는 특정한 사무에 관한 후원이 필요한 사람에 대하여 본인, 배우자, 4촌 이내의 친족, 미성년후견인, 미성년후견감독인, 검사 또는 지방자치단체의 장의 청구에 의하여 특정후견의 심판을 한다.
② 특정후견은 본인의 의사에 반하여 할 수 없다.
③ 특정후견의 심판을 하는 경우에는 특정후견의 기간 또는 사무의 범위를 정하여야 한다.

족, 성년후견인, 성년후견감독인, 검사 또는 지방자치단체의 장의 청구에 의해 성년후견종료의 심판을 한다(제11조).

'성년후견개시의 원인'이란 판단능력의 지속적 결여를 말하며, 이것이 소멸된 경우란 더 이상 성년후견을 받을 필요성이 없을 만큼 정신상태가 호전된 경우가 대표적이다. 예컨대 장기간 무의식상태에 있던 환자의 법률관계를 처리하기 위하여 성년후견이 개시되었으나 환자가 성년후견이 필요하지 않을 정도로 의사능력을 회복한 경우가 이에 해당한다. 앞서 얘기한 것처럼 성년후견을 개시하기 위해서는 엄격한 정신감정이 필요하다. 그러나 성년후견종료는 본인의 행위능력을 회복시키는 것으로서, 그 부작용이 크지 않을 것이므로 정신감정과 같은 엄격한 절차를 거치지 않아도 되는 경우가 많을 것이다.

판단능력이 호전되었으나 본인 보호에 공백이 없도록 하기 위해서는 성년후견을 종료하더라도 한정후견은 받는 것이 바람직한 경우도 있다. 개정 민법 제12조 제1항이 '성년후견인'과 '성년후견감독인'을 한정후견개시 심판을 청구할 수 있는 사람에 포함시킨 것은 바로 이러한 경우를 상정한 것이다. 가정법원이 피성년후견인에 대하여 한정후견개시 심판을 할 때는 종전의 성년후견에 대해서는 종료심판을 해야 한다(제 14조의 3 제 2항).

성년후견종료 심판의 효과가 언제부터 발생하는지에 대해서 개정 민법상 별도의 규정은 없으나, 종래의 금치산 선고의 취소와 마찬가지라고 보면 될 것이다. 즉, 성년후견종료 심판이 있은 다음부터 효력이 발생하기 때문에 성년후견종료 심판은 그 전에 있었던 성년후견인이나 피성년후견인의 행위의 효력에 영향을 미치지 않는다.

3. 한정후견

1) 한정후견의 개시

(1) 한정후견의 대상

앞에서 살핀 바와 같이 개정 민법은 새로운 후견제도의 중심에 한정후견을 두고 싶어했다. 따라서 한정후견의 설계에서는 일원론의 장점을 최대한 수용하였다(일원론에 대해서는 이 책의 117쪽 참조).

개정 전 민법은 "심신이 박약하거나 재산의 낭비로 자기나 가족의 생활을 궁박하게 할 염려가 있는 자", 즉 심신박약자와 낭비자를 한정치산제도의 이용대상으로 규정했다(제 9조). '심신박약'이란 금치산 선고의 대상인 심신상실 내지 의사무능력보다는 경미한 판단능력의 흠결을 말한다. 금치산 선고의 경우와 마찬가지로 의사의 정신감정을 거치는 것을 원칙으로 하지만, 판사가 그 결과에 구애를 받지 않으며 법률적 판단을 통해 행위능력 유무를 판단하게 된다.

개정된 민법은 "질병, 장애, 노령, 그 밖의 사유로 인한 정신적 제약으로 사무를 처리할 능력이 부족한 사람"이 한정후견을 이용할 수 있도록 규정한다(제12조). 사무처리 능력의 흠결에 있어 성년후견은 "결여"라는 표현을 쓴 것과 달리 한정후견은 "부족"이라는 용어를 사용하고 있음을 눈여겨볼 필요가 있다. 즉, 성년후견 이용자보다 경미한 정신적 제약을 가진 사람이 한정후견제도의 이용대상이라는 것을 알 수 있다. 이것은 개정 전의 민법에서 금치산 선고는 "심신상실"을, 한정치산 선고는 "심신박약"을 각각 제도의 이용요건으로 한 것과 비슷하다. 이 경우에도 심신은 마음과 몸이라는 의미의 심신(心身)이 아니라, 의사능력이라는 의미의 심신(心神)인 점에 유의하여야 한다.

그런데 이용대상의 범위에 있어 한정후견과 한정치산은 상당한 차이가 있다. 한정치산은 행위능력을 포괄적으로 제한하는 후견유형으로서 의사무능력에 버금갈 정도로 판단능력이 저하된 사람들을 중심으로 제한적으로 이용되었다. 하지만 한정후견은 필요한 만큼만 행위능력을 제한하는 후견유형으로서 의사무능력에 가까울 정도로 정신적 제약이 심한 사람뿐만 아니라 거의 온전한 판단능력을 가진 사람도 이용할 수 있다. 따라서 피한정후견인의 정신적 제약이 개정 전 민법의 한정치산자보다 반드시 가볍다고 단정할 수는 없지만, 한정후견의 대상 및 효과의 크기와 넓이가 한정치산제도에 비해서 훨씬 다양하고 넓어졌다고 봐야 한다.

성년후견과 달리 한정후견은 법조문에서는 의사능력의 부족이 "지속적"이어야 함을 명시하고 있지는 않다. 그러나 한정후견이 개시되면 성년후견과 마찬가지로 반드시 후견인을 선임해야 하고 후견종료

개정 민법 제959조의2 (신설)
제959조의2 한정후견의 개시 가정법원의 한정후견개시의 심판이 있는 경우에는 그 심판을 받은 사람의 한정후견인을 두어야 한다.

심판이 있기 전까지는 후견이 계속되는 것을 전제로 하기 때문에 정신적 제약의 '지속성'이 어느 정도는 요구된다고 해석해야 할 것이다(제9조, 제12조, 제929조, 제959조의2). 따라서 정신적 제약이 지속적이지 않고 일시적일 경우에는 한정후견 대신 특정후견을 이용하면 된다. 물론 성년후견에서와 마찬가지로 후견의 '필요성·보충성' 요건을 만족해야 할 것이다.

(2) 한정후견의 청구

한정후견을 청구할 수 있는 사람은 "본인, 배우자, 4촌 이내의 친족, 미성년후견인, 미성년후견감독인, 성년후견인, 성년후견감독인, 특정후견인, 특정후견감독인, 검사 또는 지방자치단체의 장"이다(제12조). 성년후견과 비교하면 한정후견인, 한정후견감독인 대신 성년후견인과 성년후견감독인이 청구권자로 규정된 것만 다르다. 이는 피성년후견인의 정신능력이 호전된 경우 성년후견보다는 제약이 적은 한정후견으로 바꿀 수 있는 길을 열어두기 위한 것이다. 또한 성년후견에서 문제를 제기한 것과 같이 '본인'의 해석과 관련하여 판단능력이 호전된 피성년후견인이 직접 한정후견개시 심판을 청구할 수 있는가가 문제될 수 있는데, 의사능력이 있는 한 이를 수용해야 한다.

(3) 한정후견개시의 심판 및 효과

① 한정후견개시의 심판

성년후견개시 심판과 마찬가지로 한정후견개시 심판도 사건 본인의 권익과 편의성을 위하여 원칙적으로 그의 주소지 가정법원이 관할하도록 하는 것이 바람직하다. 개정 민법은 성년후견에서와 마찬가지로 한정후견개시 심판 시 가정법원이 피후견인 본인의 의사를 고려해야 할 의무를 명시하고 있다(제12조 제2항, 제9조 제2항). 한정후견의 경우에도 사건 본인의 정신능력이나 의사표현이 미숙하고 행위능력을 상당히 제한하는 심판이 내려질 수 있으므로 성년후견에서 얘기한 바와 같이 원칙적으로 판사가 본인의 진술을 직접 듣도록 가사소송법을 개정해야 할 것이다.

한정후견도 성년후견과 같은 기준으로 정신감정을 할 것인가에 대해서는 여러 입장이 있을 수 있다. 정신감정은 정확한 심판을 위한 자료를 제공하는 순기능이 있으나, 본인의 의사와는 다르게 피감정인을 의료기관에 장기간 수용함으로써 신체적·정신적 고통을 가할 수 있으며, 비용부담으로 인해서 후견의 접근성을 떨어뜨리는 부작용을 가져올 수도 있다. 따라서 한정후견의 경우에는, 행위능력의 제약이 거의 없는 한정후견도 있을 수 있다는 점 등을 고려하여 보다 융통성 있는 접근이 필요하다. 이러한 점으로 볼 때, 성년후견과 달리 한정후견의 경우에는 정신감정을 생략하는 경우가 적지 않을 것으로 예상된다. 그러므로 향후 가사소송법 개정 시에는 한정후견개시 심판에서 정신감정을 생략할 수 있는 예외사유를 성년후견개시 심판보다 훨씬 융통성 있게 해석될 수 있도록 규정할 필요가 있다. 한정후견의 경우에는 장애인 및 노인장기요양의 등급판정만으로도 쉽게 판단할 수 있으리라고 본다. 법원과 보건복지부의 협력이 필요한 부분이다.

② 한정후견개시 심판의 효과

한정후견개시 심판의 효과는 개정 전 민법상 한정치산 선고의 그것과 비교하여 크게 달라졌다는 점에 유의해야 한다. 개정 전 민법의 한정치산제도에서는 한정치산자로 선고받은 사람의 행위능력 전반이 제한되었다. 그러나 개정 민법상의 피한정후견인은 가정법원이 한정후견인의 동의를 받도록 따로 정한 행위에 대해서만 행위능력이 제한된다(제13조 제1항). 즉, 피한정후견인은 "가정법원이 한정후견인의 동의를 받아서 하도록 그 범위를 정해 놓은 행위 이외의 행위"는 얼마든지 할 수 있다는 것이다.

참고로 이렇게 피한정후견인의 상태와 환경에 따라 한정후견인의 동의를 얻어 행위능력의 제한범위를 정해 놓는 이러한 방식을 법률용어로 "맞춤형 동의유보" 방식이라 하는데, 이 방식은 독일의 한정후견제도와 비슷하다. 개정 민법에서는 가정법원이 동의 유보의 범위를 정하는 구체적 기준을 규정하고 있지는 않다. 중요한 것은 '동의 유보'의 구체적 기준과 범위는 '자기결정권과 현존능력의 존중' 내지 '후견의 필요성 · 보충성' 원칙에 따라서 피후견인의 권익보호를 중심에 놓고 정할 필요가 있다는 것이다.

또한 자기결정권이 중시되는 '신분행위'는 '동의유보'의 대상이 될 수 없을 것이다. 예컨대, 혼인과 관련하여 개정 민법 제808조는 피성년후견인에 대해서만 성년후견인의 동의를 받도록 규정하는데, 이는 개정 전 민법에서도 마찬가지였다. 개정 전 민법이 금치산자에 대해서만 후견인의 동의를 받도록 규정한 것은 성년자인 한정치산자

개정 민법 제13조

제13조 피한정후견인의 행위와 동의

① 가정법원은 피한정후견인이 한정후견인의 동의를 받아야 하는 행위의 범위를 정할 수 있다.
② 가정법원은 본인, 배우자, 4촌 이내의 친족, 한정후견인, 한정후견감독인, 검사 또는 지방자치단체의 장의 청구에 의하여 제1항에 따른 한정후견인의 동의를 받아야만 할 수 있는 행위의 범위를 변경할 수 있다.
③ 한정후견인의 동의를 필요로 하는 행위에 대하여 한정후견인이 피한정후견인의 이익이 침해될 염려가 있음에도 그 동의를 하지 아니하는 때에는 가정법원은 피한정후견인의 청구에 의하여 한정후견인의 동의를 갈음하는 허가를 할 수 있다.
④ 한정후견인의 동의가 필요한 법률행위를 피한정후견인이 한정후견인의 동의 없이 하였을 때에는 그 법률행위를 취소할 수 있다. 다만, 일용품의 구입 등 일상생활에 필요하고 그 대가가 과도하지 아니한 법률행위에 대하여는 그러하지 아니하다.

는 누구의 동의도 필요 없이 자유롭게 혼인할 수 있도록 한 것이라고 해석해 왔으며, 이러한 해석은 개정 민법에도 그대로 적용되어야 한다. 피한정후견인의 판단능력이 호전되거나 악화되어 '동의유보'의 범위가 적당하지 않게 된 경우에는 본인, 배우자, 4촌 이내의 친족, 한정후견인, 한정후견감독인, 검사 또는 지방자치단체의 장의 청구에 의하여 그 범위를 변경할 수 있다(제13조 제2항).

한정후견인이 동의를 하지 않음으로써 피한정후견인의 이익이 침해될 염려가 있는 경우에는 피한정후견인이 가정법원에 한정후견인이 동의한 것으로 간주할 수 있는 '허가'를 청구할 수 있다(제13조 제3항).

개정 민법 제13조 제4항에서는 피한정후견인이 한정후견인의 동의 없이 동의가 필요한 법률행위를 하였을 때에는 해당 법률행위를 취소할 수 있지만, 성년후견에서와 마찬가지로 일용품의 구입 등 일상생활에 필요하고 그 대가가 과도하지 않은 법률행위는 취소할 수 없도록 하고 있다.

(4) 성년후견과의 관계

성년후견개시 심판의 청구가 있었는데 가정법원에서 심리한 결과 한정후견이면 충분하다고 판단될 경우 한정후견개시 심판을 할 수 있는지, 반대로 한정후견개시 심판의 청구가 있었는데 가정법원이 성년후견개시 심판을 할 수 있는지에 대해서 견해가 대립될 수 있다. 통상적으로는 판사의 권유로 청구 변경이 이루어지겠지만, 청구권자가 이를 거부할 경우에는 문제가 될 소지가 있다.

개정 전 민법에 대해서는 가정법원이 일방적으로 금치산 선고 청구에 대해서 한정치산을 선고하거나 한정치산 선고 청구에 대해서 금치산 선고를 하는 것이 가능하다는 해석이 일반적이었다. 금치산제도와 한정치산제도는 취지가 같고 정신능력에 따라 행위능력을 제한하는 정도에만 차이가 있다는 이유에서였다.

그러나 성년후견과 한정후견은 그 성격이 매우 다르기 때문에 이러한 해석은 이제는 유지될 수 없다고 본다. 원칙적으로 대부분의 행위능력을 제한하고 의사무능력자로 이용대상이 한정되는 성년후견과 달리, 한정후견은 필요한 만큼만 행위능력을 제한하며 이용대상자의 폭도 대단히 광범위해졌기 때문이다. 또한 개정 민법상 성년후견제도는 자기결정권을 강조하며, 피후견인의 복리를 판단하는 데도 본인의 의사를 중요한 기준으로 삼는 점을 고려할 때, 사건본인의 청구나 의사와 상반되는 후견심판은 할 수 없다고 해석해야 한다.

2) 한정후견인의 선임 및 직무

(1) 한정후견인의 선임

가정법원이 한정후견개시 심판을 하는 때에는 직권으로 한정후견인을 선임해야 한다(제 959조의 2, 제 959조의 3 제 1항). 성년후견에서와 마찬가지로 한정후견에서도 후견인을 통한 지속적인 후견이 중요하므로 사망, 결격 등의 사유로 한정후견인이 부재하게 된 경우에는 가정법원이 피한정후견인, 친족, 이해관계인, 검사, 지방자치단체의 장의 청구에 의하거나 직권으로 새로운 한정후견인을 선임해야 한다(제 959조의 3 제 2항, 제 936조 제 2항). 복수·법인 후견인, 후견인의 결격사유, 후견인의 선임기준은 앞에서 이미 소개한 성년후견에서와 동일하다(제 959조의 3 제 2항, 제 930조 제 2항, 제 3항, 제 936조 제 3항, 제 4항, 제 937조).

(2) 한정후견인의 직무 등

한정후견인도 사안에 따라 성년후견인과 마찬가지로 피후견인의 재산관리나 신상보호를 직무로 할 수 있으며, 이때에는 성년후견인의 권한과 직무에 관한 규정이 거의 그대로 준용되는 경우가 많다(제 959조의 3 제 2항, 제 959조의 4 제 2항, 제 959조의 6). 하지만 성년후견인이 당연히 피성년후견인의 법정대리인이 되며 주로 대리권 행사를 통해서 직무를 수행하는 것과는 달리(제 10조, 제 938조), 한정후견인은 동의권 행사가 주된 직무 수행방식이며 대리권을 보유하기 위해서는 별도로 가정법원의 심판이 있어야 한다는 점에서 매우 큰 차이가 있다(제 13조, 제 959조의 4).

한정후견인의 권한과 직무에 대해서 준용되는 성년후견인 관련

개정 민법 제959조의3(신설), 제959조의4 및 제959조의6(신설)
제959조의3 한정후견인의 선임 등 ① 제959조의2에 따른 한정후견인은 가정법원이 직권으로 선임한다. ② 한정후견인에 대하여는 제930조 제2항·제3항, 제936조 제2항부터 제4항까지, 제937조, 제939조, 제940조 및 제949조의3을 준용한다.
제959조의4 한정후견인의 대리권 등 ① 가정법원은 한정후견인에게 대리권을 수여하는 심판을 할 수 있다. ② 한정후견인의 대리권 등에 관하여는 제938조 제3항 및 제4항을 준용한다.
제959조의6 한정후견사무 한정후견의 사무에 관하여는 제681조, 제920조 단서, 제947조, 제947조의2, 제949조, 제949조의2, 제949조의3, 제950조부터 제955까지 및 제955조의2를 준용한다.

규정 중 주요 내용을 살펴보면 다음과 같다. 먼저 한정후견인은 가정법원이 정하는 범위에서 피한정후견인의 신상에 관해서도 결정할 수 있는 권한을 가질 수 있으며, 한정후견인의 대리권 또는 신상에 관한 권한이 적절하지 않게 된 경우에는 가정법원이 본인, 배우자, 4촌 이내의 친족, 한정후견인, 한정후견감독인, 검사 또는 지방자치단체장의 청구에 의하여 그 범위를 변경할 수 있다(제959조의4 제2항 제938조 제3항, 제4항).

한정후견인은 수임인의 선관주의 의무, 즉 선량한 관리자로서의 주의의무를 가지고, 피한정후견인의 재산관리와 신상보호에 대해서 전반적인 사정을 고려하여 피한정후견인의 복리에 부합하는 방법으로 사무를 처리해야 한다. 또한, 사무처리 과정에서 피후견인의 의사를 존중해야 하고, 특히 피한정후견인의 생명, 신체, 사생활과 관련된 사항을 처리할 때에는 법원의 허가를 받아야 한다(제959조의6, 제681조, 제947조, 제947조의2).

또한 피후견인의 행위를 목적으로 하는 채무부담과 본인의 동의와 관련된 조항, 여러 명의 후견인 사이의 권한행사, 한정후견인과 피한정후견인의 이해가 상반되는 행위와 특별대리인 선임, 후견감독인의 동의를 필요로 하는 행위, 피후견인의 재산 등의 양수(재산을 넘겨받는 행위)에 대한 취소, 상대방의 추인 여부 최고(사실로 인정하는지 여부를 통지하는 것), 후견감독인의 후견사무 감독, 가정법원의 후견사무에 관한 처분, 후견인의 보수, 사무비용에 관한 규정도 성년후견 관련조항을 그대로 준용한다(제 959조의 6, 제 920조 단서, 제 949조의 2, 제 949조의 3, 제 950조 내지 제 955조, 제 955조의 2).

또, 한정후견인의 사임 및 변경, 임무의 종료 등에 있어서도 성년후견인에 관한 규정이 그대로 준용된다(제 959조의 3 제 2항, 제 939조, 제 940조, 제 959조의 7, 제 691조, 제 692조, 제 957조, 제 958조).

3) 한정후견감독인의 선임 및 직무

한정후견감독인에 관한 규정은 성년후견감독인과 거의 비슷하다. 우선 가정법원은 필요한 경우에 한하여 피한정후견인, 친족, 한정후견인, 검사, 지방자치단체장의 청구에 의하거나 직권으로 한정후견감독인을 선임할 수 있다(제 959조의 5 제 1항). 복수·법인 후견감독인 제도, 후견감독인의 결격사유, 선임기준, 사임 및 변경도 성년후견감독인과 같다(제 959조의 5 제 2항, 제 930조 제 2항·제 3항, 제 936조 제 3항·제 4항, 제 937조, 제 939조, 제 940조, 제 940조의 3 제 2항, 제 940조의 5).

한정후견감독인은 성년후견감독인과 마찬가지로 후견인의 사무를 감독하고, 후견인이 없게 되는 경우 지체 없이 가정법원에 후견인의 선임을 청구하여야 하며, 긴급한 경우 피후견인을 위한 보호처분을 할 수 있고, 후견인과 피후견인 사이에 이해가 상반되는 행위에 관해서는 피후견인을 대리한다(제 959조의 5 제 2항, 제 940조의 6). 또한 위임 및 성년후견에 관한 규정 중 수임인의 선관의무(선량한 관리자로서의 의무), 위임종료 시 긴급처리 및 대항요건, 성년후견 중 신상보호에 대한 일부 조항, 여러 명의 후견인 간의 권한 행사 방식, 보수와 비용에 관한 규정도 그대로 준용된다(제 959조의 5 제 2항,

개정 민법 제959조의5 (신설)

제959조의5 한정후견감독인

① 가정법원은 필요하다고 인정하면 직권으로 또는 피한정후견인, 친족, 한정후견인, 검사, 지방자치단체의 장의 청구에 의하여 한정후견감독인을 선임할 수 있다.

② 한정후견감독인에 대하여는 제681조, 제691조, 제692조, 제930조 제2항·제3항, 제936조 제3항·제4항, 제937조, 제939조, 제940조, 제940조의3 제2항, 제940조의5, 제940조의6, 제947조의2 제3항부터 제5항까지, 제949조의2, 제955조 및 제955조의2를 준용한다. 이 경우 제940조의6 제3항 중 "피후견인을 대리한다"는 "피한정후견인을 대리하거나 피한정후견인이 그 행위를 하는 데 동의한다"로 본다.

개정 민법 제940조의3 (신설)

제940조의3 미성년후견감독인의 선임

① 가정법원은 제940조의2에 따라 지정된 미성년후견감독인이 없는 경우에 필요하다고 인정하면 직권으로 또는 미성년자, 친족, 미성년후견인, 검사, 지방자치단체의 장의 청구에 의하여 미성년후견감독인을 선임할 수 있다.

② 가정법원은 미성년후견감독인이 사망, 결격, 그 밖의 사유로 없게 된 경우에는 직권으로 또는 미성년자, 친족, 미성년후견인, 검사, 지방자치단체의 장의 청구에 의하여 미성년후견감독인을 선임한다.

개정 민법 제14조

제14조 한정후견종료의 심판

한정후견개시의 원인이 소멸된 경우에는 가정법원은 본인, 배우자, 4촌 이내의 친족, 한정후견인, 한정후견감독인, 검사 또는 지방자치단체의 장의 청구에 의하여 한정후견종료의 심판을 한다.

제 681조, 제 691조, 제 692조, 제 947조의 2 제 3항 내지 제 5항, 제 949조의 2, 제 955조, 제 955조의 2).

4) 한정후견의 종료

한정후견개시의 원인이 소멸된 경우, 즉 더 이상 한정후견이 필요 없을 경우에 가정법원은 본인, 배우자, 4촌 이내의 친족, 한정후견인, 한정후견감독인, 검사 또는 지방자치단체의 장의 청구에 의하여 한정후견종료의 심판을 한다(제 14조). 예컨대, 더 이상 한정후견을 받을 필요성이 없을 만큼 정신상태가 호전되거나 한정후견만으로는 보호가 불충분할 정도로 악화된 경우 한정후견을 종료할 수 있다. 후자의 경우에는 보호의 공백이 생기지 않도록 한정후견이 계속되고 있는 상태에서 성년후견을 청구하는 것이 바람직하며, 성년후견이 개시되면 한정후견은 종료된다(제 9조, 제 14조의 3 제 1항).

성년후견에서와 마찬가지로 한정후견종료 심판은 심판 이후에만 효력이 발생하며, '위임종료 시의 긴급처리' 및 '대항요건'에 관한 규정이 그대로 준용된다(제 959조의 7, 제 691조, 제 692조).

4. 특정후견

1) 특정후견의 개시

(1) 특정후견의 대상

특정후견은 “질병, 장애, 노령, 그 밖의 사유로 인한 정신적 제약으로 일시적 후원 또는 특정한 사무에 관한 후원이 필요한 사람”을 대상으로 한다(제 14조의 2 제 1항). 성년후견·한정후견이 피후견인에 대한 ‘계속적’ 보호를 목적으로 하는 반면, 특정후견은 ‘일시적’ 보호 또는 특정한 사무에 한정된 보호가 목적이다. 예컨대, 지적 능력이 약간 떨어지기는 해도 일상적인 사회생활에 지장이 없는 사람의 경우 지속적으로 광범위한 후견을 받는 것보다 상속이나 주거, 부동산의 매매 등 중대하고 어려운 법적 문제에 대해서만 일시적으로 도움을 받도록 함으로써 자기결정권을 최대한 보장하는 것이 특정후견제도의 취지이다. 따라서 특정후견은 본인의 의사에 반하여 시행될 수 없으며, 후견기간에 제한이 없는 성년후견·한정후견과 달리 반드시 후견의 기간 또는 사무의 범위를 정해놓아야 한다(제 14조의 2 제 3항). 성년후견·한정후견에서와 마찬가지로 후견의 필요성과 보충성의 원칙이 적용됨은 물론이다(필요성·보충성의 원칙에 대해서는 이 책의 116쪽 참조).

특정후견의 대상이 되는 정신적 제약의 정도를 획일적으로 정의하기는 어렵다. 이론상으로는 중대한 정신적 흠결을 가진 사람에 대해서도 특정후견을 청구할 수 있겠지만, 자칫 본인보호나 관리감독에 공백이 생길 우려가 있을 경우에는 성년후견이나 한정후견을 이용하는 것이 바람직하다.

(2) 특정후견의 청구

특정후견을 청구할 수 있는 사람은 “본인, 배우자, 4촌 이내의 친족, 미성년후견인, 미성년후견감독인, 검사 또는 지방자치단체의 장”이다(제 12조). 미성년후견인·미성년후견감독인을 청구권자에 포함시킨 이유는 미성년자가 성년에 임박했을 때 성년후견이나 한정후견까지는 필요 없으나 보호에 공백이 생기지 않도록 특정후견이 필요한 경우에 대비하기 위해서이다.

(3) 특정후견개시의 심판 및 효과

① 특정후견개시의 심판

성년후견·한정후견개시 심판과 마찬가지로 특정후견개시 심판도 본인의 권익과 편의성을 위하여 원칙적으로 그의 주소지 가정법원이 관할하도록 해야 할 것이다. 성년후견·한정후견개시 심판 시 가정법원이 본인의 의사를 고려해야 할 의무가 있음은 앞서 얘기한 바와 같다(제 9조 제 2항, 제 12조 제 2항). 이는 자기결정권을 최대한 존중해야 한다는 의미이지만, 가사 사건의 특성상 본인의 의사가 최선의 이익에 반하는 경우에는 가정법원이 후견적 기능을 발휘하여 본인의 의사에 반하여 성년후견이나 한정후견을 개시할 수 있다. 그러나 특정후견의 경우에는 본인의 의사에 반하여 특정후견의 심판을 할 수 없다(제 14조의 2 제 2항). 특정후견은 대부분 정신능력이 양호한 사람이 행위능력의 제한 없이 필요에 따라 일시적, 한정적으로 조력을 받는 제도이므로 무엇보다 본인의 의사를 우선하도록 한 것이다. 또한 특정후견의 심판을 하는 경우 반드시 특정후견의 기간 또는 사무의 범위를 정해야 한다는 점을 참고할 필요가 있다

(제 14조의 2 제 3항).

특정후견개시 심판 시에도 재판부가 사건 본인의 진술을 청취하는 것이 원칙일 것이다. 그러나 많은 경우 본인의 정신적 제약이 적고 행위능력이 제한될 우려도 없기 때문에 성년후견·한정후견개시 심판 때 행하는 청문을 생략하고 서면으로 대체하거나 온라인을 이용하는 등의 융통성을 발휘해서 본인의 의사를 확인할 수 있을 것이다.

본인의 정신적 제약과 행위능력의 제한 정도에 따라 정신감정의 필요성을 판단해야 한다는 것도 앞서 이미 얘기한 바 있다. 특정후견은 본인의 정신능력이 양호한 경우가 많고 행위능력의 제한을 수반하지 않으며 본인의 동의가 개시요건이기 때문에 감정의 필요성을 유연하게 판단할 수 있도록 가사소송법을 개정하는 것이 합리적일 것이다. 예컨대, 의사의 진단이나 이에 준하는 전문가의 평가가 있으면 특정후견개시 심판을 진행할 수 있도록 하는 방안을 생각해 볼 수 있다. 다만, 본인 이외의 자가 특정후견을 청구하면서 진단서 등을 소명자료로 제출하였다면 심판과정에서 그 성립과 내용의 진정성을 면밀히 검토해야 할 것이다.

② 특정후견개시 심판의 효과

특정후견이 개시되더라도 행위능력에는 전혀 제한이 없으며 피특정후견인은 얼마든지 유효한 법률행위를 할 수 있다. 따라서 특정후견인의 활동은 법적 판단에 대한 정보와 조언제공에 그치는 경우가 많다. 이와 같은 특정후견의 특성 때문에 개정 민법은 특정후견을 통한 법적 지원을 "후원"이라고 표현한다(제 14조의 2 제 1항).

만약 특정후견인이 피후견인을 대리하여 법률행위를 하려면 가정법원의 심판을 통해서 '대리권'을 수여받아야 한다. 대리권 수여는

개정 민법 제959조의11 (신설)

제959조의11 특정후견인의 대리권

① 피특정후견인의 후원을 위하여 필요하다고 인정하면 가정법원은 기간이나 범위를 정하여 특정후견인에게 대리권을 수여하는 심판을 할 수 있다.

② 제1항의 경우 가정법원은 특정후견인의 대리권 행사에 가정법원이나 특정후견감독인의 동의를 받도록 명할 수 있다.

개정 민법 제959조의8 (신설)

제959조의8 특정후견에 따른 보호조치

가정법원은 피특정후견인의 후원을 위하여 필요한 처분을 명할 수 있다.

본인의 자기결정권을 침해할 가능성이 있으므로 피특정후견인의 후원을 위하여 필요하다고 인정될 때에만 기간이나 범위를 특정하여 이루어진다(제959조의11 제1항). 이때 가정법원은 특정후견인의 적정한 대리권 행사를 위하여 가정법원이나 특정후견감독인의 동의를 받도록 명할 수 있다(제959조의11 제2항).

특정후견의 또 하나의 특징은 가정법원이 후견인을 통하지 않고 직접 피특정후견인의 '후원'(법적 지원)을 위하여 필요한 처분을 명하는 보호조치 내지 특정명령이 가능하다는 것이다(제959조의8). 이는 일회적 후원이나 급박한 조치가 필요한 경우 굳이 후견인까지 선임할 필요 없이 가정법원이 직접 즉각적인 조치를 취함으로써 보호의 경제성과 신속성을 실현하도록 한 것이다. 이러한 '특정명령'은 재산관리뿐만 아니라 신상보호에도 적용되며 가정법원이 특정행위를 적극적으로 명하거나 금지하는 방식으로 이루어진다.

(4) 성년후견 · 한정후견과의 관계

앞서 말한 바와 같이 특정후견과 성년후견・한정후견의 대상이 되는 정신적 제약의 정도를 명확하게 비교하기는 어렵다. 하지만 성년후견・한정후견개시 심판이 청구되었는데 가정법원에서 심리한 결과 사건 본인의 정신능력이 양호하여 특정후견이면 충분하다고 판단할 경우 일방적으로 특정후견 개시심판을 할 수 있는지, 반대로 특정후견의 청구가 있었는데 본인의 정신적 흠결이 중하고 법정후견을 대체할 만한 보호수단이 없다고 판단하여 일방적으로 성년후견 또는 한정후견개시 심판을 할 수 있는지 여부가 문제될 수 있다. 성년후견과 한정후견의 관계에서 얘기한 바와 같이 본인의 청구나 의사에 반하는 후견개시심판은 할 수 없다고 해석해야 한다. 특정후견은 행위능력의 제한이 전혀 없고 본인의 동의를 전제로 한다는 점에서 성년후견이나 한정후견과 그 성격이 전혀 다른 제도라 할 것이므로 법원은 본인의 청구와 의사에 반하는 심판은 할 수 없다고 해석하여야 할 것이다.

2) 특정후견인의 선임 및 직무

(1) 특정후견인의 선임

특정후견개시 심판을 하는 때에는 성년후견・한정후견에서와 달리 반드시 후견인을 두어야 하는 것은 아니다. 가정법원이 후견인을 선임하는 대신 직접 피특정후견인의 후원을 위하여 필요한 처분을 할 수 있기 때문이다(제959조의8, 앞 조문 참조). 그러나 이 직접처분이 과도하게 이용될 경우 가정법원에게 과중한 부담이 될 수 있고, 전문적이고 충실한 후원을 위해서 특정후견인의 선임이 필요한 경우

개정 민법 제959조의9 (신설)
제959조의9 특정후견인의 선임 등 ① 가정법원은 제959조의 8에 따른 처분으로 피특정후견인을 후원하거나 대리하기 위한 특정후견인을 선임할 수 있다. ② 특정후견인에 대하여는 제930조 제2항·제3항, 제936조 제2항부터 제4항까지, 제937조, 제939조 및 제940조를 준용한다.

도 많으므로 특정후견에서도 여전히 후견인의 역할이 중요하다. 예컨대 부동산 매매를 위한 특정후견이 청구된 경우 가정법원이 직접 피특정후견인에게 불리한 부동산 매매를 금지하는 것으로 심판을 종결할 수도 있지만, 심판 종결 이후에도 부당한 부동산거래가 시도될 우려가 있을 때에는 특정후견인을 선임하는 것이 바람직하다.

개정 민법은 제959조의 9의 제1항에서 "제959조의 8에 따른 처분으로 피특정후견인을 후원하거나 대리하기 위한 특정후견인을 선임할 수 있다"라고 규정하고 있는데, 이에 따르면 특정후견인 선임도 넓게는 제958조의 8에서 정한 보호조치의 일종으로 해석된다. 일단 선임된 특정후견인이 사망, 결격 등의 사유로 더 이상 존재하지 않게 된 경우에는 가정법원이 피특정후견인, 친족, 이해관계인, 검사, 지방자치단체의 장의 청구에 의하거나 직권으로 새로운 특정후견인을 선임해야 한다(제959조의9 제2항, 제936조 제2항). 복수·법인 후견인, 후견인의 결격 사유, 후견인의 선임기준은 성년후견과 동일하다(제959조의9 제2항, 제930조 제2항·제3항, 제936조 제3항·제4항, 제937조).

(2) 특정후견인의 직무 등

성년후견인이 피후견인의 법정대리인이 되는 것이 민법상 당연한 반면, 특정후견인은 자동적으로 피후견인의 대리인이 되는 것은 아니다. 또한 한정후견인의 지원방식이 '동의 유보'에 초점이 맞추어져 있는 것과는 달리 특정후견인의 주된 지원방식은 '법적 조언 등을 통한 후원'(법적 지원)이다.

가정법원은 피특정후견인의 후원을 위하여 필요한 경우에 한하여 기간이나 범위를 정해서만 대리권을 수여할 수 있으며, 이 경우 신중한 대리권 행사를 담보하기 위해 가정법원은 특정후견인이 대리를 할 때 가정법원이나 특정후견감독인의 동의를 받도록 명할 수 있다(제959조의11 제1항, 제2항). 따라서 대리권이 없는 특정후견인도 있을 수 있으며, 대리권이 수여된 경우에도 성년후견인의 대리와는 그 성격이 다소 달라서 특정후견인의 경우 가정법원의 제약을 많이 받을 수 있다.

성년후견의 경우 대부분 피성년후견인이 독자적 의사결정을 하지 못하기 때문에 사실상 성년후견인이 일방적으로 대리권을 행사하게 될 가능성이 크지만, 특정후견의 경우에는 피후견인의 부족한 판단능력을 보충하는 것에 불과하다. 때문에 특정후견인에게 판단을 전적으로 일임하기보다는 업무의 효율을 위해 대리권을 수여하는 것이라고 보는 편이 타당하다. 따라서 특정후견인이 대리권을 행사함에 있어서는 본인에게 자세한 설명을 하고 그의 의사를 적극적으로 탐지한 후 이를 실현하기 위해 적극 노력해야 한다.

개정 민법이 특정후견인이 대리권을 가질 수 있도록 한 취지 등에 비추어 볼 때 피특정후견인의 재산관리가 특정후견인의 직무에 포함될 수 있다는 데에는 이론의 여지가 없다. 하지만 특정후견인이 피

개정 민법 제959조의12 (신설)

제959조의12 특정후견사무

특정후견의 사무에 관하여는 제681조, 제920조 단서, 제947조, 제949조의2, 제953조부터 제955조까지 및 제955조의2를 준용한다.

후견인의 신상에 관한 의사결정을 대신 할 수 있는지에 대해서는 견해가 다를 수 있다. 개정 민법이 제938조 제3항과 제959조의4 제2항에서 성년후견인·한정후견인이 피후견인의 신상에 관하여 결정할 수 있는 근거를 명시한 것과 달리 특정후견인에 대해서는 직접적인 근거규정을 두고 있지 않기 때문이다. 이는 피특정후견인의 정신능력이 양호한 경우가 많기 때문에 자기결정권 보호를 위해 신상에 관해서는 반드시 본인이 스스로 결정하도록 한 것이라고 해석할 수도 있다. 하지만 개정 민법은 특정후견인에 대해서도 '선관주의' 의무에 관한 제681조뿐만 아니라 성년후견인·한정후견인의 직무 수행에 관한 제947조를 준용한다(제959조의12). 그런데 제947조는 재산관리뿐만 아니라 신상보호도 전제로 하고 있는바, 위 규정이 특정후견인의 직무에 신상보호가 포함된다는 사실에 대한 간접적인 근거라고 볼 수 있다. 또한 특정후견은 본인의 의사에 반하여 개시될 수 없기 때문에 가정법원이 특정후견인에 대해서 신상에 관한 직무를 부여할 경우에도 당연히 본인의 동의가 전제되므로 피특정후견인의 자기결정권을 침해할 우려는 적다. 따라서 개정 민법의 해석상으로도 특정후견의 내용에 신상보호가 포함될 수 있다고 생각한다. 다만 향후 해석상 논란의 소지를 없애기 위하여 프랑스 민법에서처럼 특정후견인에 대해서도 신상보호의 근거와 절차를 명시하는 것이 바람직할 것이다.

성년후견 사무에 관한 규정 중 피후견인의 채무부담과 본인의 동의, 여러 명의 후견인 사이의 권한행사, 후견감독인의 후견사무 감독, 가정법원의 후견사무에 관한 처분, 후견인의 보수, 사무비용에 관한 조문은 특정후견에도 그대로 준용된다(제959조의12, 제920조 단서, 제949조의2, 제953조 내지 제955조, 제955조의2). 또한 특정후견인의 사임 및 변경, 임무의 종료 등에 있어서도 성년후견인에 관한 규정이 그대로 준용된다(제959조의9 제2항, 제939조, 제940조, 제959조의13, 제691조, 제692조, 제957조, 제958조).

한정후견인과 마찬가지로 특정후견인이 당연히 피후견인의 재산관리인이 되는 것은 아니기 때문에 성년후견인의 재산조사 및 목록작성 의무에 관한 규정(제941조)과 이와 관련된 채권, 채무 제시 의무에 관한 규정(제942조)은 준용되지 않는다. 또한 성년후견인·한정후견인의 권한남용을 방지하기 위한 규정(제949조의3, 제950조 내지 제952조)도 특정후견인에게 적용되지 않는다.

3) 특정후견감독인의 선임 및 직무

성년후견·한정후견과 마찬가지로 특정후견에서도 후견감독인은 필수적 기관은 아니며, 가정법원은 필요한 경우에 한하여 피특정후견인, 친족, 특정후견인, 검사, 지방자치단체장의 청구에 의하거나 직권으로 특정후견감독인을 선임할 수 있다(제959조의10 제1항). 복수·법인 후견감독인제도, 후견감독인의 결격사유, 선임기준, 사임 및 변경도 성년후견감독인·한정후견 감독인과 같다(제959조의10 제2항, 제930조 제2항·제3항, 제936조 제3항·제4항, 제937조, 제939조, 제940조, 제940조의5).

개정 민법 제959조의10 (신설)

제959조의10 특정후견감독인

① 가정법원은 필요하다고 인정하면 직권으로 또는 피특정후견인, 친족, 특정후견인, 검사, 지방자치단체의 장의 청구에 의하여 특정후견감독인을 선임할 수 있다.

② 특정후견감독인에 대하여는 제681조, 제691조, 제692조, 제930조 제2항·제3항, 제936조 제3항·제4항, 제937조, 제939조, 제940조, 제940조의5, 제940조의6, 제949조의2, 제955조 및 제955조의2를 준용한다.

특정후견감독인은 성년후견감독인·한정후견감독인과 마찬가지로 후견인의 사무를 감독한다. 가정법원은 특정후견인의 대리권 행사에 특정후견감독인의 동의를 받도록 명할 수 있는데(제959조의11 제1항), 이러한 법원의 결정이 있을 경우 특정후견감독인은 특정후견인에 대하여 강력한 견제권을 갖게 된다. 특정후견감독인은 후견인이 없게 되는 경우 지체 없이 가정법원에 후견인의 선임을 청구하여야 하며, 긴급한 경우 피후견인을 위한 보호처분을 할 수 있고, 후견인과 피후견인 사이에 이해가 상반되는 행위에 관해서는 피후견인을 대리한다(제959조의10 제2항, 제940조의6). 또한 위임 및 성년후견에 관한 규정 중 수임인의 '선관의무', 위임종료 시 '긴급처리' 및 '대항요건', 여러 명의 후견인 간의 권한행사 방식, 보수와 비용에 관한 규정도 그대로 준용된다(제959조의10 제2항, 제681조, 제691조, 제692조, 제949조의2, 제955조, 제955조의2).

4) 특정후견의 종료

성년후견·한정후견과는 달리 특정후견에는 종료심판에 관한 규정을 두지 않고, 위임종료 시 '긴급처리' 및 '대항요건'에 관한 조문

개정 민법 제959조의13 (신설)
제959조의13 특정후견인의 임무의 종료 등 특정후견인의 임무가 종료한 경우에 관하여는 제691조, 제692조, 제957조 및 제958조를 준용한다.

만 준용하고 있다(제959조의 13, 제691조, 제692조). 특정후견의 경우 처음부터 기간이나 대상이 한정되어 있어, 기간이 만료되거나 사무처리가 끝나면 특정후견은 자동적으로 종료되므로 종료심판에 관한 규정을 따로 둘 필요가 없다고 생각할 수도 있다. 그러나 사정변경이 있어 애초에 정한 기간이 만료되기 전에 특정후견을 종료해야 하는 경우도 있을 수 있으며, 특정후견인의 사무처리 완료 내지 대리권 소멸시점 등을 둘러싼 분쟁이 생길 가능성도 있으므로 특정후견에 대해서도 종료심판 규정을 두는 것이 효과적일 것이다.

5. 임의후견제도의 도입

1) 후견계약의 이용대상 및 유형

후견계약은 질병, 장애, 노령, 그 밖의 사유로 인한 정신적 제약으로 사무를 처리할 능력이 부족한 상황이거나 그런 상황에 대비하고자 하는 사람이 스스로 후견인과 후견의 내용을 정하여 이용할 수 있는 임의후견제도이다(제959조의 14).

이용대상에 관한 후견계약의 규정 형식은 한정후견과 상당부분 유사하다. 그러나 한정후견이 '지속적'인 정신적 제약을 가진 사람에

개정 민법 제959조의14 (신설)

제959조의14 후견계약의 의의와 체결방법 등

① 후견계약은 질병, 장애, 노령, 그 밖의 사유로 인한 정신적 제약으로 사무를 처리할 능력이 부족한 상황에 있거나 부족하게 될 상황에 대비하여 자신의 재산관리 및 신상보호에 관한 사무의 전부 또는 일부를 다른 자에게 위탁하고 그 위탁사무에 관하여 대리권을 수여하는 것을 내용으로 한다.

② 후견계약은 공정증서로 체결하여야 한다.

③ 후견계약은 가정법원이 임의후견감독인을 선임한 때부터 효력이 발생한다.

④ 가정법원, 임의후견인, 임의후견감독인 등은 후견계약을 이행·운영할 때 본인의 의사를 최대한 존중하여야 한다.

대한 계속적 보호장치인 반면, 후견계약은 이와 같은 지속성을 전제하지 않는다. 따라서 정신적 제약이 일시적이거나 오래 지속되지 않는 사람도 후견의 기간과 내용을 자유롭게 정하여 후견계약을 이용할 수 있다. 이러한 후견계약의 다양성과 탄력성 때문에 후견계약 이용자가 지닌 정신적 제약과 한정후견·특정후견 이용자가 지닌 정신적 제약의 정도를 명확하게 비교하기는 어렵다. 체결하고자 하는 계약의 내용을 충분히 이해하고 대등한 위치에서 계약을 맺을 정도의 의사능력만 있으면 누구든 후견계약을 이용할 수 있다. 다만, 정신적 제약이 크면 클수록 후견계약의 체결 및 발효단계에서 본인의 의사확인 및 계약내용의 심사를 보다 엄격하게 해야 할 것이다.

후견계약은 그 발효시점에 따라 '현재형 후견계약'과 '미래형 후견계약'으로 나눌 수 있다. 현재형 후견계약은 현재 판단능력이 부족한 사람이 당장 후견계약을 체결·발효시켜 임의후견인의 도움을 얻는 것이다. 미래형 후견계약은 향후 자신의 판단능력이 악화될 경우에 대비하여 후견계약만 미리 체결하는 것을 말한다. 말 그대로를 해석하면 미래형 후견계약은 현재 판단능력이 부족하지 않은 사람만 이용할 수 있는 것처럼 보일 수도 있으나, 앞에서 얘기한 것처럼 체결하고자 하는 계약을 충분히 이해할 수 있다면 현재 판단능력이 부족한 사람도 미래형 후견계약을 체결할 수 있다. 결국 현재형 후견계약과 미래형 후견계약을 구분하는 것은 후견계약 체결 당시 본인의 정신적 제약의 경중이 아니라 후견계약의 발효시점을 현재와 미래 중 어디로 정했는지에 달려 있다.

2) 후견계약의 체결 및 등기

후견계약의 내용은 피후견인의 재산관리 내지 신상보호에 관한 사무의 전부 또는 일부를 타인에게 위탁하고 그 위탁사무에 관하여 '대리권'을 수여하는 것이다(제 959조의 14 제 1항). 재산관리 또는 신상보호에 관한 사무를 어느 정도 위탁하고 대리권을 수여할 것인지는 후견계약 당사자의 의사에 달려 있다.

그런데 개정 민법 제 959조의 14 제 3항은 '후견계약은 가정법원이 임의후견감독인을 선임한 때부터 효력이 발생한다'고 규정하여 계약의 발효시기에 관하여 특칙을 둔다. 그렇다면 임의후견감독인이 선임되기 전까지 임의후견인으로서의 온전한 지위와 권한을 갖는다고 할 수 없다 할 것이므로, 후견계약의 상대방을 임의후견감독인이 선임되기 전까지는 "임의후견수임인", 임의후견감독인 선임 이후에는 "임의후견인"이라고 부르는 것이 타당하다.

개정 민법은 임의후견수임인 내지 임의후견인의 자격에 대해서 아무런 규정을 두고 있지 않다. 이와 관련하여 제 930조 제 3항에서 "법인도 성년후견인이 될 수 있다"고 규정한 후 한정후견과 특정후견에서 위 법조항을 인용하고 있으나 후견계약에서는 법인후견인과 관련하여 아무런 규정을 두고 있지 않아 법정후견에 있어서만 법인후견인이 가능하다는 견해가 있다. 하지만 이는 후견계약의 본질을 오해한 것이다. 후견계약 체결은 위임계약으로서 '사적 자치'에 따른다. '사적 자치'란 "개인의 신분이나 재산에 관한 사법관계를 각자의 자유로운 의사에 따라 하는 원칙"을 뜻하는 법적 개념이다. 따라서 누구든지 임의후견수임인 내지 임의후견인이 될 수 있으며, 복수 또는 법인의 선임도 가능하다. 다만, 개정 민법은 가정법원이 부적절한 임의후견수임인에 대해서는 임의후견감독인 선임을 거부함으로써 임의후견인의 직무수행을 간접적으로 제한할 수 있도록 한다.

임의후견인은 계약내용에 따라 법정후견인 이상의 강력한 권한을 가지면서 피후견인의 재산과 신상에 막대한 영향을 끼칠 수 있다. 그럼에도 불구하고 후견계약이 체결되는 과정은 '사적 자치'에 맡겨져 있기 때문에 계약의 '공정성'과 '완전성'을 담보하기 어렵다. 그래서 개정 민법은 '공정증서'에 의해서만 후견계약을 체결할 수 있도록 하였다(제 959조의 14 제 2항). 여기서 '공정증서'란 "공증인이 당사자나 그 밖의 관계인의 촉탁(부탁해서 일을 맡김)에 따라서 법률행위 및 사적 권리에 관하여 작성한 증서"로서 공증인법에 그 작성자격과 절차가 엄격히 정해져 있으며, 위 요건을 갖추지 않으면 효력을 갖지 못한다.

개정 민법에서는 공정증서로 체결된 후견계약은 반드시 등기가 되어야 한다고 명시한다(제 959조의 15 제 1항). 이는 후견계약이 체결된 다음 계약이 수정·파기되거나 위조·변조될 가능성이 있으므로 후견계약의 체결·존속에 관한 사항을 객관적으로 쉽게 확인할 수 있도록 하고 계약의 완전성을 확보하기 위한 것이다.

개정 민법 제959조의15 (신설)

제959조의15 임의후견감독인의 선임

① 가정법원은 후견계약이 등기되어 있고, 본인이 사무를 처리할 능력이 부족한 상황에 있다고 인정할 때에는 본인, 배우자, 4촌 이내의 친족, 임의후견인, 검사 또는 지방자치단체의 장의 청구에 의하여 임의후견감독인을 선임한다.

② 제1항의 경우 본인이 아닌 자의 청구에 의하여 가정법원이 임의후견감독인을 선임할 때에는 미리 본인의 동의를 받아야 한다. 다만, 본인이 의사를 표시할 수 없는 때에는 그러하지 아니하다.

③ 가정법원은 임의후견감독인이 없게 된 경우에는 직권으로 또는 본인, 친족, 임의후견인, 검사 또는 지방자치단체의 장의 청구에 의하여 임의후견감독인을 선임한다.

④ 가정법원은 임의후견임감독인이 선임된 경우에도 필요하다고 인정하면 직권으로 또는 제3항의 청구권자의 청구에 의하여 임의후견감독인을 추가로 선임할 수 있다.

⑤ 임의후견감독인에 대하여는 제940조의5를 준용한다.

3) 임의후견감독인의 선임 및 직무

(1) 임의후견감독인의 선임

후견계약은 가정법원이 임의후견감독인을 선임한 때부터 효력이 발생한다(제959조의14 제3항). 후견계약이 '위임'과 결정적으로 다른 점은 후견계약의 발효 및 이행과 관련하여 국가기관이 관여한다는 것이다. 임의후견인에 대한 가장 강력하고 직접적인 통제는 가정법원의 직접 감독이지만, 인력과 예산이 충분하지 않은 상태에서 가정법원이 모든 임의후견인을 직접 관리감독하는 것은 현실적으로 어렵기 때문에 개정 민법은 가정법원이 임의후견감독인을 선임하여 간접적으로 임의후견인을 감독하도록 하였다.

① 청구권자

법정후견 심판과 마찬가지로 임의후견 심판도 원칙적으로 본인의 편의성과 권익을 위해서 그의 주소지 가정법원에서 관할하는 것이 바람직하다.

임의후견감독인의 선임은 본인, 배우자, 4촌 이내의 친족, 임의후견인, 검사 또는 지방자치단체장이 청구할 수 있다(제959조의15 제1항). 법정후견에서와 마찬가지로 본인은 의사능력이 있는 한 행위능력 유무와 관계없이 단독으로 임의후견감독인을 청구할 수 있다. 법조문상 "임의후견인"은 임의후견수임인(임의후견감독인이 선임되지 않은 상태의 임의후견인)을 의미하는데, 위 청구권자들 중 가장 중요한 역할을 하게 될 것이다. 왜냐하면 임의후견개시를 청구할 즈음에는 이미 본인의 정신능력이 상당히 저하된 상태여서, 후견계약의 내용을 가장 잘 알고 있으며 본인의 정신상태를 주의 깊게 살펴온 임의후견수임인이 임의후견감독인의 선임을 청구해야 할 경우가 많기 때문이다. 더욱이 임의후견 수임인은 위임계약상 '선관주의 의무', 즉 선량한 관리자로서의 의무에 따라, 제때 임의후견감독인 선임을 청구할 의무가 있다. 하지만 임의후견 수임인이 위 의무를 게을리할 수도 있으므로 법정후견에서와 마찬가지로 다른 청구권자들도 함께 규정하고 있는 것이다.

임의후견감독인 선임청구와 관련된 가장 큰 문제는 본인이나 주변인에 의한 청구가 어려운 상황에서 임의후견수임인마저 임의후견개시 절차를 밟지 않는 경우, 보호의 공백이 생긴다는 것이다. 예컨대, 무연고자인 본인이 의사무능력 상태에 이르렀음에도 임의후견수임인이 피후견인의 건강상태를 파악하지 못하고 있거나 일부러 임의후견감독인의 선임청구를 게을리하는 경우를 생각할 수 있다. 이러한 경우에는 본인의 상태가 외부로 알려지지 않기 때문에 검사나 지방자치단체장의 청구도 어려울 가능성이 크다. 특히 후견계약이 발효되기 전에 별도의 위임계약을 통해 임의후견수임인에게 광범위한 대리권을 수여한 경우, 수임인은 임의후견개시의 필요성을 별로 느끼지 못하고 오히려 임의후견감독인의 감독을 회피하기 위하여 고의로 임의후견감독인 선임청구를 지연시킬 수도 있다. 따라서 향후 민법 개정 시에는 위와 같은 부작용을 방지하기 위하여 수임인의 '선관주의 의무'를 적용하는 데 그치지 말고, 임의후견수임인이 피임의후견인의 정신상태를 확인하여 제때 임의후견인 선임을 청구할 의무를 부과하는 구체적인 규정을 두는 것이 바람직하다. 또한 독일 민법에서처럼 후견계약과 관련된 서면이나 자료를 소지한 사람이 후견계약이 발효될 사정이 생긴 것을 알게 되면 즉시 가정법원에 이를 제출하도록 하는 한편, 가정법원이 위의 자료제출을 요구할 수 있는 근거를 마련하는 것도 효과적일 것이다.

② 임의후견감독인 선임

가정법원은 후견계약이 등기되어 있고, 본인이 사무를 처리할 능력이 부족한 상황에 있다고 인정할 때 위 청구에 의하여 임의후견감독인을 선임한다(제 959조의 15 제 1항).

임의후견감독인을 선임하기 위해서는 임의후견의 기초가 되는 후견계약이 반드시 등기되어 있어야 한다. 이는 후견계약의 공정성과 완전성을 확보하고, 가정법원이 임의후견수임인의 동일성, 후견계약의 내용과 존속여부 등을 간편하고 정확하게 확인할 수 있도록 하기 위함이다.

임의후견감독인을 선임하기 위해서는 정신적 제약으로 인해서 피임의후견인 본인의 사무처리 능력이 부족한 상황에 있어야 한다. 후견계약은 모든 후견유형 중 가장 융통성이 있고, 다양한 형태를 취할 수 있기 때문에 이용자들이 가지는 정신능력의 폭도 가장 광범위하다. 결국 피임의후견인 본인의 정신상태, 후견계약의 내용 등 제반사정을 종합적으로 고려하여 임의후견감독인 선임의 요건이 충족되는지 여부를 판단할 수밖에 없을 것이다.

한편, 당사자의 정신능력을 평가하기 위하여 정신감정이 필요한 경우도 있다. 임의후견의 경우 행위능력의 제한을 수반하지 않으며 원칙적으로 본인의 동의를 전제로 하기 때문에 정신감정의 필요성이 적다고 생각할 수도 있으나, 후견계약을 통해서 임의후견인에게 성년후견인 이상의 강력한 권한이 부여될 수도 있고 본인의 의사확인 없이 절차가 진행되는 예외적 상황도 있으므로 정신감정의 필요 여부를 획일적으로 판단하기는 힘들다. 이 역시 피임의후견인 본인의 정신상태와 후견계약의 내용 등을 종합하여 판단해야 할 것이다. 다만, 후견계약을 통해서 임의후견인에게 수여하는 권한의 정도가 낮거나 본인의 의사확인이 용이할수록 정신감정을 생략할 가능성도 높아질 것이다.

본인이 아닌 사람의 청구에 의하여 가정법원이 임의후견감독인을 선임할 때에는 본인의 동의를 반드시 받아야 한다. 임의후견의 본질은 본인의 의사에 기초한 후견이므로 그 효력발생도 본인의 의사에 구속되기 때문이다(제 959조의 15 제 2항). 하지만 식물인간 상태에 있는 등의 사정으로 본인의 동의 여부를 확인할 수 없더라도 후견계약의 내용 및 제반사정에 비추어볼 때 임의후견의 개시가 매우 필요한 경우도 있으므로, 본인이 의사를 표시할 수 없는 때에는 본인동의 절차를 생략할 수 있는 예외를 마련하였다(제 959조의 15 제 2항 단서). 본인의 의사를 확인하기 위하여 가급적 대면진술을 청취하는 것이 바람직하다는 점은 법정후견에서와 마찬가지이다. 그 밖에도 가정법원은 후견계약을 이행·운영할 때 본인의 의사를 최대한 존중해야 한다(제 959조의 14 제 4항).

개정 민법 제959조의16 (신설)
제959조의16 임의후견감독인의 직무 등 ① 임의후견감독인은 임의후견인의 사무를 감독하며 그 사무에 관하여 가정법원에 정기적으로 보고하여야 한다. ② 가정법원은 필요하다고 인정하면 임의후견감독인에게 감독사무에 관한 보고를 요구할 수 있고 임의후견인의 사무 또는 본인의 재산상황에 대한 조사를 명하거나 그 밖에 임의후견감독인의 직무에 관하여 필요한 처분을 명할 수 있다. ③ 임의후견감독인에 대하여는 제940조의6 제2항·제3항, 제940조의7 및 제953조를 준용한다.

개정 민법이 임의후견 수임인 내지 임의후견인의 자격에 대해서는 아무런 규정을 두지 않은 것과 달리 임의후견감독인의 자격에 대해서는 따로 규정을 둔다. 임의후견수임인 혹은 임의후견인이 '사적 자치'에 의해서 정해지는 것과는 달리 임의후견감독인은 가정법원이 선임하기 때문이다. 먼저 법정후견감독인과 마찬가지로 전문성과 공정성을 강화하기 위해서 복수·법인의 임의후견감독인도 선임할 수 있도록 하였다(제959조의 16 제3항, 제940조의 7, 제930조 제2항·3항).

또한 임의후견감독인이 선임된 경우에도 효율적인 감독업무 수행을 위하여 필요한 경우 가정법원은 본인, 친족, 임의후견인, 검사 또는 지방자치단체장의 청구에 의하거나 직권으로 임의후견감독인을 추가로 선임할 수 있다(제959조의 15 제4항).

법정후견인의 결격사유는 임의후견감독인에 대해서도 그대로 적용된다(제959조의 16 제3항, 제940조의 7, 제937조). 또한 공정한 후견감독을 위하여 제779조에 따른 임의후견인의 가족은 임의후견감독인이 될 수 없다(제959조의 15 제5항, 제940조의 5).

가정법원은 후견계약을 이행·운영하는 모든 단계에서 본인의 의사를 최대한 존중해야 한다(제959조의 14 제4항). 임의후견감독인을 선임할 때에도 본인의 의사를 존중해야 하며, 그 밖에 본인의 건강·생활관계·재산상황, 임의후견감독인이 될 사람의 직업·경험·본인과의 이해관계 유무(법인이 임의후견감독인이 될 때에는 사업의 종류와 내용, 법인이나 그 대표자와 본인 사이의 이해관계 유무) 등의 사정도 고려해야 한다(제 959조의 16 제 3항, 제 940조의 7, 제 936조 제 4항).

③ 임의후견감독인 선임의 제한

임의후견감독인 선임을 위한 이상의 요건이 충족되는 경우에도 임의후견수임인에게 제 937조에 해당하는 결격사유가 있거나 현저한 비행을 한 전력이 있는 등 임무수행에 적합하지 않은 사유가 있다면 가정법원은 임의후견감독인을 선임하지 않는다(제 959조의 17 제 1항). 위와 같은 사유를 임의후견 수임인 내지 임의후견인의 결격사유로 삼는 것은 '사적 자치'에 반하기 때문에, 본인 보호를 위하여 임의후견감독인을 선임하지 아니함으로써 후견계약의 발효를 간접적으로 차단할 수 있도록 한 것이다.

만약 임의후견감독인이 선임된 이후 임의후견인이 현저한 비행을 하거나 그 밖에 그 임무에 적합하지 아니한 사유가 있게 된 경우에는

개정 민법 제 959조의 17 (신설)

제 959조의 17 임의후견개시의 제한 등

① 임의후견인이 제 937조 각 호에 해당하는 자 또는 그 밖에 현저한 비행을 하거나 후견계약에서 정한 임무에 적합하지 아니한 사유가 있는 자인 경우에는 가정법원은 임의후견감독인을 선임하지 아니한다.

② 임의후견감독인을 선임한 이후 임의후견인이 현저한 비행을 하거나 그 밖에 그 임무에 적합하지 아니한 사유가 있게 된 경우에는 가정법원은 임의후견감독인, 본인, 친족, 검사 또는 지방자치단체의 장의 청구에 의하여 임의후견인을 해임할 수 있다.

가정법원이 임의후견감독인, 본인, 친족, 검사 또는 지방자치단체장의 청구에 의하여 임의후견인을 해임할 수 있다(제 959조의 17 제 2항).

(2) 임의후견감독인 선임의 효과

임의후견감독인을 선임하면 후견계약이 발효됨으로써 임의후견이 개시된다. 따라서 임의후견 수임인의 지위는 임의후견인으로 전환되며, 후견계약에서 정한 권한과 의무에 따라 직무를 수행하게 된다. 임의후견이 개시되더라도 피후견인의 행위능력은 제한되지 않으며, 피후견인은 여전히 확실하게 유효한 법률행위를 독자적으로 할 수 있다.

(3) 임의후견감독인의 직무

임의후견감독인의 직무는 가정법원의 관리감독을 대신하여 임의후견인의 사무를 감독하는 데 있는 만큼 그 사무에 관하여 가정법원에 정기적으로 보고해야 한다(제 959조의 16 제 1항). 임의후견감독인의 직무에 대해서는 법정후견 감독인에 관한 규정을 많이 준용하고 있다. 먼저 임의후견감독인은 언제든지 임의후견인에게 그의 임무수행에 관한 보고와 재산목록의 제출을 요구하고 피임의후견인의 재산상황을 조사할 수 있다(제 959조의 16 제 3항, 제 953조). 이와 관련해서 가정법원도 필요할 경우 임의후견감독인에게 감독사무에 관한 보고를 요구하고, 임의후견인의 사무 또는 본인의 재산상황에 대한 조사를 명하거나 그 밖에 임의후견감독인의 직무에 관하여 필요한 처분을 명할 수 있다(제 959조의 16 제 2항).

또한 피임의후견인의 신상이나 재산에 대하여 급박한 사정이 있는 경우에는 그의 보호를 위하여 필요한 행위 또는 처분을 할 수 있으며, 임의후견인과 피임의후견인 사이에 이해가 상반되는 행위에 관하여는 피임의후견인을 대리한다(제 959조의 16 제 3항, 제 940조의 6 제 2항 · 제 3항).

참고로 임의후견인의 직무는 후견계약에서 당사자의 의사에 따라 정해지기 때문에 개정 민법은 후견계약을 이행 · 운영할 때 본인의 의사를 최대한 존중해야 한다는 일반 규정 외에는 임의후견인에 대해서 자세한 규정을 두고 있지 않다(제 959조의 14 제 4항).

그 밖에 임의후견감독인에 대해서는 위임 및 법정후견인에 관한 규정 중 수임인의 '선관의무', 위임종료 시 '긴급처리' 및 '대항요건', 피후견인의 신상결정, 여러 명의 후견인의 권한 행사, 후견인의 보수와 사무비용 등이 그대로 준용된다(제 959조의 16 제 2항, 제 940조의 7, 제 681조, 제 691조, 제 692조, 제 947조의 2 제 3항 내지 제 5항, 제 949조의 2, 제 955조, 제 955조의 2).

개정 민법은 법정후견 감독인의 직무에 관한 규정 중 후견인 부재 시 새로운 후견인 선임을 청구하도록 하는 제 940조의 6 제 1항은 준용 대상에서 제외하고 있는데, 이는 본인이 직접 후견인을 지정해야 하는 임의후견의 특성 때문이다. 이 경우 임의후견감독인은 법정후견개시 심판을 청구함으로써 보호의 공백이 생기지 않도록 할 수 있다(제 959조의 20 제 1항).

마지막으로 임의후견감독인은 후견계약을 이행 · 운영하는 모든 단계에서 본인의 의사를 최대한 존중해야 하는바(제 959조의 14 제 4항), 위의 모든 직무 수행 시에 본인의 의사존중 의무가 부과됨을 명심해야 한다.

(4) 임의후견감독인의 사임 및 변경

임의후견감독인의 사임 및 변경에 대해서는 법정후견인에 관한 규정을 준용한다. 즉, 임의후견감독인이 더 이상 직무수행이 어려울 정당한 사유가 있는 경우 가정법원의 허가를 얻어 사임할 수 있으며, 이 경우 사임청구와 동시에 가정법원에 새로운 임의후견감독인의 선임을 청구해야 한다(제 959조의 16 제 3항, 제 940조의 7, 제 939조).

사망 등으로 임의후견감독인이 없게 된 경우 가정법원은 본인, 친족, 임의후견인, 검사, 지방자치단체장의 청구에 의하거나 직권으로 새로 임의후견감독인을 선임한다(제 959조의 15 제 3항). 임의후견감독인은 존재하지만, 피임의후견인의 복리를 위하여 임의후견감독인을 변경할 필요가 있는 경우에는 피임의후견인, 친족, 임의후견인, 검사, 지방자치단체장의 청구에 의하거나 직권에 의하여 임의후견감독인을 변경할 수 있다(제 959조의 16 제 3항, 제 940조의 7, 제 940조).

4) 후견계약의 종료

임의후견감독인이 선임되지 않아 아직 후견계약이 발효되지 않은 경우에는 본인 또는 임의후견수임인은 언제든지 공증인의 인증을 받은 서면으로 후견계약의 의사표시를 철회할 수 있다(제 959조의 18 제 1항). 임의후견감독인이 선임되기 전까지는 후견계약의 본질인 위임 계약의 법리에 따라 자유롭게 해지할 수 있도록 한 것이다(제 689조 제 1항). 그러나 만약 부득이한 사유 없이 상대방의 불리한 시기에 후견계약을 해지한 때에는 그로 인한 손해를 배상해야 한다(제 689조 제 2항).

개정 민법 제689조(개정 전과 같음)

제689조 위임의 상호해지의 자유

① 위임계약은 각 당사자가 언제든지 해지할 수 있다.

② 당사자일방이 부득이한 사유 없이 상대방의 불리한 시기에 계약을 해지한 때에는 그 손해를 배상하여야 한다.

개정 민법 제959조의18(신설)

제959조의18 후견계약의 종료

① 임의후견감독인의 선임 전에는 본인 또는 임의후견인은 언제든지 공증인의 인증을 받은 서면으로 후견계약의 의사표시를 철회할 수 있다.

② 임의후견감독인의 선임 이후에는 본인 또는 임의후견인은 정당한 사유가 있는 때에만 가정법원의 허가를 받아 후견계약을 종료할 수 있다.

임의후견감독인이 선임된 이후에는 본인 또는 임의후견인은 정당한 사유가 있는 때에만 가정법원의 허가를 받아 후견계약을 종료할 수 있다(제959조의18 제2항). 임의후견감독인이 선임되었다는 것은 피후견인의 판단능력이 저하되었음을 의미하기 때문에 위임의 일반원리에 의하여 쉽게 후견계약을 소멸시킬 경우 피임의후견인의 권익을 침해할 수 있기 때문이다. 그런데 임의후견감독인의 선임 전에 본인의 정신능력이 악화된 경우가 있을 수 있다. 이때에는 제959조의18 제1항을 적용하여 임의후견 수임인이 자유롭게 후견계약을 해지할 수 있도록 한다면 본인의 권익을 해칠 수 있다. 따라서 향후 위와 같은 경우에도 정당한 사유가 있는 때에만 후견계약을 해지할 수 있도록 관련규정을 개정하는 것이 바람직할 것이다.

그 밖에 임의후견감독인이 선임된 이후 임의후견인이 현저한 비행 등을 이유로 해임되거나 피임의후견인에 대해서 법정후견개시 심판이 이루어진 경우에도 임의후견은 종료된다(제959조의17 제2항,

제 959조의 20 제 1항). 후견계약과 관련해서 별도의 규정은 없으나, 위임계약의 법리에 따라 당사자 일방이 사망하거나 임의후견수임인 내지 임의후견인이 파산하거나 성년후견개시 심판을 받은 경우에도 민법 제 690조에 따라 후견계약이 종료된다고 해석해야 한다.

임의후견인의 대리권 소멸은 등기하지 아니하면 선의의 제 3자에게 대항할 수 없다(제 959조의 19). 이처럼 제 3자에게 법적 소송을 걸지 못하거나, 건다 해도 이기지 못하는 것을 법률용어로 '대항요건'이라 하는데, 임의후견인을 통해 거래하는 상대방은 대리권 소멸이 등기되어 있지 않은 이상 그 사실을 알기 어려우므로 거래의 안전을 위해서 등기를 '대항요건'으로 한 것이다. 법률용어로 선의의

개정 민법 제 690조 (개정 전과 같음)

제 690조 사망 · 파산 등과 위임의 종료

위임은 당사자 한쪽의 사망이나 파산으로 종료된다. 수임인이 성년후견개시의 심판을 받은 경우에도 이와 같다.

개정 민법 제 959조의 20 (신설)

제 959조의 20 후견계약과 성년후견 · 한정후견 · 특정후견의 관계

① 후견계약이 등기되어 있는 경우에는 가정법원은 본인의 이익을 위하여 특별히 필요할 때에만 임의후견인 또는 임의후견감독인의 청구에 의하여 성년후견, 한정후견 또는 특정후견의 심판을 할 수 있다. 이 경우 후견계약은 본인이 성년후견 또는 한정후견 개시의 심판을 받은 때 종료된다.

② 본인이 피성년후견인, 피한정후견인 또는 피특정후견인인 경우에 가정법원은 임의후견감독인을 선임함에 있어서 종전의 성년후견, 한정후견 또는 특정후견의 종료 심판을 하여야 한다. 다만, 성년후견 또는 한정후견 조치의 계속이 본인의 이익을 위하여 특별히 필요하다고 인정하면 가정법원은 임의후견감독인을 선임하지 아니한다.

개정 민법 제 959조의 19 (신설)

제 959조의 19 임의후견인의 대리권 소멸과 제 3자와의 관계

임의후견인의 대리권 소멸은 등기하지 아니하면 선의의 제 3자에게 대항할 수 없다.

제3자라고 표현하는 것을 종종 볼 수 있는데, 이때의 선의는 착하다는 의미가 아니라 대리권 소멸사실을 모르는 제3자라는 의미이다. 따라서 법문에서도 '이 사실을 모르는 제3자'라고 표현하면 알기 쉬울 텐데, 왜 아직도 이런 상식과 다른 그들만의 용어를 애용하고 있는 것인지 필자는 의문이다.

5) 법정후견과의 관계

후견계약이 등기되어 있는 경우 가정법원은 본인의 이익을 위하여 특별히 필요할 때에만 임의후견인 또는 임의후견감독인의 청구에 의하여 성년후견, 한정후견 또는 특정후견의 심판을 할 수 있다(제959조의20 제1항). 후견계약을 체결하여 등기를 마쳤다는 사실은 법정후견보다 임의후견을 이용하겠다는 강한 의지를 나타내므로 쉽게 법정후견으로 넘어갈 수 있도록 할 경우 본인의 의사와 후견의 보충성에 거스른다. 따라서 이는 본인의 이익을 위하여 특별히 필요할 경우에만 가정법원이 법정후견을 개시할 수 있도록 한 것으로 이해할 수 있다. 여기서 '본인의 이익을 위하여 특별히 필요한 때'란 임의후견만으로는 보호의 공백이 생길 수 있어 법정후견을 이용해야 하는 상황을 말한다. 예를 들면, 후견계약체결 시 예상했던 것보다 훨씬 더 정신상태가 악화되어 후견계약의 내용만으로는 보호가 불충분한 경우 등이 해당된다. 제959조의20 제1항에서는 본인을 청구권자로 명시하지 않았으나 법정후견개시 심판에 관한 개별조문에서는 본인을 청구권자로 명시하고 있는바(제9조 제1항, 제12조 제1항, 제14조의2 제1항), 후견계약의 본인도 의사능력이 있는 한 제959조의20 제1항의 청구를 할 수 있다고 해석할 수 있다.

위 청구에 의해서 본인이 성년후견 또는 한정후견 개시 심판을 받은 경우 후견계약이 종료된다(제 959조의 20 제 1항 후문). 개정 민법은 특정후견의 개시를 후견계약의 종료 사유로 삼지 않고 있는데, 이는 특정후견의 범위가 제한적이어서 임의후견과 병행하더라도 법률관계가 크게 복잡하지 않으리라는 판단을 반영한 듯하다. 반면, 개정 민법은 성년후견이나 한정후견이 개시될 경우 반드시 후견계약을 종료하도록 하였다.

반대로 성년후견 · 한정후견 · 특정후견을 받고 있는 사람에 대해서 가정법원이 임의후견을 개시할 경우에는 종전의 법정후견을 종료해야 한다(제 959조의 20 제 2항). 그런데 임의후견을 받고 있는 사람에 대해서 특정후견을 개시할 때에는 임의후견을 종료할 필요가 없다(제 959조의 20 제 1항). 만약 기존의 성년후견이나 한정후견을 계속하는 것이 본인의 이익을 위하여 특별히 필요하다고 인정될 경우에는 가정법원이 임의후견감독인을 선임하지 않는다(제 959조의 20 제 2항 단서). 가급적 본인의 의사에 의한 임의후견을 법정후견보다 우선하는 것이 바람직하기 때문에 본인 보호를 위하여 특별히 필요한 경우에만 임의후견의 개시를 저지할 수 있도록 한 것이다. 제한적 보호장치인 특정후견의 계속을 위해 임의후견의 개시를 저지해야 할 경우는 거의 없기 때문에 이에 대한 규정을 따로 두지 않은 것으로 보인다.

외국의 성년후견제

제 5 장

우리보다 한발 앞서 성년후견제도를 실시한 국가로는 일본, 독일, 프랑스, 영국, 미국 등이 있다. 이들 나라의 성년후견제도의 도입 과정 및 내용에 대하여 살펴보고자 한다.

1. 일본

일본은 1995년에 성년후견제도 입법에 대한 논의를 시작하여 1999년에 제도를 도입하였다. 이로써 민법뿐만 아니라 임의후견계약을 위한 법률, 민법의 일부를 개정하여 시행하는 데 필요한 관계 법률의 정비 등에 관한 법률, 후견등기 등에 관한 법률 등 총 4개의 법률이 제·개정되었다.

일본의 성년후견은 민법에 후견, 보좌, 보조 3가지 유형의 법정후견을 규정하고, 임의후견계약을 위한 법률에서 임의후견제도를 규정하고 있다.

2000년 4월부터 새로운 성년후견제도가 시행된 이후 제도와 긴밀히 연관되는 변호사, 법무사, 사회복지사의 각 단체가 전문적 후견인 및 단체로서 다방면에서 활동하고 있다. 대표적으로 법무사회 사단법인 성년후견센터 '리걸 서포트', 도쿄변호사회 노인·장애인 종합지원센터 '오아시스', 오사카변호사회 노인·장애인 종합지원센터 '해바라기', 사회복지사 권리옹호센터 '파트너' 등이 있다. 이러한 단체는 전문적 후견인 단체로서, 후견인의 윤리 관념을 함양하고 제도의 기본적 이념인 정상화(*normalization*), 자기결정의 존중, 신상보호 등을 도모하기 위해서 지속적인 연수사업과 연구지원을 하고 있다. 또한 변호사, 사회복지사 등의 각 전문가들이 성년후견기관과 상호연대하거나 전문적 후견인 단체를 직접 구성하여 후견업무를 수행한다.

전문직 후견인 이외에 대부분 피후견인의 친족이 후견인이 되는 경우가 많은데, 이들은 스스로의 생업활동 등으로 적정한 후견사무를 수행하는 데 한계가 있다. 하지만 그렇다고 전문적 후견인으로만 후견업무를 담당하기에는 당장 준비된 인력이 부족하다고 한다. 그래서 대학 및 지역단체 등에서 전문직도 친족도 아닌 일반시민을 선출하여 담당자로 양성하는 시민후견인 제도가 전국적으로 활성화되고 있다.

전문적 후견인단체의 경우, 전문적 후견인으로서 직업의 전문성을 강화하는 한편, 정기적인 연수 및 윤리연수를 실시하고 부족한 지식을 보완하여 피후견인에게 적정한 후견을 할 수 있도록 노력하고 있다. 또한 기초연수 등을 통하여 새로운 후견인 및 후견감독인 담당자 양성에도 힘을 쏟고 있다. 이러한 단체는 후견인 후보자 명부 등록제를 실시한다. 이를 통하여 전문적 후견인 인력풀(*pool*)이 마련되어, 일정요건을 충족한 '적격의' 후견인 후보자를 가정법원에 추천할 수 있다.

이 밖에도 성년후견제도의 보급 활성화를 위한 사업을 활발하게 추진하고 있다. 친족을 위한 성년후견인 양성 강좌사업, 전문적 후견인 양성 강좌사업, 노인·장애인 상담사업, 서적 등 출판사업, 성년후견제도 발전을 위한 조사연구사업, 성년후견제도 홍보 및 보급 촉진사업, 지역연대촉진사업 등 다양한 사업을 실시하고 있다.

한편 일반 후견인단체에서는 주로 시민후견인의 양성을 지원하고 있다. 시민후견인 응모자 가운데 심사를 거쳐 연수대상자를 선정한 다음, 선정된 시민은 법률과 복지, 후견업무, 실습과 관련한 장기간의 연수를 거쳐 적어도 1년 이상의 후견인 인턴과정을 밟는다. 가정법원에서 시민후견인의 선임이 필요할 경우 전문적 후견단체에 후보자 추천을 의뢰하고, 후견단체는 후보자를 결정하여 가정법원에 추천한다. 시민후견인은 주로 지자체장이 신청한 사안을 담당하고, 재산 및 수입이 적고 신상감호가 어렵지 않은 시설입소자 및 시설입소 가능자, 복잡한 법률관계나 분쟁이 없는 사안의 후견을 수임한다.

공익 및 비영리 후견인 단체에서는 주로 ① 친족이나 연고자가 없고 재산·경제력이 없는 피후견인, ② 전혀 교류가 없거나 관여를 원치 않는 친족을 가진 피후견인 또는 친족에 의해 학대 및 연금박탈을 당할 위험에 직면한 피후견인, ③ 재산 및 신상감호와 관련한 친족 간의 분쟁이 발생한 피후견인, ④ 피후견인이나 그 친족 중에 정신적으로 취약한 사람이 있고 미래에도 보호가 필요하다고 여겨지는 피후견인을 담당한다. 주로 지자체장이 후견인 수임 신청자 역할을 하는데, 여러 건의 채무가 있거나 혼자 사는 치매노인, 낭비가 심한 정신장애인 등 어려운 상황에 처한 피후견인에 대한 신청이 대부분이다.

민법상 가정법원이 후견사무의 감독기관이 되어 1차 감독의 주체로서 친족후견인과 전문직 후견인을 감독하는데, 가정법원은 주로 친족후견인을 중점적으로 감독하고, 전문직 후견인에 대해서는 간편한 방식을 채택하여 합리적으로 감독한다.

2001년 12월부터는 공익신탁 성년후견지원기금을 만들어 수임료를 지불할 여건이 안 되는 피후견인의 후견업무를 지속적으로 지원하고 있다. 사단법인 후견센터 리걸 서포트가 위탁자, 미쓰비시신탁은행(현 미쓰비시 UFJ신탁은행)이 수탁자가 된다. 법무사와 임의후견계약을 체결한 위임자에 의해 남겨진 유산이 주요 기부금으로, 일정한 조건을 갖춘 피후견인에게 심사를 거쳐 지원된다. 2010년 181건(2,087만 7,400엔)이 지원되었다.

2. 독일

독일은 1990년에 현행 성년후견제도의 기틀이 되는 성년후견·감호개정법(*Gesetz zur Reform der Vormundschaft und Plflegschaft für Volljährige*)을 제정하여 1992년부터 시행하였다. 민법상 무능력자제도, 후견제도 등을 대폭 개정하여 후견(*Vormundschaft*)과 감호(*Pflegschaft*)를 'Betreuung'이라는 개념으로 통합하였다. 즉, 후견의 유형을 법으로 구분하지 않고 재판부에서 사안별로 후견의 내용을 정하는 일원적 후견제도를 지향하고 있으며, 행위능력을 박탈하지 않는 것을 원칙으로 한다.

행위능력을 박탈하지 않고 일상적 법률행위에 대해 후견인의 동의를 요(要)하지 않도록 함으로써, 거래 상대방은 법률행위의 효력 유무에 신경 쓰지 않고 피후견인과 안심하고 거래할 수 있게 되었다. 또한 필요한 범위에서만 후견인의 도움을 받도록 한 '필요성의 원칙', 다른 법적 보호장치가 없을 때 비로소 후견이 개시될 수 있다는 '보충성의 원칙'을 강조했다.

이러한 새로운 성년후견법의 시행으로 성년후견을 받는 사람이 급증하자 전문적 직업후견인의 자격, 후견인의 보수 등의 문제를 해결하기 위해서 1999년, 2005년 두 차례에 걸쳐 성년후견법이 개정되었다. 또한 2009년의 제3차 개정에서는 피후견인에 대한 의료행위에 관한 구체적인 규정까지 두게 되었다.

독일의 성년후견제도에서 성년후견인이 선임된 것만으로 피후견인의 행위능력이 제한되지 않음은 분명하다. 그러나 피후견인의 신상이나 재산에 대한 현저한 위험을 피하기 위해서 후견인의 사전동의를 뒤로 미룰 수 있기 때문에 사실상 부분적으로는 행위능력의 제한을 가할 수 있다(Betreuung-srecht, 2009).

3. 프랑스

프랑스는 1968년에 민법상 금치산·준금치산제도 대신 새로운 성년후견제도를 도입하였다. 구체적으로는 기존의 금치산(*interdiction*), 준금치산(*quasi-interdiction*) 제도를 후견(*tutelle*), 부조(*curatelle*) 제도로 개선하고 사법보우(司法保佑, *sauvegarde de justice*)를 도입하였는데, 다른 서구국가들이 1980년대 이후부터 비로소 성년후견제도를 본격적으로 제도화한 것에 비하면 한발 앞선 입법이라고 할 수 있다.

그러나 인구 고령화 현상이 더욱 심화되면서 성년후견제도를 필요로 하는 사람은 급증하는 반면 후견법관 등 전문인력은 부족하다는 문제점과, 본인이 사전에 실질적으로 필요한 보호조치를 마련할 수 있는 후견위임계약을 도입할 필요가 있다는 지적이 제기되었다. 그래서 2007년에는 민법전의 "성년 및 법률에 의하여 보호되는 성년자"(*De la majorité et des majeurs protégés par la loi*) 관련 규정이 대폭 정비되었다.

2007년 개정법에서는 성년후견의 기본 틀인 후견, 부조, 사법보우의 형태는 그대로 유지하면서 필요성, 보충성, 비례성의 원칙을 강조하였다. 즉, 보호조치를 개시해야 하는 사유에서 낭비(*prodigalité*), 게으름(*oisiveté*) 등을 배제하였고, 장래보호위임계약 등에 의해서 보호가 불충분할 경우에만 강제성이 강한 보호조치를 선고할 수 있도록 하였으며, 피후견인의 능력부족 정도에 따라 보호의 방식과 내용을 개별적으로 정하도록 규정했다. 피보호자(피후견인)가 원칙적으로 자신의 신상에 관한 사항을 단독으로 정하도록 하고 장래보호위임계약을 신설하는 등 피보호자의 신상(*personne*)에 대한 보호도 강화하였다. 또한 후견관리인 등 전문적으로 후견업무를 담당하는 후견인의 자격과 요건을 통일적으로 규율하기 위하여 성년보호사법수임인(*mandataire judiciaire à la protection des majeurs*)으로 단일화하면서 자격요건을 특별법으로 정하였다. 그리고 후견과 관련된 주체들의 전문성을 제고하기 위하여 후견법관 이외에 검사 등에게도 감독권한을 부여하고 있다(명순구, 2009).

4. 영국·미국

영국은 1983년 법정후견에 해당하는 정신보건법(The Mental Health Act)을 제정하였으나, 탄력성이 없는 경직된 후견이라는 문제를 해결하기 위해서 1985년에 지속적 대리권법(The Enduring Power of Attorney Act, 이하 'EPA')을 제정하였다. 기존의 대리인제도에서는 본인이 무능력자가 되면 대리권도 소멸하였으나, EPA에서는 본인의 판단능력이 소멸하더라도 대리인이 활동할 수 있도록 한 것이다(제철웅 외, 2007). 그런데 EPA의 경우 재산관리만 보호영역으로 할 수 있어 신상보호에 대한 필요성이 계속 제기되었고, 법원의 감독기능이 제대로 작용하지 않는다는 문제점이 지적되었다. 이를 해결하기 위하여 법률위원회(Law Commission)의 장기적인 검토를 거쳐 2005년에 마침내 정신능력법(The Mental Capacity Act)이 제정되기에 이르렀다. 여기서는 재산관리뿐만 아니라 신상보호까지 가능한 영속적 대리권제도(The Lasting Powers of Attorney)를 창설하였다(제철웅, 2007).

미국은 영국을 모델로 하여 후견에 관한 법률을 만들었으며, 후견제도의 뿌리는 이른바 '국친관할권'(*parens patriae*)에서 찾을 수 있다. 즉, 미국의 주(州)가 강력한 후견적 역할을 할 수 있으며, 후견인을 임명하는 것도 주의 권한으로 인식되었다. 1969년 통일 검인법(Uniform Probate Code, 1969)도 국친관할 정신이 반영된 것으로서 피보호자의 수혜와 보호를 강조했고 성년 장애인의 후견인은 미성년자의 부모와 같은 권한과 의무를 지니는 것으로 보았다(한양대학교 법학연구소, 2011).

그러나 이러한 전통적 후견제도가 피보호자의 이익과 권리를 제대로 보호하지 못한다는 비판이 제기됨에 따라 1970년대부터 새로운 접근과 개혁이 시작되었다. 그리하여 1997년 통일후견보호절차법(Uniform Guardianship and Protective Proceedings Act)이 개정되었다. 개정된 통일후견보호절차법은 성년후견제도 개혁목표를 상당부분 구체화하였으며, 성년후견법령을 개혁하려고 하는 주(州)들의 훌륭한 모델이 되었다.

미국의 후견제도는 피후견인의 다양한 필요에 부응하기 위하여 폭넓은 유연성을 갖고 있다. 후견인을 임명하는 과정에서 변호인의 도움을 받을 권리, 고지, 심리행위, 증명의 기준이라는 면에서 피후견인에 대해 법의 적정절차가 구체적으로 보장되고 있다. 또한 피후견인의 '보호'와 '자기결정권의 존중'이라는 민감한 문제의 균형을 맞추는 데 중점을 둔다.

법원이 무능력이라고 인정해야만 후견인을 두게 되는데, 무능력을 인정하는 데에는 비용이나 시간이 많이 소요된다. 무능력 인정으로 인한 낙인효과 등은 완전히 해결하지 못하였으나 이를 해결하기 위하여 가족, 시민옹호자, 대리수령인, 지속적 대리권 등이 부분적으로 후견제도를 대신할 수 있는 제도로 발전하고 있다.

미국의 후견인법상 후견인의 종류에는 신상감호 후견인, 재산후견인, 신상과 재산후견인 크게 3가지가 있다. 신상감호, 재산관리

측면의 분류에 의해서는 '신상후견'과 '재산후견'으로 분류된다. '신상후견'이란 본인을 대신하여 본인의 신상(身上)에 관한 사항에 대한 결정이 후견인에게 위임되는 경우를 말하고, '재산후견'이란 재산에 관한 사항의 결정이 본인을 대신하여 후견인에게 위임되는 경우를 말한다. 후견제도의 중심은 재산후견이었지만, 의료기술의 발달 및 고령화사회 진입으로 미성년자나 지적장애인의 신상에 관하여 후견인이 매우 어려운 판단을 해야 하는 상황이 늘어나면서 신상후견의 중요성이 증가하고 있다.

한편, 필요성의 원칙에 의한 분류로 '완전한 후견'과 '제한된 후견'을 들 수 있다. '완전한 후견'은 후견인이 피후견인의 신상 및 재산에 관해 일반적인 보호와 감독을 행하고 있는 후견을 말한다. 이에 반하여 '제한된 후견'은 후견인이 피후견인의 신상과 재산 중 한 가지만을 보호하거나 신상후견, 재산후견의 구체적인 범위에 제한이 있는 경우를 말한다. 미국에서는 무능력자를 보호하기 위하여 후견제도보다 제한이 덜한 제도를 후견제도의 대안으로서 이용한다.

또한 각 주(州)의 제정법은 자연인을 후견인으로 할 것을 원칙으로 하고 있지만 예외적으로 후견인이 될 사람이 없는 자를 위하여 주(州) 등의 공공기관이나 비영리법인이 보충적으로 후견인이 되어 활동하는 단체후견이 있는데, 전자를 '공후견', 후자를 '비영리법인후견'이라고 한다.

양질의 후견인 양성 방안

일본사례를 중심으로

제 6 장

성년후견제도의 성패를 좌우하는 결정적 요소가 양질의 후견인을 어떻게 확보할 것인지에 관한 문제라는 점은 앞서 살펴보았다. 아무리 후견심판이 공정하게 이루어진다 하더라도 결국 후견업무를 수행하는 것은 후견인의 몫이다. 피후견인의 자기결정권을 존중하고 인간으로서의 존엄과 가치를 지켜내고자 하는 직업윤리(직업적 양심)가 얼마나 중요한지에 대해서도 앞서 살펴본 것과 같다.

일본도 이러한 점에 대하여 깊이 고민하고 우리보다 10여 년 앞서 양질의 후견인 양성을 위해 노력했다. 이러한 일본의 노력은 우리 성년후견제도의 성공적 정착을 위해서도 참고할 만한 가치가 있다. 이런 의미에서 이 장에서는 일본이 양질의 후견인을 어떻게 확보하려 했는지를 살펴보고자 한다.

1. 일본의 성년후견단체[1]

일본의 새로운 성년후견제도는 2000년 4월부터 시행되었다. 이후 전문직 후견인의 역할이 중요하게 대두되었고 변호사, 법무사, 사회복지사가 각 단체를 구성하여 전문직 후견인 역할을 하고 있다.

대표적으로 법무사회 소속 사단법인 성년후견센터 '리걸 서포트', 도쿄 변호사회가 설립한 노인·장애인 종합지원센터 '오아시스', 오사카 변호사회가 설립한 노인·장애인 종합지원센터 '해바라기', 사회복지사회가 설립한 권리옹호센터 '파트너' 등이 있다. 전문직 후견인 단체와 시민후견인 등의 후견인을 양성 및 지원, 감독하는 단체는 다음과 같다.

1) 리걸 서포트

성년후견제 관련 전문직 공익법인으로 1999년 12월에 설립되어 2011년 4월에 공익사단법인이 되었다. 성년후견제도에서의 피후견인은 판단능력이 저하된 노인·장애인이 대상이므로 후견인의 법률위반 및 업무태만은 피후견인의 생명 및 기타 권리에 중대한 영향을 미치고, 침해당한 권리는 회복 불가능하다. 이로 인해 민법에서는 가정법원을 후견사무의 감독기관으로 설치하여 1차 감독의 주체로 본다. 제5장에서 이미 살펴보았듯이 가정법원은 친족 후견인과 전문직 후견인을 감독하는데 주로 친족 후견인 감독에 중점을 두고, 전문직 후견인에게는 간편한 방식을 채택하여 합리적으로 감독사무

---

1 일본의 성년후견단체에 대한 소개는 '아라이 마코토' 외 2인이 2011년 4월에 펴낸 《성년후견법제의 전망》 중 일부를 요약 정리하였다.

처리가 가능하도록 하고 있다.

이에 법무사단체는 각 소속회원을 감독하는 공익법인 '리걸 서포트'를 설립하여 2차적으로 소속 법무사회원을 관리·감독함으로써 신뢰성을 확보하고, 이를 통해 가정법원의 전문직 후견인 감독에 대한 부담을 경감시키고 있다. 또한, 법무사는 법률전문가로 예방사업 분야에서 전문성이 확보되었으나 복지·의료지식은 부족할 수 있으므로 연수를 통해 부족한 부분을 보완한다.

후견인이 될 법무사에게 정신적 제약이 있는 노인과 장애인을 제대로 후견하는 방법을 교육하는 동시에 신상감호에 대한 판단이 가능한 적격의 후견인 후보자를 추천하기 위해 '리걸 서포트'는 인권, 복지의료, 후견사무, 윤리 등의 4가지 필수과목을 포함해 18학점 이상을 취득한 자를 후견인 후보자 명부에 등재시킨다. 그러나 현실적으로 후견인 후보자 수가 부족해 명부등재 회원뿐만 아니라 그 밖의 법무사도 후견인으로 선임되고 있다. 이로써 명부등재 법무사와 그 밖의 법무사가 동일한 취급을 받는 문제가 발생하기도 한다.

그 밖에 성년후견제도의 보급을 위해 친족을 대상으로 하는 성년후견인 양성강좌, 유언과 성년후견제도에 관한 설명회 개최, 노인·장애인 상담, 서적출판, 성년후견제도 조사연구, 지역연대 촉진사업 등을 실시하고 있다.

2) 오아시스

오아시스는 도쿄변호사회 소속 '노인·장애인 권리에 관한 특별위원회'가 운영하는 노인·장애인 종합지원센터의 애칭이다. 도쿄변호사회는 성년후견제도의 시행을 앞둔 1999년 4월 1일 변호사회 내에 노인·장애인 권리에 관한 특별위원회를 설치하였고, 동 위원회는 같은 해 10월 22일에 노인과 장애인의 상담센터로 오아시스를 발족시켰다.

초고령사회에 진입함에 따라 치매노인 등 판단능력에 어려움 겪는 사람이 급증하여 성년후견제의 이용률이 증가하는 한편으로 후견인 부족에 대한 우려가 제기되었다. 이에 대해 오아시스는 후견업무에 관여하지 않았던 변호사 및 젊은 변호사의 후견분야 참여를 독려하였고 그 결과 오아시스 소속 등록변호사가 증가하고 있다. 2011년 1월 현재 오아시스에 등록된 변호사는 1,093명이며 이 가운데 378명이 성년후견 등을 선임하기 위한 명부에 등록되어 있다.

윤리연수의 중요성을 인식하여 지금까지 1년에 3~4차례 연수 및 '윤리연수'를 실시하고, 2010년부터는 기초연수 등을 통해 새로운 후견인 및 후견감독인 담당자를 양성한다. 오아시스 회원들은 행정 및 사회복지협의회 등이 실시하는 강연과 연수 강사 및 행정상담 활동 등을 통해 성년후견제도를 홍보하고, 성년후견제도 이용자들의 법률상담 및 제도이용을 위한 신청지원을 하는 한편 신청대리인으로서 활동하기도 한다. 또한 가정법원에서 후견인으로 선임되어 후견업무를 담당하거나 성년후견제도의 발전을 위해 연구활동을 하기도 한다.

후견사무는 재산관리 업무와 신상감호 업무로 구성되어 있다. 재산관리 업무는 변호사 고유의 업무로서 전문성을 발휘하는 것이 가능한 반면 신상감호 업무는 사회복지 업무로서 변호사에게는 생소한 분야이다. 이에 따라 변호사들은 스스로 사회복지 지식을 습득하면서 네트워크 구축을 위해 노력한다.

또한 새로운 성년후견제도 도입 이후에 제기되는 문제점을 해결하기 위해서도 노력하고 있다. '자기결정권의 존중' 의식이 뿌리내리지 못해 임의후견제도와 특정후견제도의 이용률이 여전히 저조한 점, 일정한 조건을 두어 이용에 제약을 가하는 비용지원제도의 정비, 한정후견인·특정후견인의 동의 없이는 피후견인의 거래를 인정하지 않는 등 피후견인에게 많은 제약을 부과하는 금융기관의 태도 등을 해결하는 데 힘쓰고 있다.

3) 해바라기

해바라기는 오사카 변호사회 소속 노인·장애인 종합지원센터로 1998년 5월에 설립되어 전문법률상담, 재산관리지원, 요양·복지지원, 정신보건지원 업무 등을 한다. 센터운영위원(등록지원변호사)과 법률상담 및 재산관리 등을 수임하는 등록지원 변호사로 구성되어 2011년 1월 현재 운영위원이 161명, 등록지원 변호사는 1,106명이 활동한다.

해바라기는 전화·방문·출장상담을 진행하며, 상담자에 대한 평가도 실시한다. 정신과 병원에 입원한 사람의 퇴원청구와 처우개선 청구절차를 수임하여 대리인으로서 활동하며 퇴원 후 생활환경을 마련해주기도 한다. 이 밖에 재산관리지원, 노인학대방지·구제(救濟) 어드바이저 활동, 장애인 형사변호지원, 조사·연구 등을 담당한다.

또한, 〈성년후견인의 실무〉 매뉴얼을 발행하고, 노인·장애인에 관한 실무상의 문제점 등에 대한 정보제공 및 의견교환을 위한 메일 발송 및 경험자들의 경험교류회 개최를 실시한다.

4) 권리옹호센터 파트너

일본 사회복지사회는 성년후견 및 권리옹호활동 증진을 위한 센터로 일본 사회복지사회에 '권리옹호센터 파트너', 도도부현 사회복지사회에 '도도부현 파트너'를 설치하였다.

일본 사회복지사회의 파트너 사업은 성년후견연수, 명부등록 및 활동보고서 관련사업, 회원의 후견활동지원과 도도부현 파트너 지원사업, 성년후견제도에 관한 조사·연구 및 제언사업 등을 담당하고 있다. 도도부현 파트너 사업은 성년후견에 관한 계발 및 이용상담, 성년후견인 등 후보자 소개, 수임자 지원, 관련단체와의 연대 등의 활동으로 구성되어 있다.

파트너 수임에 대한 신청자로 지자체장이 전체의 34%를 차지하고, 무연고자 및 친족이 있어도 후견인을 선임할 여건이 안 되는 경우 사회복지사가 후견인으로서 관여한다.

5) 요코하마 시 사회복지협의회의 안심센터

요코하마 시 사회복지협의회는 1998년 10월에 노인·장애인 권리옹호를 위한 후견지원기관으로 안심센터를 설립하였다. 지역주민을 비롯해 다양한 사회복지 관계자들로 구성된 시(市) 사회복지협의회 테두리 안에서 독립성·제3자성을 유지하기 위해 권리옹호사업, 성년후견사업, 상담사업을 운영한다.

권리옹호사업은 전국에서 실시되는데, 서비스의 일정수준을 유지하기 위한 시스템을 도입하고 종사직원 연수, 매뉴얼 작성 등의 업무를 중심으로 운영되고 있다. 법인후견으로 성년후견을 맡는 경우,

다른 수임처가 없거나 다중채무, 혼자 사는 치매노인 또는 낭비가 심한 정신장애인 등 어려운 사례가 대부분이다. 법인후견은 조직적인 대응이 가능하므로 부담을 분산시킬 수 있고, 변호사와의 협력 및 사회복지 관련기관과의 견고한 네트워크를 형성하여 원활하게 후견활동을 수행할 수 있다.

6) 오사카 시 성년후견지원센터

오사카 시는 성년후견제도 이용률을 제고하기 위해 이를 전문적으로 지원하는 오사카 성년후견지원센터를 2007년 6월 26일에 설립하였다. 성년후견지원이 필요한 사람이 적절하게 이용할 수 있도록 홍보 및 상담신청, 시민후견인 양성 등을 지원한다. 성년후견 전문가로 구성된 운영위원회를 조직하고, 정기회의를 개최하여 성년후견 활동과 관련한 자문을 얻는다.

오사카 시 가정법원에서 시민후견인이 필요한 경우에는 가정법원이 센터에 후보자 추천을 의뢰하여 후보자를 추천받는다. 오사카 시의 시민후견인은 복잡한 법률관계나 분쟁이 없는 케이스에 무보수로 후견활동을 한다.

7) 세타가야 구 사회복지협의회의 성년후견지원센터

도쿄 세타가야 구 사회복지협의회는 2001년부터 법인후견인으로 케이스를 수임하였다. 그런데 후견인에 대한 수요가 점점 증가함에 따라 공급에 한계를 느끼게 되었다. 이 때문에 2005년에 세타가야 구는 성년후견지원센터를 개설하고 사회복지협의회에 위탁운영을 맡겨 2006년부터 시민후견인을 양성하기 시작하였다. 2007년에 도쿄 가정법원은 세타가야 구에 의해 양성된 시민후견인을 처음으로 선임하였다. 2011년 2월 현재, 시민후견인 양성연수 수료자는 64명이고, 시민후견인 수임 건은 33건이다.

시민후견인 연수 수강자는 공모를 통해 선정된다. 6개월 동안 진행되는 연수에서는 법률 및 복지강의, 후견업무를 위한 서류작성법 및 사례검토, 전문직 후견인과 동행실습 등을 배우게 된다. 연수수료 후 최소 1년 동안은 전문직 후견인을 보조하거나 친족 후견인의 신청서를 작성하는 등의 경험을 쌓은 후에 가정법원으로부터 후견인으로 선임받을 기회를 기다린다.

8) 시나가와 구 사회복지협의회의 성년후견센터

도쿄 시나가와 구는 2002년 6월에 권리옹호사업 전문기관으로서 시나가와 구 사회복지협의회에 시나가와 구 성년후견센터를 설치하였다. 이곳에서는 권리옹호 상담부터 후견인 수임까지를 원스톱으로 운영한다. 지자체장이 후견인 수임을 신청하면, 구(區) 사회복지협의회가 법인후견인으로서 수임을 맡는다. 이로써 시나가와 구에 거주하는 치매노인 및 장애인은 사회안전망을 확보하게 된다. 현재까지 법정후견 135건, 임의후견 5건, 총 140건의 성년후견인을 수임하였다. 또한 시나가와 구와 구 사회복지협의회는 2006년 3월부터 시민후견인 육성사업을 시작하고 직접 후견감독인으로서도 역할한다.

센터는 시민후견인이 센터와 네트워크를 맺은 재가요양지원센터, 복지시설 및 각 분야의 전문가 등과 연대·협력할 수 있도록 적극적으로 지원한다. 구 시민후견인의 수임실적은 이미 30건을 넘어섰다.

9) 사단법인 가정문제정보센터(FPIC)

새로운 성년후견제도가 도입되기 전부터 FPIC는 가정법원 조사관으로서의 지식과 경험을 바탕으로 사실상의 성년후견업무를 시행해 왔다. 새로운 성년후견제도가 도입된 2000년 4월에는 후견사업의 원활한 운영을 도모하기 위해 후견사무에 관한 규정, 성년후견 및 후견감독 사무 유의사항 등을 정하고 이 규정을 근거로 후견사업을 전개했다.

FPIC는 법인으로서 가정법원과 연대해 성년후견인, 성년후견감독인, 임의후견인 등의 직무를 중점적으로 수임했고, 현재는 회원 개인으로서의 수임활동도 한다. 또한 성년후견인으로서 피후견인과의 신뢰관계 구축 및 의사존중, 재산관리를 위한 활동을 지속적으로 실시하고 있다. 매월 후견인들이 모여 후견업무와 관련된 의견교환 및 협의, 사례연구를 실시하여 후견인 및 후견감독인으로서의 원활한 직무수행을 위해 노력한다.

10) 기타큐슈 시 성년후견센터 미루토와 시민후견센터 라이토

미루토는 일반사단법인 기타큐슈(北九州) 성년후견센터의 애칭이며, 라이토는 사회복지법인 기타큐슈 사회복지협의회 권리옹호 시민후견센터의 애칭이다.

미루토는 2006년 4월에 변호사, 법무사, 사회복지사 및 시(市) 사회복지협의회의 협력을 통해 개설하였다. 법인후견업무, 지자체장의 성년후견 신청업무, 권리옹호에 관한 연수, 성년후견제도 이용촉진을 위한 상담 및 보급업무를 실시한다. 법률 및 사회복지전문가인

비상근 전문직 44명과 상근사무직으로 구성되어 있다. 법률전문가와 복지전문가, 상근직원, 이렇게 3명이 한 팀을 구성하여 후견업무를 수행한다.

라이토는 지역복지 권리옹호사업, 법인후견 사업, 사회공헌형 시민후견인 양성연수사업 등의 업무를 수행하며 사무국 직원 10명, 사회복지사, 정신사회복지사 등의 자격을 갖춘 사람들로 구성되어 있다.

미루토와 라이토는 법인후견업무를 주로 하는데, 미루토는 신체적·경제적 학대, 친족 간 분쟁 등 전문성이 요구되는 사안이 많고, 라이토는 가정법원과의 협의를 통하여 미루토에서 해결이 어려운 업무를 이어받아 피후견인을 지원하기도 한다. 즉, 시민은 미루토와 라이토 가운데 어느 곳에서든지 지원을 받을 수 있다.

미루토의 수임 건은 2006년 4월부터 2010년 3월까지 연 132건이고, 현재 104명이 후견인으로 활동하고 있다. 라이토도 2009년 4월부터 2010년 3월까지 12건으로 증가 추세이다.

11) 센다이 시 · 미야기 현 성년후견지원네트

'센다이 시 성년후견서포트 추진협의회'는 센다이변호사회, 리걸서포트 미야기 지부, 파트너 미야기 등 3단체와, 센다이 시 및 센다이 시 사회복지협의회 협의를 통해 설치되었다. 추진협의회가 사안에 적절한 전문직 후견인을 추천하는 데 협조함으로써 지자체장은 신속하고 적절하게 후견인 선임을 신청할 수 있다. 추진협의회에서는 일상생활 지원사업의 협조, 성년후견제도에 관한 각 관계자 간 토의 및 각종 의견정보 교환 등이 이루어진다.

협의회의 제안으로 설치된 센다이 시 성년후견 종합센터는 일반

상담뿐만 아니라 전문상담, 협의회 업무, 홍보·조사연구 등을 한다. 또한, 전문직 후견인과 연대할 수 있도록 시민후견인을 양성·지원한다.

12) NPO법인 웰컴의 성년후견센터 웰컴

노인요양시설로 시작한 웰컴은 피후견인의 권리옹호를 실현하기 위하여 2006년 4월에 성년후견센터 웰컴을 개설하였다. 웰컴은 사이타마 현 NPO법인으로서는 최초로 법정후견을 수임하였다. 2004년 10월에 88세와 82세의 무연고 노부부를 소개받아 이들과 신뢰관계를 구축한 후, 가정법원에 후견인 후보자로 신청하였다. 법원에서는 NPO법인이 적정한 성년후견업무를 수행할 수 있는지 여부를 심사하였고, 웰컴은 요양보험사업 운영을 통한 수입과 요양보험사업 운영경험을 바탕으로 성년후견업무를 수행할 수 있음을 보여주었다.

또한 웰컴 법인은 지역밀착형 시민후견인을 양성하고자 시민후견인 양성강좌를 운영하고 있다. 변호사, 법무사, 사회복지사 등 전문직 후견인이 강사로 활동하고, 강좌는 기초강습, 사례강습, 업무동행 등의 내용을 포함한다.

2010년 10월 기준으로 웰컴은 법정후견 7건, 자립생활서포트센터 12명에게 서비스를 실시하고 있는데 공적원조 없이 후견업무만으로 법인을 유지하다 보니 재정적 어려움을 겪고 있다고 한다.

13) 공익신탁 성년후견지원기금

공익신탁 성년후견지원기금은 사단법인 성년후견센터 '리걸 서포트'가 위탁자, '미쓰비시신탁은행'(현 미쓰비시 UFJ신탁은행)이 수탁자가 되어, 2001년 12월에 설립되었다. 이 기금 설립 당시에는 2천만 엔이었던 신탁재산이 2010년 현재 2억 엔에 이르고 있다. 법무사와 임의후견계약을 체결한 위임자가 유증으로 기부한 것이 주된 재원이 되고 있다. 피후견인의 권리옹호 및 복지증진을 위하여 수임료를 지불할 여건이 안 되는 피후견인에 대해 기금의 신탁재산으로 후견인에게 보수를 지급한다. 2010년 181건(2,087만 7,400엔)이 지원되었다.

2. 일본의 성년후견제 사례[2]

1) 성년후견인이 선임될 때까지의 대응

피후견인 S씨

- 성별 : 여성
- 연령 : 88세
- 수입 : 연금 약 11만 엔/월
- 재산 : 예 · 저금 약 550만 엔
- 장애정도 : 일본법상 요개호 3급, 치매
- 신청인 : 지자체장

피후견인은 인근에 친족이 없고 NPO법인에 의한 생활원조를 받으며, 집주인에게 예·저금 관리 등의 지원을 받아 세입자로 혼자 살았다. 그런데 80세를 넘어서부터 치매가 진행되어 수시로 가출하는 행동을 보이자 동네이웃들이 집주인에게 민원을 넣기 시작하였다. 이로 인해 집주인으로부터 한 달 내에 집을 나가달라는 요청을 받아 급하게 새 거주지를 찾아야 했다. 시(市)의 담당부서는 피후견인의 생활원조를 담당하였던 NPO법인으로부터 상담을 받아 신속하게 지자체장이 피후견인의 감호 및 재산보전(保全)을 위해 재산관리인 선임을 신청하도록 하였다. 그 후 성년후견인 선임에 대한 심판이 이루어져 NPO법인이 성년후견인으로 선임되었다. 현재는 그룹홈에 입소하였고 성년후견인이 친족조사를 통해 소재를 밝힌 먼 친족이 1년에 한 번 면회를 오는 등 안정된 생활을 보내고 있다.

2 일본의 성년후견제 사례의 대한 소개는 '특정비영리활동법인 시비루브레인'이 2011년 7월에 펴낸 〈사례로 배우는 성년후견의 실무〉 중 일부를 요약 정리하였다.

::실무상의 포인트

① 임대차 계약을 해제할 때, 가정법원의 허가는 필요 없을까?

자택(자가)을 매각할 경우 가정법원의 허가를 받지 않으면 처분할 수 없다.

피후견인의 주거용 부동산의 처분에 관하여 일본 민법 제859조의 3에 '성년후견인은 피후견인을 대신하여 주거를 위하여 사용하는 건물 혹은 대지에 대해 매각, 임대, 임대차계약 해제 혹은 저당권 설정 및 기타 이에 준하는 처분을 하기 위해서는 가정법원의 허가를 받아야 한다'고 규정되어 있다(개정된 민법 제947조의 2도 같은 내용이다).

따라서 이번 경우처럼 임대차계약을 해제할 경우에도 가정법원의 허가가 필요하다. 사전에 허가가 없으면 무효가 되기 때문에 주의가 필요하다.

② 후견개시의 심판

후견개시의 심판 등을 신청한 후 심판을 받을 때까지 시간이 소요되지만, 긴급한 재산관리가 필요한 경우에는 재산관리자 선임의 신청을 할 수 있다.

다만, 심판 전의 보전(保全)처분을 심리(審理)하는 데 시간이 걸리고 심판이 내려질 쯤에는 후견개시의 심판 등으로 후견인이 선임되기도 하기 때문에 실제로 그런 경우는 많지 않을 것이다.

2) 생활자금을 확보하기 위하여

피후견인 M씨

- 성별 : 여성
- 연령 : 76세
- 수입 : 연금 및 생활보호비 약 11만 엔/월
- 재산 : 예 · 저금 약 14만 엔
- 장애정도 : 일본법상 요개호 2급, 고차뇌기능장애
- 신청인 : 직권(職權)

○○시(市)로부터 생활보호비를 수급하는 피후견인(고차뇌기능장애)의 후견인인 친족이 고령을 이유로 사임하게 되었다. 이에 가정법원은 NPO법인에 새로운 성년후견인 선임을 의뢰하였다.

가정법원의 의뢰서에는 피후견인의 사망한 남편이 보증을 선 채무를 정리해야 한다는 특기사항이 있었다. 재산목록을 작성하기 위해 재산조사를 실시한 결과, 자택을 소유하고 있었기 때문에 자택을 매각한 후 생활보호법 제63조를 근거로 ○○시로부터 받았던 생활보호비를 반환하고, ○○시 신용보증협회에 보증채무 잔액을 갚아야 했다.

현재는 자택을 처분해 생활보호비를 반환하고, 보증채무도 다 갚은 뒤 그룹홈에 입소하여 새로운 생활보호비를 수급한다. 멀리 사는 친척이 때때로 방문하며 안정된 생활을 하고 있다.

::실무상의 포인트

① 성년후견인의 사임

성년후견인은 정당한 이유가 있을 경우 가정법원의 허가를 받아서 사임할 수 있다. 이 경우 가정법원은 후임에 새로운 성년후견인을 선임할 필요가 있다.

② 고차뇌기능장애

성년후견제도는 노인이나 지적장애인, 정신장애인뿐만 아니라 발달장애나 고차뇌기능장애로 인해 판단능력이 불충분한 상태가 되었을 경우에도 이용할 수 있다.

③ 성년후견과 생활보호의 관계

피후견인이라 해도 수입이 없거나 적어 생활이 어려운 경우에는 생활보호비를 수급할 수 있다. 이 사례는 자택 등 소유한 재산이 있었음에도 생활비가 부족하고 앞으로의 생활이 곤란한 상황이었기 때문에 생활보호비가 지급되었다. 그 후 성년후견인이 선임되고 자택 매각이 가능해져 일시적으로 생활보호가 중단되었고, 생활보호법 제63조를 근거로 지급받은 생활보호비를 반환하였다.

또한 생활보호비 수급자의 성년후견인이라 해도 성년후견인의 보수지급에 대하여 심판을 신청할 수 있다. 그 경우 가정법원은 본인의 재산을 고려한 뒤 보수금액을 심판한다.

④ 집을 파는 데 가족의 허가도 필요할까?

거주용 재산을 처분할 때에는 가정법원의 허가가 필요하지만 가족의 허가는 필요 없다. 피후견인의 상황을 고려하되, 매각할 수밖에 없는 상황인 경우에는 가족이 반대해도 매각이 가능하다.

다만, 성년후견인은 피후견인 가족의 협력이 필요한 경우도 많기 때문에 가능한 한 정면으로 가족과 부딪치는 것을 피하고, 되도록이면 가족을 설득해 이해를 얻도록 노력하는 것이 중요하다.

3) 빚 문제에 대한 대응

피후견인 M씨

- •성별 : 여성
- •연령 : 81세
- •수입 : 연금 약 18만 엔/월
- •장애정도 : 일본법상 요개호 4급, 치매
- •신청인 : 지자체장

피후견인은 아들에게 경제적 · 신체적 학대를 받고 있었다. 또한 아들이 피후견인의 연금을 담보로 돈을 빌리고, 피후견인이 '조치입원' 중임에도 불구하고 피후견인을 데려갈 우려가 있어 긴급히 성년후견인이 필요했다. 즉시 지자체장이 후견인 선임을 신청하여 NPO 법인이 성년후견인으로 선임되었다.

피후견인이 특별요양노인홈에 입소된 후 아들은 거의 시설에 오지 않았지만 피후견인의 연금을 담보로 계속 돈을 빌렸기 때문에 피후견인은 여러 건의 채무를 지게 되었다.

성년후견인도 수임 후 초반에는 개인파산을 생각하였지만 다행히 매달 나오는 연금으로 채무를 완납할 수 있었다. 2009년 4월경 피후견인의 건강이 급격하게 악화되자 후견인은 가정법원과 의논하여 사후대책을 마련하였고, 피후견인은 2009년 5월에 돌아가셨다.

① 가족이 있다고 안심할 수 없다.

가족과 동거하고 있다고 해서 성년후견인이 필요 없는 것은 아니다. 가족이나 관계자가 피후견인의 연금을 사사로이 사용하거나 그 연금을 담보로 타인에게 돈을 빌리거나 기타 피후견인의 재산을 멋대로 처분하는 등 성년후견인을 필요로 하는 사람들 중에는 가족에 의한 학대를 받고 있는 경우가 있다.

고령자 학대방지, 고령자의 양호(養護)자에 대한 지원 등에 관한 법률(이하 고령자학대방지법이라 함) 제27조 제2항에는 '지자체의 장은 재산상의 부당거래의 피해를 받거나 받을 우려가 있는 노인에 대해 노인복지법 제32조의 규정에 의하여 적절히 심판을 청구한다'고 규정되어 있다.

따라서 만약 피후견인이 성년후견 개시의 심판 신청권자인 4촌 이내의 친족이 있다고 해도 피후견인이 그 사람으로부터 재산상의 학대를 받고 있는 등의 경우에는 복지의 차원에서 지자체의 장이 후견인 선임을 신청하는 것을 권하고 있다.

또한 고령자학대방지법 제28조에서는 국가 및 지자체에 대해 '성년후견제도가 넓게 사용되도록 해야 한다'고 성년후견제도의 이용촉진을 도모하고 있다.

피후견인을 학대하면서도 유산상속을 원하는 친족 후견인이 적지 않다. 그런 사람들은 대부분 피후견인의 상속자로서 자신의 상속재산을 1엔이라도 늘리기 위해 피후견인 사후에 이루어지는 성년후견인의 사무내용을 정밀 조사한다. 성년후견인은 상속을 둘러싼 분쟁에 휩쓸리지 않도록 매일 재산관리 사무기록을 정확하게 작성하고,

판단이 어려운 문제가 생겼을 경우에는 가정법원에 자문을 구하는 등의 대응책을 마련할 필요가 있다. 또한 특수한 안건에 대해서는 서면을 통하여 가정법원으로부터 사무연락 등의 지시를 받아놓고 서류를 보관해 두는 것이 좋다.

② 빚은 정리해나가야 한다.

피후견인이 여러 건의 채무가 있는 경우에는 안정된 생활을 누릴 수 있도록 채무를 정리해야 한다. 채무정리 방법에는 여러 가지가 있지만 대표적인 방법은 다음과 같다. 성년후견인이 스스로 채무정리를 하는 것이 곤란할 때는 변호사나 법무사 등 전문가에게 상담한다.

- 개인파산: 피후견인이 지불불능상태에 있는 경우에 법원에서 실시하는 절차이다. 면책이 인정되면 채무의 전 금액을 지불하지 않아도 된다. 다만 채무를 지게 된 이유 등에 의해서는 면책이 인정되지 않을 수 있다.
- 개인민사재생: 피후견인이 지불불능상태에 처할 우려가 있을 경우에 실시한다. 법원에서 인가된 재생계획안에 따라서 일정한 비율(원칙 20~10%, 최저변제액 100만 엔)을 변제함으로써 나머지 빚을 면제하고 생활의 재건을 지향하는 절차로, 일본의 특유한 제도이다.
- 임의 정리: 가정법원을 통하지 않고 행하는 채무정리 방법이다. 채권자와 채무의 총액이나 이자 그리고 변제방법 등을 검토함으로써 무리 없이 매달 변제하고 채무를 해소한다.
- 소멸시효의 주장: 오랫동안〔원칙 10년, 상사(商事)채권 5년〕방치된 채무 등은 소멸시효를 주장할 수 있는 경우가 있기 때문에 시효를 주장함으로써 채무변제가 필요 없게 된다. 소멸시효를

주장할 때에는 앞으로의 증거보전을 위해서도 배달증명 또는 내용증명우편으로 보내는 것이 좋다.

4) 입소시설과의 관계

피후견인 M씨

- 성별 : 여성
- 연령 : 92세
- 가족관계 : 친족이 있지만 교류 없음
- 수입 : 연금 약 6만 엔/월
- 재산 : 예 · 저금 약 200만 엔
- 장애정도 : 일본법상 요개호 4급, 우울증
- 신청인 : 지자체장

이전에 입소한 요양노인홈(N시)에서 개호주임에게 통장을 맡겼는데 불명확한 출금사실이 밝혀졌다. 그러나 담당 개호주임의 퇴직으로 연락이 두절된 상황이었고 횡령이 우려되었다. 그래서 바로 지자체장이 성년후견 선임을 신청했고, 2005년 12월에 성년후견인 선임심판으로 NPO법인이 성년후견인에 취임하였다.

역시나 불명통장(불명재산 약 500만 엔)이 발견되어 S시, N시 및 가정법원과 협의하여 NPO법인의 변호사가 M씨의 대리인으로 당시의 담당 개호주임의 대리인을 상대로 횡령된 사용불명재산을 반환받기 위하여 협상하였다. 가정법원의 지시로 재산회복을 위해 민사소송을 하였지만 30만 엔 정도만 회수할 수 있었다.

그 후 피후견인은 병원에서 안정된 날들을 보내다가 2010년 8월에 돌아가셨다.

::실무상의 포인트

① 취임 전의 불명한 재산은 어떻게 해야 하는가?

취임 후 피후견인이 살고 있는 인근의 금융기관에서 피후견인 명의의 계좌유무를 조회한다. 계좌가 발견되었다면 통장이 분실된 경우에는 거래기록 발행을 요청하고, 새로운 계좌가 발견된 경우에는 그 내용을 가정법원에 보고한 후 처음에 작성한 재산목록을 정정하여 다시 제출한다. 또한 거래기록 중 불명의 출금기록이 발견된 경우에는 기록내용을 바탕으로 출금된 ATM 등이 포함된 출금시의 영상 등을 금융기관에 요구한다.

영상이나 지급청구서 등으로 특정인물이 출금한 것이 확인되면 당사자에게 출금사실을 추궁하여 횡령을 인정하도록 하거나 횡령의혹에 관해 가정법원에 보고 및 상담한 후 변호사에게 반환협상을 의뢰하는 등의 대책을 검토한다.

성년후견인이 전문직 후견인인 경우는 성년후견인과 피후견인의 계약에 '이익상반'의 문제가 발생할 수 있다. 즉, 변호사가 성년후견인인 경우, 피후견인의 대리로서 소송계약을 체결할 때 '이익상반'의 문제가 발생할 수 있다. 또한 세무사가 성년후견인인 경우에는 피후견인의 세무신고에 대한 위임계약을 피후견인과 체결할 때 같은 문제가 발생할 수 있다.

그러므로 이러한 계약을 할 경우 나중에 세부내용을 알 수 있도록 자료를 첨부하고, 보수를 계산할 때 소송대리나 세무신고 등의 업무를 별도로 산정하여 가정법원이 적정한 보수를 결정한다.

그 밖에 '이익상반'의 사례로서 피후견인을 세입자로 들여 성년후견인의 집에 이사시킬 경우, 가정법원에 특별대리인의 선임을 신청하는 등 수속이 필요한 경우가 있기 때문에 주의가 필요하다.

② 상속인이 없을 때

생전(生前)의 친족조사 결과, 피후견인에게 추정상속인이나 기타 친족이 발견되지 않는 경우 내연관계인이나 피후견인의 생활에 기여한 사람 등이 있는지 조사해본다.

공증인 사무소 이외에 유언이 발견된 경우에는 봉인된 유언서를 섣불리 뜯기보다는 가정법원에 상담하고, 검인이 필요할 경우에는 그 절차를 이행한 후 유언의 내용에 따라 유언집행인 등에게 남은 재산을 넘긴다.

또한 유언이나 연고자를 발견하지 못한 채 피후견인이 사망한 경우, 성년후견인은 남은 재산을 처리할 필요가 있기 때문에 유산관리인의 선임을 가정법원에 신청하여 선임된 유산관리인에게 남은 재산을 인도한다.

③ 시설후견일 경우의 주의사항

시설입소 계약을 포함하여 판단능력이 없거나 불충분한 상태의 피후견인의 재산관리를 위해 성년후견인이 필요하다. 그러나 피후견인이 시설에 있는 경우, 편의상 그 시설에서 피후견인의 현금이나 통장 등을 관리하는 경우가 적지 않다.

이른바 '시설후견'이라 하는데, 사실 피후견인의 재산관리 방식으로서는 적절하지 않다. 시설 내부감사 외에는 피후견인의 재산관리에 대한 정확한 사실을 확인할 수 없고, 최악의 경우 재산횡령의 가능성도 있기 때문이다. 또한 시설입소자인 피후견인과 시설 간에 '이익상반'이 발생할 수도 있다.

성년후견인으로 선임되면 피후견인의 재산을 철저하게 조사하고, 시설이 피후견인의 재산을 관리하는 경우 시설 관계자에게 성년후견 제도를 설명하고 시설관계자의 이해를 얻어 피후견인의 재산인도를 요구하는 등 적정한 재산보호에 힘써야 한다. 또한 시설후견이 발견된 경우에는 그 취지를 보고서나 사무연락서 등을 통하여 가정법원에 보고하고, 관련된 지시를 받는 것이 좋다.

5) 본인의 의사를 어디까지 존중할 수 있는가?

피후견인 M씨

- 성별 : 여성
- 연령 : 73세
- 수입 : 연금 약 13만 엔/월
- 재산 : 예금 약 4,600만 엔
- 장애정도 : 정신장애, 치매
- 신청인 : 지자체장

S시로의 소개로 우선 NPO법인이 한정후견인으로 선임되었다. 자상타해(自傷他害)의 경향이 있고 술, 담배, 애완동물, 배회(徘徊) 등의 문제가 있었다. 그 후 치매가 더 진행되어 한정후견에서 성년후견으로 변경을 신청하고 서비스가 더 좋은 그룹홈으로 옮겼다.

S시의 그룹홈에 입소하였지만 키우던 고양이에 대한 취급이나 직원에 대한 난폭행위 문제로 S시의 A병원에 '의료보호입원'하게 되었다. 치매병동에 입원하여 증상이 안정되는 조짐이 보일 무렵, 말기암 진단을 받게 되었다. 암이 진전되는 동안 멀리 사는 형제를 찾았지만 피후견인과 교류가 없었기 때문에 가정법원과 의논하여 피후견

인 생전에 장례를 준비하는 등 '사후의 일'에 대한 대책을 세웠다.

피후견인의 사후에 성년후견인이 장례를 도맡아 화장에도 입회하였다. 성년후견인의 직무는 완료되었지만 고인이 생전에 '재산을 자선단체에 전액 기부하겠다'고 공정증서 유언을 했기 때문에 NPO법인이 유언집행인으로서 자선단체에 재산을 인도하는 과정까지 마무리하였다.

::실무상의 포인트

① 한정후견인도 신청권자이다.

한정후견인은 피한정후견인의 상황을 파악하고 '사무를 처리하는 능력이 지속적으로 결여'된 상태로 인식한 경우 가정법원과 협의 뒤 필요에 따라 성년후견개시 심판을 신청할 수 있다.

한정후견인이 성년후견인으로 선임된 후에는 한정후견인으로 인정된 대리행위뿐만 아니라 포괄적으로 본인의 법률행위를 대리하게 된다.

② 술, 담배, 애완동물

피후견인 가운데 판단능력을 잃어도 술, 담배 등 기호품을 원하는 사람이 있다. 성년후견인은 이른바 '우행권'(愚行權: 어리석은 행위를 할 권리)이라 불리는 이런 행위도 최대한 고려하여 피후견인의 건강상태나 생활상황에 대해 주치의나 요양담당자와 협의하며 가능한 한 피후견인이 자기가 좋아하는 생활을 할 수 있도록 생활설계를 검토해야 한다.

애완동물도 재산이고, 더할 나위 없이 소중한 생명이다. 피후견인에게는 위로의 대상이며 애완동물을 돌보는 보람이 있기 때문에 허락 없이 처분해서는 안 된다. 처분할 경우 성년후견인은 피후견인의 재산처분의 관점에서 피후견인에 대한 상황설명과 더불어 가정법원에 지시를 요청하는 것이 필요하다.

술, 담배가 허락되고 애완동물과 함께 입소할 수 있는 시설을 찾는 것은 쉽지 않다. 만약 있어도 예약자가 많고 좀처럼 차례가 오지 않는다. 행정기관이나 지역포괄지원센터 등을 통해 많은 시설에 대한 정보를 수집하여 피후견인이 익숙한 지역에서 입소시설을 찾아 생활편리성이나 정신적 안정성을 줄 수 있도록 노력해야 한다.

③ 자상타해에 주의

피후견인이 입원한 경우 등에는 병원에서 의료행위에 대한 동의를 요구할 수 있다. 그러나 성년후견인에게는 피후견인의 생명이 위험할 정도의 수술 같은 의료행위에 대해서 동의할 권한이 인정되지 않는다.

독감 등의 예방접종도 마찬가지이다. 의료행위의 동의권은 자기 신상에 관한 것이며 피후견인의 의사를 존중해야 하기 때문에 피후견인이 의사표시가 가능할 경우에는 피후견인의 의사를 확인한다.

또한 피후견인에게 친족이 있을 경우에는 친족에게 동의를 요청할 수도 있다. 그러나 현실적으로 피후견인이 의사표시가 불가능하고 친족도 없어, 의사가 성년후견인에게 동의를 요구하는 경우가 있다. 이 경우 성년후견인에게 동의권이 없다는 사실과, 만약 동의서에 서명을 했다 하여도 법적으로 전혀 의미가 없다는 것을 충분히 설명하여 이해를 구할 필요가 있다.

성년후견인이 피후견인을 대리하여 생명에 위험을 끼칠 가능성이 있는 수술 등 의료행위에 동의할 권한이 없다는 것은 이미 설명하였지만, 피후견인이 정신장애인이고 자상타해의 우려로 격리병동 등에 입원한 경우, 정신과 의사가 정신보건 및 정신장애인 복지에 관한 법률 제20조 제1항의 보호자로서 성년후견인에게 '의료보호입원' 동의를 요구할 수 있다.

피후견인이 정신장애인인 경우 성년후견인은 법률을 근거로 보호자 입장에서 매우 중대한 판단을 해야 할 때가 있다. 그렇기 때문에 정신보건복지법이나 장애인자립지원법 등의 관계법령을 숙지해 두어야 한다.

④ '사후의 일' 대책은 생전에

성년후견인은 원칙적으로 '사후의 일'을 할 수 없다. 민법에서 피후견인의 사망으로 성년후견인으로서의 역할이 종료된다고 규정하기 때문이다. 그러나 피후견인의 생전에 사후에 필요한 사무의 계약 등을 체결해 두는 것은 가능하다. 피후견인의 상태가 갑자기 악화될 가능성이 있어 순회방문을 했을 경우 가정법원과 협의한 이후 장례식이나 납골 등에 대한 사전대책을 마련하는 것이 좋다.

또한 이 사례처럼 피후견인이 생전에 자선단체에 재산의 전액을 기부하는 취지의 공정증서 유언을 하는 경우도 있다. 그러므로 피후견인의 생전에 유서의 존재 여부를 파악하는 것이 필요하다. 다만, 성년후견인 등에게는 '사후의 일'인 유언을 집행할 권한은 없다. 따라서 가정법원에 유산집행자 선임을 신청해야 한다.

6) 친족후견에서 제3자 후견으로

피후견인 T씨

- 성별 : 남성
- 연령 : 44세
- 수입 : 연금 약 8만 엔/월
- 재산 : 예 · 저금 약 47만 엔
- 장애정도 : 지적장애
- 신청인 : 직권

피후견인의 성년후견인이었던 어머니가 뇌경색으로 쓰러지고, 그 후 치매로 장기요양시설에 입소하였다. 성년후견사무를 할 수 있는 사람이 없어지고 친족도 없어 시설이 지자체에 상담을 하고 새로운 성년후견인을 선임하게 되었고 가정법원에서 비영리법인으로 선임 의뢰가 들어왔다.

이른바 '시설후견'이 장기화되었고 시설에 재산의 제출을 재촉하여도 통장 등의 인도를 계속 거부하였다. '재산목록조정에 필요'하다는 명분으로 여러 번 재촉한 끝에 통장을 인수했지만, 이후에도 시설이 보유한 피후견인 명의의 계좌가 몇 차례 걸쳐 발견되었다.

그 후 정형화된 일상업무가 지속되었지만 2008년 8월에 시설에서 갑자기 사망하였고 경찰이 검시한 후 유골과 유산은 피후견인의 모친에게 인도되었다.

::실무상의 포인트

① 친족후견은 어렵다

이번 사례는 부모가 자녀의 성년후견인을 한 사례이다. 당연히 부모도 나이가 들어 성년후견인인 부모가 먼저 사망하거나 체력이나 판단력이 저하되면 성년후견인으로서 직무를 다할 수 없게 된다. 특히 지적장애인이나 정신장애인의 부모는 이른바 '부모 사후대책'을 마련할 필요가 있다.

또한 장애를 가진 사람은 장애연금을 받고 있는 경우가 많은데 부모가 아이를 돌보고 있는 경우 장애연금도 가계수입의 하나가 되는 경우가 많다. 그러나 부모자식 관계라 하더라도 자녀가 받는 장애연금은 그 자녀만을 위해서 사용되어야 한다.

② 입소시설의 이해가 필요

T씨의 경우 시설이 오랫동안 피후견인의 재산을 관리해왔다. 그러나 시설이 이용자의 재산을 관리하는 것은 적절하지 않다. 성년후견인으로 선임되면 시설에 성년후견에 대해 설명하고 이해를 얻은 후 피후견인의 재산을 인수받아야 한다. 시설에 일상생활에 필요한 소액을 맡겨야 하거나 재산관리계약을 맺고 모든 재산을 맡길 때에는 그때마다 영수증을 발행받아 나중에 분쟁이 발생할 경우를 대비해야 한다.

③ 돌연사에는 대책이 없다

피후견인인 T씨가 시설에서 갑자기 사망하였다. 성년후견인인 NPO법인은 경찰에 의한 검시입회가 요청되어 급하게 병원으로 갔다. 갑작스러운 일이라 아무 준비를 하지 못했지만 우선 가정법원과 여러 번 협의를 거쳐 다음 날 시설이 장례를 치렀다. 장례전문회사 3개사로부터 견적서를 받아 그 내용을 검토하여 비용이 싼 회사를 선택하였다. 그리고 성년후견인이 유골을 수습하여 나중에 입원 중이었던 어머니에게 유골과 유품을 건네주었다.

피후견인이 갑작스럽게 사망하는 경우가 있으므로 만일을 대비하여 연락 가능한 친족을 찾아서 사전에 대응책을 마련하는 것이 필요하다.

7) 독거노인 지원

피후견인 K씨

- 성별 : 남성
- 연령 : 79세
- 수입 : 연금 약 33만 엔/월
- 재산 : 예 · 저금 약 100만 엔
- 장애정도 : 일본법상 요개호 3급, 신체장애 1급, 치매
- 신청인 : 본인

K씨는 임대주택에서 혼자 살았다. 왠지 연금 수급일에 이웃들이 K씨의 집으로 모이는 일이 많았다. 연금 수급액이 많은 K씨는 모인 사람들에게 돈을 주거나 식사를 대접하는 경향이 있었고, 판단능력이 낮아 남는 돈이 거의 없을 정도로 돈을 소비하여 생활이 어려운 상태가 지속되었다. 게다가 K씨가 이용했던 주택요양지원센터의 케어매니저로부터 서비스이용료 지불이 밀렸다는 이야기를 들었다.

K씨는 혼자 살고 연락 가능한 친족도 없었기 때문에 본인의 요청으로 한정후견을 신청하였다. 감정결과 한정후견유형이 아닌 성년후견유형이 적합한 것으로 판정되어 NPO법인이 성년후견인으로 선

임되었다.

성년후견인이 재산관리를 하게 되면서 이웃사람들이 돈을 받기 위해 모이는 일이 없어졌고, 재정적으로 안정된 생활을 보낼 수 있게 되었다. 또한 치매가 진행되고 있지만 본인의 희망으로 자택에서 생활한다.

::실무상의 포인트

① 감정에서 유형이 변경될 수도

K씨의 경우에는 신청 시 진단서에서는 한정후견 유형으로 진단을 받아 한정후견 개시를 신청하였지만, 가정법원은 성년후견 유형에 해당된다는 감정을 받아 성년후견인을 선임하였다. 즉, 성년후견인의 선임 신청과정에서 의사의 진단서를 첨부하지만 가정법원의 감정도 필요하다.

- 감정인: 일반적으로 후견인 신청 시, 진단서를 작성한 의사가 피후견인에 대한 정신감정을 실시할 수 있는지에 대해 물어본다. 그 의사가 수락한 경우에는 그 의사에 의해, 수락하지 않은 경우에는 가정법원이 선택한 의사에 의하여 감정을 실시한다.
- 감정기간: 감정한 의사에 따라 차이가 있지만 대부분 1개월 정도 걸린다.
- 감정비용: 감정인은 감정으로 발생한 비용을 청구할 수 있다. 감정료는 5~10만 엔 정도다. 또한 가정법원이 피감정인에게 감정비용을 미리 납부시킬 수 있기 때문에 신청 시에 감정료를 납부할 필요가 있다.

② 피후견인의 재산을 지키기 위해서 무엇을 해야 하는가

신청서류에는 피후견인의 재산이나 부채 등이 기재되기 때문에 관계자 등으로부터 그 내역을 확인한다. K씨의 경우 이용하고 있는 요양사업소의 매니저나 지역포괄지원센터의 직원에게 사정을 듣고 미지불 비용 등의 유무를 확인하였다. K씨가 이용하고 있었던 금융기관에 K씨의 성년후견제도 이용사실을 신고하여, 성년후견인 이외의 사람이 현금인출을 하지 못하도록 하였다. 또한 거주지 인근의 금융기관에도 조회하여 다른 계좌가 없는지 확인한다. 실제로 신청서류에 없었던 계좌가 발견되는 경우가 있기 때문에 주의하여 조사한다.

K씨의 관계자에게는 필요에 의해 성년후견인으로 선임되었다는 사실을 알린다. K씨는 연금 수급일에 찾아온 이웃들에게는 성년후견인의 역할을 설명하였다. 이웃들은 K씨 혼자서는 금전 인출이 안되는 것을 알게 되었고, 더는 돈을 빌리러 오는 사람이 없어졌다.

③ 독거노인은 걱정된다. 어떤 방법이 있을까?

성년후견인은 한 달에 1회, 피후견인 집에 생활비를 전달하고 그 외 필요에 따라 자택을 방문하거나 전화를 하는 등 보호활동을 하고 있다.

K씨의 경우 하루에 2번, 일주일에 6번 돌봄서비스를 이용하는데, 요양보호사는 집안일도 돕고 신체도 보살펴준다. 그 밖에 접골원(어긋나거나 부러진 뼈를 이어 맞추는 일을 하는 전문기관)에서 재활치료나 마사지를 잘 받고 있는지 안부를 확인한다.

이처럼 노인이 혼자 살아가기 위해서는 케어매니저, 요양보호사 등 다양한 관계자와 팀워크를 이룰 필요가 있다. 평소에 피후견인과 관계가 있는 사람들과 교류하는 노력이 필요하다.

또한 낙상을 예방하기 위하여 주택을 개보수하고 손잡이를 설치하는 등 피후견인이 안심하고 살 수 있도록 생활환경을 조성하는 것도 중요하다. 요양보험제도에서는 20만 엔까지 주택개보수의 90%를 보조해주고 지자체에 따라 여러 가지 제도가 있기 때문에 케어매니저 등을 통해 정보를 확인해 두도록 한다. 또한 주택개보수 공사를 한 경우 소득세 공제를 받을 수 있으므로 세무사 등 전문가에게 상담한다.

8) 상속에 대응하기 위해서는?

피한정후견인 K씨

- •성별 : 여성
- •연령 : 79세
- •수입 : 연금 약 10만 엔/월
- •재산 : 예 · 저금 약 400만 엔, 추정 상속재산 1,500만 엔
- •장애정도 : 조울증
- •신청인 : 본인

이전에는 배우자가 K씨의 재산관리를 하였지만 1년 전에 사망하였기 때문에 K씨의 형제부부가 재산관리 등을 도와주기로 하였다. 자녀는 없고 배우자의 사망에 따른 형제와의 유산분할도 미결상태였기 때문에 상속인 한 명으로부터 병원에 민원이 들어왔다. 병원에서 대응하기 난처해지자 병원 담당자의 상담에 의해 NPO법인이 특정후견인으로 선임되었다. 사망한 배우자의 재산의 범위나 상속인도 명확하지 않았기 때문에 피특정후견인의 재산과 함께 상속인과 상속대상재산의 조사를 실시하였다.

::실무상의 포인트

① 상속의 절차는?

K씨의 경우 상속재산이나 다른 상속인이 명확하지 않았기 때문에 동시에 조사를 진행하였다. 상속재산은 K씨에게 듣거나 우편으로 증권회사 등 금융기관에 대한 조회를 통하여 확정해갔다. 여기서 주의해야 할 점은 피특정후견인으로부터 들은 내용을 무조건 신뢰해서는 안 된다는 것이다. 얻은 정보는 조사의 단서만으로 활용되어야 한다. 한계는 있지만 피특정후견인이 재산에 대해 언급한 내용은 빠짐없이 조사해야 한다.

상속인 조사에서는 피상속인의 호적을 근거로 상속인을 확인한다. 지자체에 따라 차이는 있지만 현재 호적사무에서 원칙으로 성년후견인이 대리인으로 청구할 수 있는 것은 피후견인을 포함한 직계혈통에 한정된다. 그래서 방계 친족의 호적등본 청구가 거부된 경우에는 그 사람의 호적이 반드시 필요한 이유를 설명하여 해당 지자체의 담당창구의 이해를 구해야 한다. 상속인이 확정되면 상속인들에게 상속개시를 알리는 통지문을 보낸다.

상속인 가운데 1명이 K씨의 병원에 민원을 접수하였고 후에 일어날 수 있는 문제를 회피하기 위해서 변호사에 의뢰하여 유산분할협의서를 작성하였다.

② 정신보건복지법상의 보호자와 성년후견인은 어떻게 다른가?

정신보건 및 정신장애인 복지에 관한 법률 제20조에는 '보호자가 되는 자', 제22조에는 '보호자의 의무'가 규정되어 있다.

보호자 제1순위로 성년후견인 및 한정후견인이 규정되어 있다.

그리고 후견인은 정신장애인에게 치료를 받게 하며 정신장애인의 재산상의 이익을 보호해야 한다.

예를 들어 '의료보호입원'(정신보건복지법 제33조)에서는 본인이 정신장애인이고 입원을 하지 않으면 현저한 지장이 생길 경우, 보호자의 동의가 있으면 본인의 동의 없이 입원을 시킬 수 있다고 규정한다. 이때 보호자는 본인에게 진찰 및 의료를 받게 하기 위하여 의사와 협력하고, 의사의 지시에 반드시 따라야 한다. 또한 정신보건복지법의 '재산상의 이익보호'란 외견상으로 성년후견인의 사무와 비슷하지만 피후견인의 일상용품이 분실되지 않도록 관리하거나 퇴원할 때 입원 전에 입소한 시설에 맡긴 짐을 인수받는 등 사실상의 '관리'에 한정된다.

따라서 이러한 경우에 후견인은 '보호자'로서 치료협력의무로 인해 '신상감호의 측면에서 입원거부' 등을 할 수 없기 때문에 후견인으로서의 선택의 폭이 좁다. 그러므로 긴급성 및 입원하는 곳의 운영상황에 맞게 재산관리를 할 필요가 있다.

9) 입원 시 주의점, 의료동의

피후견인 K씨

- 성별 : 남성
- 연령 : 63세
- 수입 : 연금 약 15만 엔/월
- 재산 : 예 · 저금 약 50만 엔
- 장애정도 : 치매
- 신청인 : 친족

K씨는 S시에 있는 작은 사원의 주지이다. K씨가 치매에 걸리자 이해할 수 없는 행동을 많이 하였고, 신도들로부터 민원이 거듭되었다. 이를 견디다 못한 부주지인 조카가 NPO법인에 후견인을 신청하였다. 의사에 의한 진단결과는 '성년후견인이 필요할 정도의 판단능력 저하'였다. K씨는 약년(若年)성 치매(65세 이전의 이른 나이에 나타나는 치매)이지만 몸은 건강하기 때문에 혼자 운전하며 외출하는 일이 많아 사고를 일으킬 위험성이 높은 상황이었다. 또한 기질이 거칠어 부주지나 신도들 등 주위 사람들에게 큰소리로 욕설을 하거나 비상식적인 행동을 반복해 집에서의 감독이 곤란했다. 그래서 친족과의 상의를 거쳐 K씨를 설득, 병원에 입원시켰다.

K씨의 입원 후 재산조사 과정에서 업무상의 불명확한 증명서류와 여러 차례 반복 계약한 생명보험증권이 발견되었다. 또한 많은 증서들은 이미 분실된 상태였으며, 남은 증서 중에는 부당하게 청구된 영수증도 발견되었다. 후견인은 이러한 재산이나 경리(經理)관계를 정리하였고, 사원은 부주지가 승계하였다.

::실무상의 포인트

① 입원절차에서 조심해야 할 것은?

성년후견인은 피후견인의 신상을 배려할 의무가 있기 때문에 본인이 입원이나 시설입소를 거부한 경우, 원칙적으로 그 의사를 존중해야 한다. 특히, 피후견인이 강하게 입원을 거부할 경우에는 입원절차를 진행하기 어려울 것이다. 그런 경우에는 피후견인의 납득을 얻을 수 있는 범위 내에서 이야기를 해야 한다.

시설입소 절차 시 많은 시설에서 계약서와 중요사항 설명서, 기타 다양한 동의서를 요구하는 경우가 있다. 그러나 의료사고에 대한 동의는 물론, 입원 입소 시의 위험에 대한 동의나 보증인으로서의 서약 또한 피하는 것이 좋다.

확실히 입원 및 입소시설에서의 위험은 노인이 일상생활을 영위하는 데에 어쩔 수 없는 부분이다. 그러나 친족이라면 납득하고 동의서에 서명할 수 있는 일이라도 성년후견인이 친족처럼 일하면 안 된다. 왜냐하면 사실상 생명의 위험 등 피후견인의 이익에 반할 가능성이 있고, 의료사고 등이 발생하였을 경우 입원시설에 대한 책임 추궁이 어려워질 수 있다.

또한 성년후견인이 '피후견인의 대리인'이라는 것을 생각해보면, 성년후견인이 피후견인의 보증인이 되는 것은 무의미한 행위라 할 수 있다. 또한 성년후견인이 개인적으로 보증인이 되면 그 직무범위를 벗어나 향후 큰 위험에 처할 수 있다.

② 확정신고는 어떻게 해야 하는가?

사업소득은 연간수입에서 필요경비를 빼서(사업소득 = 연간수입 - 필요경비) 계산하지만, K씨의 경우에는 수입에서 모든 경비가 빠지지 않고, 실제보다 과다하게 소득액으로 기록되는 등 상당한 오류가 발견되었다. 그 결과, 실제로는 경비의 합계가 수입액을 상회하는 적자 상태였기 때문에 애초에 납부할 세금이 없었던 것으로 밝혀졌다. 그래서 다시 계산한 결과를 기초로 '경정(更正) 청구서'를 작성하였으며 세무서에 잘못된 확정신고를 정정하는 한편, 필요 이상 납부한 세금의 환급을 요청하였다.

향후 과제

제 7 장

성년후견제 도입을 위하여 추진연대체도 만들고 숱한 노력을 다하였지만, 기본법인 민법을 고치는 일이 가능할 것인지에 대하여는 회의하는 이가 적지 않았다.

하늘은 스스로 돕는 이를 돕는다는 말이 진리인 것인지, 장애인과 그 부모들이 집회와 시위까지 마다하지 않으며 애쓰고 있을 때, 마침 법무부에서는 민법개정위원회와 민법개정사무국을 운영하면서 민법 전체에 대한 정비에 나서고 있었다.

이 작업을 주도하는 법무부 법무심의관실에 구상엽 검사가 배치된 것은 이 나라 장애인과 노인 같은 소수자들에게는 실로 큰 축복이었다.

구 검사는 법률가로서 명석하였으며 공직자로서 사명감이 투철하였다. 거기에 보태어 인권에 대한 뚜렷한 신념과 어려운 사람들에 대한 강한 연대의식을 가지고 있었다. 그는 단순히 책상에 앉아서만 일한 것이 아니라, 장애인과 현장을 수없이 찾아다니며 많은 이야기를 경청하고 대화하며 함께 최선의 방법을 모색해 나갔다.

필자는 국회와 현장에서 만나는 구 검사의 열린 자세와, 비전을 제시하며 영혼을 담아 설득하는 자세에 감동하여 가장 행복한 입법과정을 함께 할 수 있었으며, 자랑스럽게 입법과정을 장애인단체와 학계에 전달할 수 있었다. 성년후견제도의 도입은 내용뿐만이 아니라, 입법과정 또한 연구하여 본보기로 삼을 필요가 있다고 생각할 정도이다.

2011년 민법개정안이 통과된 후 국회에서 열린 심포지엄에서 구 검사는 토론자로 참석하여 그 입법과정을 소개한 적이 있다.

구 검사는 장애인들과 만나는 과정에서 가장 심각하게 느낀 문제는 종전 제도가 가졌던 부정적 낙인효과였다고 했다. 후견을 받는다는 사실이 장애인과 그 가족의 명예감을 실추시킨다면, 그것은 죽은 제도라고 했다. 따라서 모든 정책적 판단과정에서 최종적인 선택의 기준은 '어떻게 하면 기존의 후견제도가 가지는 부정적 낙인효과를 완화할 수 있겠는가' 하는 것이었다.

한편 실무자로서 정책의 생존 가능성을 고민하지 않을 수 없었다고 한다. 민법을 개정할 것이냐, 특별법으로 갈 것이냐의 정책판단도 바로 이러한 입법의 이데올로기와 정책의 생존 가능성과의 타협이었다.

후견관청 설립이나 피후견인의 지원, 후견인의 양성 같은 예산이 뒷받침되어야 하는 예산수반 법률이 될 경우 입법에 실패하는 전례를 참고하여, 가장 지혜로운 전략을 세웠다. 우선 민법개정을 통해 성년후견제도의 기틀을 만든 다음 특별법을 제정하여 세부적인 규정을 정비하는 단계적 입법전략이 바로 그것이다.

민법상의 금치산·한정치산제도를 근본적으로 고쳐 부정적 인식을 없애고, 성년후견제도의 무색투명한 큰 틀만 민법에 담아 이해단체와 관련부처 사이의 갈등 소재를 없애고, 예산과 행정규제에 관련된 내용을 배제함으로써 법안 심의를 간소화하는 전략이다.

그것은 성공했다.

다음 개정 민법 통과 후 이를 기초로 예산을 확보하고 후견인의 관리감독과 재정적 지원에 관한 특별법을 제정하는 것이 효과적이라고 판단하였던 것이다. 그리고 구 검사는 떠났다.

구 검사는 우리의 입법이 세계적으로도 자랑스럽다고 했다.

또 입법자가 진정성과 비전을 보여줄 수 있다면, 우리 국민은 당장의 불만을 인내하고 호흡을 길게 가져갈 수 있는 지혜와 아량을 가지고 있음을 경험하였다고 하였다.

이제는 단계적 입법전략이 예정대로 한 걸음씩 나아갈 때이다.

1. 후속 입법과 기존 법률의 개정

1) 소송법

현행 민사소송법상 미성년자 · 금치산자 · 한정치산자는 법정대리인을 통해서만 소송행위를 할 수 있다. 그리고 미성년자 또는 한정치산자가 독립하여 법률행위를 할 수 있을 때에 대해서만 예외를 인정한다(제 55조). 피성년후견인은 대부분 의사능력이 결여된 상태로, 소송능력이 금치산자와 비슷한 수준이라고 생각해도 크게 무리가 없다. 하지만 피한정후견인의 경우는 필요한 범위에서만 행위능력이 제한되므로 한정치산자의 소송능력을 그대로 적용하는 것은 적절하

〈그림 7-1〉 2011년 열린 “성년후견제 도입의 의미와 향후 과제” 간담회

지 않다. 따라서 원칙적으로 피한정후견인의 소송능력을 인정하되, 피한정후견인의 행위능력이 제한되는 영역에 한해서 예외적으로 소송능력을 인정하지 않는 것이 바람직한 입법 형식일 것이다. 소송행위는 법률행위보다 고도의 판단능력이 필요하므로 본인 보호 차원에서 소송능력과 행위능력을 달리 취급해야 한다는 반대의견도 있지만, 피한정인이 지니는 정신적 제약의 범위가 넓은 점을 고려하면 소송능력을 획일적으로 제한하는 것은 부당하다고 봐야 한다.

독일에서는 원칙적으로 행위무능력자도 후견개시절차에서 단독으로 절차행위를 할 수 있으며, 필요한 경우 후견법원에 의해 절차보좌인이 선임되도록 하는 한편, 후견법관은 피후견인에게 의견을 물어 직접 사실관계를 확인하고 예측 가능한 상황들을 설명해 주도록 규정한다(가사비송사건절차법 제67조, 제68조 제1항). 우리나라에서도 가정법원의 후견적 역할이 강조되는 사건에 대해서는 본인의 절차능력을 보다 탄력적으로 인정하는 명확한 근거를 마련하는 것이

바람직할 것이다.

2) 공증인법

개정 민법은 후견계약 체결과정의 공정성을 확보하기 위해서 공정증서 작성을 요건으로 하고 있다(제959조의14 제2항). 후견계약에 관한 공정증서를 작성할 때 중요한 것은 본인의 의사를 확인하는 것이다. 그런데 현행 공증인법에서는 대리인의 요청(촉탁)에 의한 공정증서 작성도 허용하고 있어 본인의 의사가 제대로 확인되지 않은 상태에서 후견계약이 체결될 우려가 있다(제30조). 따라서 공증인이 후견계약 공정증서를 작성하는 과정에서 본인의 의사를 확인할 수 있도록 공증인법을 개정할 필요가 있다.

본인의 의사를 확인할 수 없는 경우 후견계약에 관한 공정증서 작성을 금지하기는 쉽지 않다. 이는 후견계약의 대리가 가능한 것인지와도 밀접한 관련이 있다. 예를 들면 식물인간 상태인 미성년자의 부모가 법정대리인으로서 자녀가 성인이 된 이후 또는 부모가 사망한 이후를 대비하여 자녀를 위한 후견계약을 체결하는 경우 본인의 의사 확인이 불가능하더라도 공정증서 작성을 허용하는 것이 바람직하다.

다음으로 공증인법상 후견계약이나 공정증서 작성양식을 어느 정도 통일할 필요가 있다. 후견계약의 체결은 사적 자치에 맡겨져 있기 때문에 당사자들이 내용을 자유롭게 정할 수 있는 장점이 있지만, 처음 임의후견을 이용하고자 하는 사람은 후견계약에 어떤 내용을 어떤 형식으로 담아야 하는지 알기 어려워 후견계약의 내용이 부실해질 우려가 있다. 따라서 후견계약·공정증서 표준양식을 이용함으로써 후견계약 당사자의 편익을 증진하고, 공증의 시간과 비용을 절약해 임의후견인의 권한과 책임을 명확히 하여 법적 분쟁을 예방하는 것이 바람직하다. 특히 후견등기제도와 연계하여 후견계약·공정증서 양식을 표준화할 때 공시의 효율성도 높을 것으로 기대된다.

3) 후견등기법

금치산·한정치산제도에서는 후견사항이 가족관계등록부에 공시되었다. 금치산·한정치산 선고가 확정되면 법원사무관 등이 이를 공고하고(가사소송규칙 제37조), 사건 본인의 등록기준지 시·군·읍·면의 신원조회 담당자에게 통지하면 담당자는 선고문의 인적사항을 확인한 후 가족관계등록부에 기본증명 사항으로 기재한다. 등록부 기록사항 증명서는 원칙적으로 본인, 배우자, 직계혈족, 형제자매만이 교부를 신청할 수 있고, 그 밖에 대법원규칙으로 정하는 정당한 이해관계인도 신청할 수 있도록 하고 있다(가족관계등록 등에 관한 법률 제14조 제1항). 정당한 이해관계란 민법상의 법정대리인, 채권·채무의 상속과 관련하여 상속인의 범위를 확인하기 위해서 등록사항별 증명서의 교부가 필요한 사람 및 그 밖에 공익목적상 합리적 이유가 있는 경우로서 대법원예규가 정하는 사람을 말한다(가족관계의 등록 등에 관한 규칙 제19조 제2항).

개정 민법에서는 가족관계등록부 대신 새로운 후견등기제도를 공시방법으로 채택하고 있다. 우선, 우리의 한정후견제도는 종전의 한정치산 선고와 크게 달라졌기 때문이다. 종전의 한정치산 선고는 선고만으로 한정치산인의 행위능력 전반이 제한되었다. 그러나 새로운 민법상의 피후견인은 가정법원이 후견인의 동의를 받도록 따로 정한 행위에 대해서만 행위능력이 제한된다. 따라서 법원의 결정내용을 등기를 통하여 공시할 필요성이 커진 것이다. 다음으로, 개정 민법은 공정증서로 체결된 후견계약은 반드시 등기하도록 하였다. 이 때문에 가족관계등록부의 등재만으로는 해결할 수가 없어 따로 후견등기에 관한 법률이 제정될 예정이다. 이 법을 제정할 때는 피후견인의 이익과 거래의 안전을 모두 고려하여 입법하여야 할 것이다. 후견인의 권한과 직무가 세분화되고 신상보호에 관한 영역까지 확대되기 때문에 후견등기 사항이 복잡해질 것으로 예상된다. 따라서 후견등기의 공시사항과 열람교부 청구권자의 범위를 합리적으로 정비할 필요가 있다.

독일의 경우 과거에는 연방중앙등록부(Bundeszentralegister)에 행위능력 제한사실을 등록했으나 새로운 성년후견제도에서는 원칙적으로 행위능력의 제한이 없기 때문에 공시를 하지 않고 있다(연방중앙등록법 제3조 제2호 및 제9조 삭제). 또 정당한 이해관계를 소명한 사람은 법원의 성년후견기록을 열람하는 방법으로 후견사항을 확인할 수도 있다. 프랑스에서는 피보호자의 출생증서 비고란에 후견사항을 기재하여 공시하고 있으며, 영국에서는 지속적 대리권을 공공신탁관리소(Public Trust Office)에 등록하여 일정한 사유만 있으면 누구든지 등록사항을 확인할 수 있도록 하고 있다. 우리나라와 유사한 법제를 가지고 있는 일본의 경우 호적부 대신 새로운 후견등기부를 만들어 활용하고 있다. 후견등기사무는 법무대신이 지정하는 법무국 또는 지방법무국, 그 지국 또는 출장소가 담당하며, 등기사항증명서의 교부 청구권자는 본인, 성년후견인, 성년후견감독인, 임의후견인, 임의후견감독인, 배우자, 4촌 이내의 친족 등으로 한정한다(후견등기 등에 관한 법률 제2조, 제10조).

우리나라에서도 후견등기부의 공개대상은 본인, 후견인, 후견감독인, 배우자 및 근친자 등으로 제한하는 것이 바람직하다고 본다. 그러나 거래 상대방 내지 거래를 희망하는 상대에게도 정보공개 대상자로 할 것인지는 논의가 필요하다. 거래안전을 위해서는 거래 상대방도 후견등기부를 열람할 수 있어야 한다는 견해가 있지만, 개인정보가 무분별하게 공개될 우려가 있다. 정보가 필요한 단계는 대개 거래성사 이전단계이기 때문에 단순한 교섭의 시도만으로 정당한 이해관계가 있다고 볼 수 있을지는 의문이다. 정당한 이해관계를 인정한다고 하더라도 과연 어떠한 방법으로 이를 소명할 수 있을지 역시 불분명하다. 따라서 거래 상대방으로서는 본인 내지 그 대리인에게 후견사항증명서를 발급받아 오도록 하는 것이 가장 현실적이고 분명한 방법이라고 생각한다.

다음으로 법인후견인의 공시방식이다. 법인의 명칭, 사무소 소재지 등에 대한 정보가 공시되어야 한다. 하지만 법인후견인도 피후견인과의 개인적 유대가 강조되기 때문에 특정 구성원이 후견을 전담할 가능성이 많다. 그렇기 때문에 후견등기부에 법인만 표시될 경우 부작용이 있을 수 있다. 예를 들면, 법인으로부터 후견직무를 위임받지 않은 직원이 후견등기부와 근로관계 증빙서류만 가지고 후견인으로 행세할 경우, 제3자로서는 그가 일정한 자격이나 권리를 가지고 있는 사람인지 제대로 파악할 수 없을 뿐만 아니라 관계를 제대로 확인하지 않을 수 있다. 또한 실제로 후견직무를 수행하는 법인의 직원이나 그와 거래하는 상대방의 입장에서도 후견법인의 공신력을 확인할 수 있는 방법이 없어 불편하다. 등기부에 후견법인뿐만 아니라 실제로 후견업무를 담당하는 직원을 함께 공시하는 방법을 생각할 수 있으나, 업무가 변동될 때마다 변경등기를 해야 하는 불편이 있다. 또, 업무변동과 변경등기 사이에 시간적 간극이 생겨 권한이 소멸된 직원이 후견업무 담당자의 지위를 가장할 우려도 있다. 따라서 새로운 등기시스템의 효율성과 간이성에 대한 분석이 이루어진 후에야 후견법인의 공시사항을 정할 수 있을 것이다.

마지막으로 후견등기법상 기존 금치산자, 한정치산자를 어떻게 취급할 것인가에 대한 검토도 필요하다. 일본의 경우 구법에 의한 금치산・준금치산 선고의 효력을 신법에 의한 후견개시심판・보좌개시심판에 준하는 것으로 보는 한편(민법 부칙 제3조 제1항, 제2항), 개정 민법 부칙에 의하여 성년피후견인・성년후견인・성년후견감독인・피보좌인・보좌인으로 간주되는 자 또는 성년피후견인・피보좌인으로 간주되는 자의 배우자 또는 4촌 이내의 친족이 후견등기・보좌등기를 신청할 수 있도록 규정한다(후견등기 등에 관한 법률 부칙 제2조 제1항, 제2항). 그런데 우리 개정 민법은 이미 금치산 또는 한정치산의 선고를 받은 사람에 대하여는 종전의 규정을 적용하도록 한다(부칙 제2조 제1항). 또한 일본의 보좌는 준금치산의 연장선상에 있다고 볼 여지가 크지만, 우리 한정후견은 한정치산과 성격이 매우 다르다. 따라서 우리나라에서는 후견등기부에 금치산・한정치산 선고의 내용을 새로운 후견유형으로 전환하여 공시하는 방법은 적절하지 않다. 그러므로 기존 금치산자, 한정치산자에 대해서는 종전의 규정을 적용하도록 하고 있으므로 가족관계등록부에 공시하는 것이 그 해결책이라 할 수 있다.

4) 정신보건법

정신능력이 미약한 사람들이 사회에서 강제로 격리되는 극단적인 예가 정신병원 등 보호시설에 강제로 입원되는 경우이다. 이 경우 국가가 제대로 통제하지 않는다면 본인의 의사에 반한 채 고립되어 보호시설에서 부당한 처우를 받을 수 있으며, 유기(遺棄)한 가족들에 의하여 재산을 빼앗기거나, 무엇보다 퇴원이 자유롭지 않아 영원히 사회로 복귀할 수 없을 수도 있다. 개정 민법에서는 이러한 폐해를 없애기 위하여 후견인이 피후견인을 치료 등의 목적으로 정신병원이나 그 밖의 다른 장소에 격리하려는 경우에는 가정법원의 허가를 받도록 하였다(제 947조의 2). 그런데 정신질환자를 정신병원에 입원시킬 때는 민법이 아니라 정신보건법에 근거한다. 정신보건법에 의해서 정신의료기관에 비자발적으로 입원되는 환자 중 상당수는 후견제도의 보호대상임에도 불구하고 민법에 비해 입원절차에 대한 요건이 상당히 완화되어 있다.

정신보건법상 정신질환자란 정신병·인격장애·알코올 및 약물중독 기타 비정신병적 정신장애를 가진 자를 말한다(제 3조). 정신의료기관 등의 장은 정신과 전문의가 입원 등이 필요하다고 판단한 경우 정신질환자의 보호의무자 2인의 동의(보호의무자가 1인인 경우에는 그의 동의)만 있으면 정신질환자를 입원시킬 수 있다(제 24조). '보호의무자'란 민법상 부양의무자 또는 후견인을 말하는데(정신보건법 제 21조), 후견제도의 이용률이 매우 저조하기 때문에 부양의무자가 보호의무자가 되는 경우가 많다. 결국 본인이 의사전달을 제대로 할 수 없는 상태에서 이해관계가 상충되는 동거가족이 정신과 전문의의 진단만 받을 수 있다면 언제든 쉽게 피보호자를 격리시킬 수 있는 것이다. 후견인이 선임되어 있다 하더라도 강제입원의 동의권자로 부양의무자와 후견인을 병렬적으로 규정하고 있기 때문에 부양가족의 동의만 있으면 개정 민법상 가정법원의 허가절차 없이도 입원시킬 수 있다. 그러므로 후견인이 가정법원의 허가를 받아 피후견인을 입원시키는 경우는 많지 않을 것이다. 결국 정신보건법이 개정되지 않는 한 금치산제도는 물론이고 앞으로 시행될 개정 민법상 성년후견제도도 정신질환자의 강제입원과 관련해서는 무의미할 수밖에 없다.

따라서 개정 민법의 취지에 맞게 정신보건법에 의한 강제입원제도상의 보호의무자를 민법상 부양의무자가 아닌 법원의 감독이 가능한 후견인만으로 규정해야 할 것이다. 그렇게 되면 후견인은 정신보건법과 민법 모두의 적용을 받으며, 정신보건법상 입원동의를 하기 위해서는 민법의 규정에 따라 반드시 가정법원의 허가를 받아야 할 것이다. 이처럼 의료기관 격리수용 시 후견인의 동의와 가정법원의 허가를 받도록 하면 환자의 자기결정권 보장이 자연스럽게 이루어지고, 강제입원 과정에서의 인권침해를 방지할 수 있다. 또한 입원 이후에도 후견인이 보호시설의 처우에 대해서 수시로 감독할 수 있으므로 인권의 사각지대(死角地帶)를 해소하는 데 결정적 역할을 할 것으로 기대된다.

정신보건법상 강제입원 시 항상 후견인의 동의를 받게 할 경우 후견사건 폭증으로 인하여 가정법원의 부담이 가중되고 절차가 지연될 것이라는 비판이 있다. 하지만 개정 민법에서는 특정후견제도가 신설되어 간소한 절차를 거쳐 특정후견인을 선임할 수 있고, 가정법원이 직접 후견인의 동의에 갈음하는 보호조치를 할 수 있기 때문에 이러한 부작용은 상당 부분 완화될 수 있다.

5) 자격제한 관련 법령

변호사법(제5조 제5호), 의료법(제8조 제3호) 등 각종 법령에서 금치산자, 한정치산자를 결격 사유로 규정한다. 하지만, 후견을 받는다는 사실만으로 자격을 박탈하는 것은 헌법상 보장된 직업선택의 자유를 제한하는 것이며, 후견의 부정적 낙인효과를 심화시킨다. 결격사유의 존치를 주장하는 주된 논거는 해당 직업의 공익성 내지 파급효과에 비추어 볼 때 자질이 부족한 사람이 활동할 경우 막대한 사회적 피해를 야기할 수 있다는 우려일 것이다. 또한 해당 직업의 수행과정에서 민형사상 책임을 지게 될 수도 있으므로 피후견인의 보호 차원에서 결격규정의 필요성을 언급하는 견해도 있을 수 있다. 하지만 현행 결격규정의 실태를 살펴보면 과도한 제약이라는 느낌을 지울 수 없다. 예를 들면 신체적 능력이 가장 중요시되는 경륜선수의 자격을 한정치산 선고를 받았다는 사실만으로 박탈하는 것이 과연 타당한지 의문이다(경륜·경정법 제7조 제1항). 또, 고도의 정신능력과 윤리의식이 요구되는 직업이라고 할지라도 후견을 받는다는 사실을 결격사유로 하는 것은 아무래도 설득력이 약하다. 이러한 직업은 대개 시험이나 면접 등 엄격한 검증절차를 거쳐 자격이 부여되기 때문에 정신능력이 부족한 사람은 이러한 검증절차를 통과하기 어렵다. 결국 피후견인을 결격사유로 하는 것은 실질적인 자질검증을 하지 않겠다는 행 편의적 발상으로 비추어질 수 있다. 또한 후견을 받는 사람들이 결격규정을 원하지 않는 이상 섣불리 피후견인 보호를 자격제한의 명분으로 내세워서는 안 될 것이다. 무엇보다 해당직무를 수행하지 못하는 사유에는 정신질환, 신체적 장애, 도덕성 결여 등 여러 가지가 있을 수 있는데, 유독 피후견인만 결격대상으로 하는 것은 평등의 원칙에 반한다. 이러한 기본적인 원칙에 입각해 국회의원 박은수는 2011년 12월에 개정 민법에 의해 금치산, 한정치산제도가 폐지됨에 따라 금치산자와 한정치산자를 관계법령에서 삭제하는 개정안을 〈표 7-1〉과 같이 일괄적으로 발의한 바 있다.

〈표 7-1〉 금치산 · 한정치산 삭제 개정법률안

연번	법률명	주요내용
1	가맹사업거래의 공정화에 관한 법률	가맹거래사의 결격 사유에서 금치산자·한정치산자를 삭제함 (제27조 제2항 제1호)
2	가정폭력방지 및 피해자보호 등에 관한 법률	긴급센터, 상담소, 보호시설의 장 또는 그 밖에 긴급전화센터·상담소 및 보호시설 종사자의 결격 사유에서 금치산자·한정치산자를 삭제함 (제8조의2 제1항 제1호)
3	건축사법	건축사 자격의 제한요건에서 금치산자·한정치산자를 삭제함 (제9조 제1호)
4	경찰공무원법	경찰공무원의 임용자격 및 결격 사유 중 하나인 '금치산자 또는 한정치산자'를 삭제함(제7조 제2항 제3호).
5	공인노무사법	공인노무사 결격 사유 중 하나인 '금치산자 또는 한정치산자'를 삭제함 (제4조 제2호)
6	공인회계사법	공인회계사 결격 사유에서 '금치산자·한정치산자'를 삭제함 (제4조 제1호)
7	공증인법	임명공증인 결격 사유 중 '금치산자 또는 한정치산자'를 삭제함 (제13조 제1호)
8	공직선거법	선거권이 없는 대상에서 '금치산 선고를 받은 자'를 삭제함 (제18조 제1항 제1호)
9	관세사법	관세사 결격 사유에서 금치산자와 한정치산자를 삭제함 (제5조 제2호)
10	교통안전법	일반교통안전진단기관 등록불가 사유에서 금치산자 또는 한정치산자를 제외함(제41조 제1호)
11	국가공무원법	국가공무원 임용 결격 사유에서 금치산자 또는 한정치산자를 제외함 (제33조 제1호)
12	국가정보원직원법	직원 임용 결격 사유에서 금치산자 또는 한정치산자를 삭제함 (제8조 제2항 제2호)
13	국민건강증진법	보건교육사 결격 사유에서 금치산자·한정치산자를 삭제함 (제12조의2 제2항 제1호)
14	국민연금법	공단 임원의 결격 사유에서 금치산자·한정치산자를 삭제함 (제35조 제1호)

〈표 7-1〉 계 속

연번	법률명	주요내용
15	군인사법	장교·부사관 임용 결격 사유에서 금치산자와 한정치산자를 삭제함 (안 제10조 제2항 제2호 삭제)
16	기상산업진흥법	기상사업 허가의 결격 사유에서 금치산자·한정치산자를 삭제함 (제7조 제1호)
17	노인복지법	요양보호사의 결격 사유에서 금치산자·한정치산자를 삭제함 (제39조의13제3호)
18	농어촌정비법	환지사의 결격 사유에서 금치산자·한정치산자를 삭제함 (제29조 제1호)
19	대한적십자사 조직법	대한적십자사 임원 결격 사유에서 금치산자·한정치산자를 삭제함 (제18조 제1호)
20	마약류 관리에 관한 법률	마약류 취급자의 허가·지정 자격제한 요건에서 금치산자·한정치산자를 삭제함(제6조 제3항 제1호)
21	모자보건법	산후조리원 설치·운영 결격 사유에서 금치산자·한정치산자를 삭제함 (제15조의2 제1호)
22	문화재수리 등에 관한 법률	문화재수리기술자의 결격 사유에서 금치산자·한정치산자를 삭제함 (제9조 제2호)
23	법무사법	법무사의 결격 사유에서 금치산자·한정치산자를 삭제함 (제6조 제1호)
24	변호사법	변호사의 자격제한 요건에서 금치산자·한정치산자를 삭제함 (제5조 제5호)
25	사회복지사업법	사회복지위원회의 위원 자격제한 요건에서 금치산자·한정치산자를 삭제 함(제7조 제3항 제2호)
26	성폭력방지 및 피해자 보호 등에 관한 법률	상담원 등의 자격제한 요건에서 금치산자·한정치산자를 삭제함 (제19조 제1항 제1호)
27	세무사법	세무사의 결격 사유에서 금치산자·한정치산자를 삭제함 (제4조 제2호)
28	소방기본법	소방안전교육사의 결격 사유에서 금치산자·한정치산자를 삭제함 (제17조의3 제1호)
29	수도법	정수시설운영관리사의 결격 사유에서 금치산자·한정치산자를 삭제함 (안 제24조 제2항 제1호)
30	수의사법	수의사의 자격제한 요건에서 금치산자·한정치산자를 삭제함 (제5조 제2호)
31	야생 동·식물보호법	야생동·식물보호원의 결격 사유에서 금치산자·한정치산자를 삭제함 (안 제60조 제1호)
32	약사법	약사 또는 한의사 면허 자격제한 요건에서 금치산자·한정치산자를 삭제함 (제5조 제2호)

〈표 7-1〉 계 속

연 번	법률명	주요내용
33	영유아보육법	보육시설 설치·운영 자격제한 요건에서 금치산자·한정치산자를 삭제함 (제16조 제1호)
34	응급의료에 관한 법률	응급구조사의 결격 사유에서 금치산자·한정치산자를 삭제함 (제37조 제3호)
35	의료기기법	의료기기의 제조업허가 결격 사유에서 금치산자·한정치산자를 삭제함 (제6조 제1항 제2호)
36	의료기사 등에 관한 법률	의료기사 등의 면허의 결격 사유에서 금치산자·한정치산자를 삭제함 (제5조 제3호)
37	의료법	의료인 면허의 결격 사유에서 금치산자·한정치산자를 삭제함 (제8조 제3호)
38	자격기본법	민간자격관리자의 결격 사유에서 금치산자·한정치산자를 삭제함 (안 제18조 제1호)
39	장애인복지법	국가시험 응시 자격제한 요건에서 금치산자·한정치산자를 삭제함 (제74조 제1항 제3호)
40	장애인활동 지원에 관한 법률	활동지원인력의 결격 사유에서 금치산자·한정치산자를 삭제함 (제29조 제1호)
41	전파법	무선종사자의 결격 사유에서 금치산자·한정치산자를 삭제함 (안 제71조 제1호)
42	정신보건법	정신보건전문요원 면허 자격제한 요건에서 금치산자·한정치산자를 삭제함(제7조의2 제1호)
43	지방공무원법	지방공무원 결격 사유에서 금치산자·한정치산자를 삭제함 (제31조 제1호)
44	지방의료원의 설립 및 운영에 관한 법률	지방의료원의 임원 자격제한 요건에서 금치산자·한정치산자를 삭제함 (제11조 제1항 제2호)
45	주택법	주택관리사 등의 결격 사유에서 금치산자·한정치산자를 삭제함 (안 제56조 제4항 제1호)
46	축산법	수정사의 결격 사유에서 금치산자·한정치산자를 삭제함 (안 제12조 제2항 제1호)
47	한국국제보건의료재단법	재단의 임원 자격제한 요건에서 금치산자·한정치산자를 삭제함 (제9조 제1호)
48	화장품법	화장품 제조업의 사업허가 자격제한 요건에서 금치산자·한정치산자를 삭제함(제3조 제2항 제2호)
49	환경분야 시험·검사 등에 관한 법률	환경측정분석사의 결격 사유에서 금치산자·한정치산자를 삭제함 (제19조 제2항 제1호)
50	행정사법	행정사의 결격 사유에서 금치산자·한정치산자를 삭제함 (안 제6조 제1호)

하지만, 이들 개정안 발의 이후 실제로 법안이 개정된 사례를 보면 실망스럽기 그지없다. 우선 2012년 2월에 개정된 국가공무원법과 지방공무원법을 보면, '금치산자 또는 한정치산자'를 '피성년후견인 또는 피한정후견인'으로 단순 대체하고 있다. 이는 성년후견제의 기본이념이 '정상화'(*normalization*)에 있음에 비추어 볼 때 적절치 않은 법 개정이며, 피후견인의 사회복귀를 획일적으로 가로막는 자격제한 규정을 사실상 그대로 유지한 것이다. 더구나 큰 문제는 한정치산자를 피한정후견인으로 단순 치환하는 것은 개정 민법의 정신을 몰각하는 처사이다. 앞에서 살핀 대로 개정 전 민법의 한정치산자와 피한정후견인은 그 법적 지위가 전혀 다르다. 한정치산자는 의사무능력에 버금갈 정도로 판단능력이 낮은 사람을 대상으로 하였지만, 개정 민법의 한정후견은 법원이 구체적으로 정한 범위만큼만 행위능력이 제한될 뿐이므로 정신적 제약이 심한 사람뿐만이 아니라 거의 온전한 판단능력을 가진 사람도 이용할 수 있게 설계되었다. 즉, 개정 민법에서는 후견의 사회적 낙인효과를 최소화하기 위하여 종전에 금치산자 중심의 행위무능력제도를 대폭 개선하고, 새 제도에서는 한정후견 중심으로 크게 설계를 바꾸었으며, 따라서 단순히 피한정후견인이라는 사실만으로는 그 정신적 제약의 정도를 알 수 없도록 민법을 고친 것이다. 그럼에도 불구하고 피한정후견인 전체를 일괄하여 자격이 없는 것으로 규정하는 입법은 낙인효과의 배제를 위해 개정한 개정 민법의 입법취지를 전혀 고려하지 아니한 입법적 무지이자 폭거이며 입법 편의주의의 대표적 사례로 지탄받아 마땅하다. 따라서 앞으로 법무부 '성년후견제 관계법령 정비위원회'에서 후속입법의 내용을 반영할 때 이러한 자격제한 규정들을 모두 찾아 폐지, 또는 현실에 맞게 개정해야 할 것이다. 법무부 성년후견관계 법령정비위원회에서도 각종 결격조항에서 한정후견을 삭제하는 방향의 개선방안을 이미 법무부에 제안한 바 있다.

6) 피성년후견인의 지원에 관한 법률

성년후견에 관한 법조문은 민법상에 위치하고 있지만 복지의 영역과도 깊은 관련을 가지고 있어, 일정한 공적 개입과 시민사회의 관심이 요구된다. 성년후견제도의 도입은 단순히 금치산·한정치산 제도의 대체물로서의 의미를 가지는 것이 아니라, 일상 및 사회생활 능력이 부족한 피후견인의 자기결정권 및 현존능력에 대한 배려와 국가의 후견적 역할을 더 강화한 사회보장적 의미의 제도이다.

따라서 성년후견제도의 구체적인 실천을 위한 지원방안을 모색해야 한다. 피후견인의 인권과 권리, 성년후견인의 자격 및 양성교육, 제도운영과 전달의 주무부서의 역할과 책임, 후견법인과 후견감독기관의 설치와 운영, 성년후견제도와 관련된 대국민 홍보활동 등 구체적 지원내용을 검토해야 할 것이다.

2. 성공적인 성년후견제 정착을 위한 제언

성년후견제도의 성공적인 시행을 위해서는 더 많은 입법과 준비가 필요하다. 개정 민법은 성년후견제를 도입하기 위한 틀만 담고 있어 구체적 실현에는 한계가 있다. 우선적으로 '후견의 공정성과 접근성 강화'가 필요하다. 후견제도는 본인의 의사결정을 지원하기 위한 것이지만 그 이면에는 행위능력의 제한과 대리의사결정으로 인한 자기결정권 침해의 위험이 도사리고 있기 때문에 무엇보다 정확하고 공정한 판단에 기초하여 이루어져야 한다. 또한, 시간과 비용 등의 문제로 이용에 어려움이 있어서는 안 된다. 그러므로 제도 정비과정에서 관련기관이나 이해단체 간의 입장 충돌로 피성년후견인이 피해를 입지 않도록 모든 논의과정을 투명하게 공개하고, 충분히 의견을 수렴해서 사회적 명분과 이익을 극대화할 수 있는 결론을 도출해야 할 것이다.

1) 후견심판절차의 공정성 강화

공정한 후견이 이루어지기 위해서는 후견심판에서 본인의 의사와 현존능력, 보호의 필요성을 정확하게 파악하는 것이 중요하다. 이를 위해서 가사소송법상 피성년후견인과의 인터뷰를 판사가 대면해서 확인하는 것이 바람직하다. 그러나 법정 내에서의 확인만으로 정확한 상황을 파악하는 데는 한계가 있기 때문에 본인의 주거지 등을 직접 방문하여 주변인과 얘기를 나누거나 생활여건을 확인할 필요가 있다. 이처럼 판사가 직접 검증을 하는 것이 가장 바람직하나 현재의 인력으로는 사실상 곤란하므로 후견분야에 전문화된 가사조사관 등 심판 보좌인력을 확충해야 한다. 또한 후견심판의 중요한 판단자료가 되는 정신감정과 관련해서 감정인의 전문성과 공정성을 제고할 필요가 있다. 프랑스에서는 아예 보호조치 개시를 청구할 때부터 검사가 작성한 인명부에 등재된 의사의 증명서를 첨부해야 하고 이를 구비하지 못한 경우 청구가 안 되도록 한다(프랑스 민법 제431조 제1항). 정신감정인은 후견심판 과정에서 판사에 의해 선임되기 때문에 부작용이 적다고 생각할 수도 있으나, 향후 후견사건이 급증할 경우를 대비하여 국가적으로 공신력이 확인된 후견전문 감정인단을 지정하거나 양성하는 방안을 마련할 필요가 있다. 전문 감정인단이 구성되면 전문성이 향상되고 시간과 비용이 절약되어 후견제도에 대한 접근성을 높이는 효과를 가져올 수 있다.

2) 후견심판절차의 접근성 강화

후견심판절차의 접근성 강화를 위해서는 먼저 후견심판 청구 시 구비해야 할 서류를 간소화해야 한다. 특히 진단서와 같은 정신적 제약을 나타내는 서류는 후견청구인에게 큰 부담을 준다. 왜냐하면 정신장애인 중 상당수는 스스로 이를 극복할 능력이나 도와줄 연고가 없을 뿐만 아니라 의사소통이 어렵기 때문에 병원에 가서 진단서를 발급받는 것이 힘들다. 후견심판에서 정밀한 정신감정이 이루어질 경우 심판청구 단계에서는 후견의 필요성을 소명할 최소한의 자료만이 요구된다. 참고로 일본에서는 후생성의 지침에 의하여 지방자치단체장이 지적장애인에게 발행하는 수첩 사본으로 진단서를 대체해 줄 것을 요구하고 있다. 따라서 우리나라도 보건복지부에서 관리하는 장애인등록증이나 장기요양보험제도의 요양 등급기준 등을 소명

자료로 활용하는 방안을 검토해 볼 수 있다.

후견심판이 개시된 이후의 절차도 효율성을 높일 필요가 있다. 먼저 정신감정 절차를 정비해 판정기간의 단축과 비용을 절감해야 한다. 또한 후견심판 과정에서 시급한 보호가 필요한 경우 특정후견을 적극 활용할 필요가 있다. 현행 가사소송법상 사전처분 제도를 특정후견제도 활용이 가능한 방향으로 손질해서 피후견인에 대한 적극적인 보호가 이루어지도록 하는 것이 효과적일 것이다. 특정후견은 본인의 동의를 전제로 하고 행위능력을 전혀 제한하지 않기 때문에 간소한 심판절차를 활용할 수 있을 것이다.

마지막으로 경제력이 없는 사람이 후견심판 과정에서 전문가의 조력을 받을 수 있도록 하는 장치가 마련되어야 한다. 〈1991년 유엔 정신질환자보호 및 정신보건개선 원칙〉은 "정신적 질환을 이유로 법적 능력을 제약하고 후견인을 선임하는 결정은 공정한 심판기관에서 공정한 심리를 거쳐 이루어져야 하고, 사건본인은 변호인의 조력을 받아야 하며, 경제력이 없는 경우 무료로 그러한 조력을 받을 수 있어야 한다"고 천명했다. 하지만 우리나라에서는 아직 후견심판 과정에서 절차보조나 법률구조가 미약한 상태이다. 따라서 피성년후견인의 경우 자신의 입장을 제대로 대변할 수 없는 경우가 많고 이해관계가 대립되는 주변인에 의해서 후견제도가 악용될 우려가 크기 때문에 조력자의 역할이 중요하다. 그러므로 후견심판 과정에서 경제력이 없거나 의사소통이 어려운 사람을 위해서 절차의 보조나 법률구조를 시행할 수 있는 장치를 확충해야 한다.

3) 사법부 및 행정부의 전문인력 확충 및 공조

후견절차의 첫 단계는 후견심판이다. 따라서 가정법원의 역할은 매우 중요하다. 가사사건이 전체 법원사건에서 차지하는 비중은 높지 않지만 다른 사건에 비해서 성년후견이 차지하는 비중은 높은 편이며, 앞으로 점점 더 높아질 것으로 예상된다. 나아가 대립되는 당사자 사이에서 입증책임에 근거해서 법적 쟁점에 대한 판단을 내리는 일반 민사소송과는 달리, 가사사건에서는 법원의 후견적 역할이 강조되기 때문에 판사가 사건 관계인의 개인적 사정까지 깊이 이해해야 하는 부담이 있다. 최근 법원에서 가사사건 전문법관을 선발하여 장기간 동종업무를 계속 담당하도록 하는 한편, 연륜이 깊은 판사를 배치하는 이유도 바로 이 때문이다.

성년후견제도가 시행되면 가정법원의 업무가 급증할 것으로 예상된다. 제도시행 초기에 후견 신청건수가 폭발적으로 증가하지는 않는다 해도, 후견제도 자체가 다양해졌기 때문에 업무증가는 필연적이다. 예컨대, 후견유형이 과거에는 금치산·한정치산 두 가지밖에 없었으나, 앞으로는 성년후견·한정후견·특정후견·후견계약으로 세분화된다. 또한 후견의 내용도 재산관리 위주에서 신상보호 영역까지 확대되고, 복수·법인 후견인 내지 후견감독인의 선임도 고려해야 한다. 후견심판 이후에도 신상보호에 관한 허가 등 법원의 후견감독 업무가 늘어나게 된다. 최근 가정법원이 늘어나는 추세이지만 아직 전국적인 조직이 아니고, 가사사건 전문법관도 그 제도가 시행된 지 얼마 되지 않아 그 수가 많지 않다. 따라서 앞으로는 가정법원 내지 가사전담재판부를 증설하는 한편, 후견전문 판사 및 가사조사관을 시급히 양성해야 한다. 특히 신상과 관련된 사항은 피후견인의 인권에 직접적인 영향을 미치는 것이므로 올바른 심판을 위하여 정확한 정보를 수집할 수 있는 시스템을 구축해야 한다.

행정부도 성년후견제도의 성공적인 시행을 위한 사회적 인프라를 구축하기 위해서 노력해야 한다. 후견제도가 원활히 운용되기 위해서는 양질의 후견인 양성 및 감독, 무자력자에 대한 재정지원, 사회보호시설에 대한 지원 및 감독 등, 여러 시스템이 유기적으로 결합하여 작동되어야 한다. 따라서 해당 행정부처에서는 후견법인 설립, 후견인 교육, 후견 연금·보험 개발, 법률구조 등 관련분야에 적절한 인력을 장기간 배치하여 전문성을 기를 수 있게 해야 한다. 무엇보다 관련 행정부처와 사법부는 서로 배타적인 영역을 주장하거나 책임을 전가하기보다는 충분한 정보교류와 협의를 통해 필요한 제도를 함께 설계할 필요가 있다.

4) 양질의 후견인 확보

사회복지학에서는 클라이언트의 이익을 지키고 대변하는 모든 활동을 '옹호'(*Advocacy*) 활동이라고 한다. 그리고 공인된 합법적 수단을 활용하여 클라이언트를 대신해 그의 권리를 옹호하고 방어하는 것이 바로 옹호자(*advocate*)의 역할이다.

사회복지기관에서 일하는 사회복지사들은 서비스를 받을 수 있도록 개입해야 하는 상황에 종종 직면한다. 수급자격이 있음에도 불구하고 서비스가 거부된다는 사실을 알게 되는 경우에 사회복지사는 서비스에 대한 클라이언트의 권리를 옹호할 것인지, 아니면 잘못된 대로 묵묵히 수용할 것인지를 결정해야 한다. 이때 위험이 따르더라도 클라이언트의 권리를 옹호하고 그를 위해 투쟁하는 것이 사회복지사의 책임이다(김상균 외, 2011). 이렇게 직업적 양심에 충실한 후견인 사회복지사가 많을수록, 클라이언트의 권리와 이익은 확실히 보장된다.

이와 마찬가지로 후견제도의 성패를 좌우하는 결정적 요소 중 하나는 양질의 후견인을 얼마나 확보하느냐이다. 아무리 후견심판이 공정하게 이루어진다고 하더라도 결국 후견업무를 수행하는 것은 후견인의 몫이기 때문이다. 따라서 피후견인의 자기결정권을 존중하고 인간으로서의 존엄과 가치를 지켜내고자 하는 후견인의 직업적 양심은 매우 중요하다.

국가 차원에서 후견인을 양성하는 데는 여러 논란과 한계가 있기 때문에 민간영역의 참여가 중요하다. 특히 개정 민법에서는 후견인의 전문성을 높이기 위해서 후견법인제도를 신설했고, 후견인 양성에서도 후견법인의 역할은 중요할 수밖에 없다. 일본은 1999년에 사법서사회가 '사단법인 리걸 서포트'를 설립하여 대표적인 후견법인으로 활동하면서 후견인의 교육, 추천, 지도감독 등에 참여하고 있다. 우리나라에서도 이와 유사한 변호사협회, 사회복지사회, 장애인단체, 사회보호시설단체 등에서 후견인 양성과 활동에 많은 관심을 가지고 있다.

후견인의 양성과 관리시스템을 어떻게 설계할 것인가는 매우 어려운 문제이다. 먼저 후견인이나 후견법인의 자격에 대해서 아무런 기준을 두지 않는 개방형 시스템을 생각해 볼 수 있다. 이 경우 보다 많은 사람이 후견인 또는 후견법인으로 참여할 수 있는 장점이 있으나, 후견의 수요자나 가정법원으로서는 과연 누가 전문성과 공정성을 갖추었는지 파악하기 어렵다는 문제가 있다. 더욱이 자질이 부족한 후견인들이 넘쳐날 경우 후견제도 전반에 대한 신뢰를 실추

〈그림 7-2〉 2012년 2월에 열린 “후견인 교육과 양성 방안” 토론회

시킬 우려가 있다. 일례로 지난 2008년에 노인장기요양보험제도가 시행되면서 일정시간 이상의 교육을 수료한 사람에게 요양보호사 자격증 발급했으나 일선 교육기관과 교육생 간에 부당한 거래를 통해 자격증이 허위 남발되었고, 이 때문에 요양보호사의 자질 등이 문제가 되면서 지난 2010년부터 자격시험제도로 바뀌었다.

개정 전 민법에서는 후견인의 자질에 대해 전혀 제한 없이 근친이면 누구나 후견인이 될 수 있었으므로 개정 민법에서 후견인의 자격을 제한하는 것은 과잉규제라 비판할 수도 있다. 하지만 개정 민법은 후견인의 법정순위를 폐지함에 따라 제3자가 후견인이 될 가능성이 커졌기 때문에 더 엄격한 기준이 필요하다. 가족관계에 의한 후견이 비전문성과 이해상충 등으로 비판받았지만, 가족 간의 인정에 기반을 둔 후견을 기대할 수 있는 장점도 있다.

하지만 제3자 후견은 이러한 온정적 후견을 항상 기대할 수는 없

는 만큼 공정성과 전문성을 담보할 수 있는 제도적 장치가 필요한 것이다. 무엇보다 피후견인의 정신능력이 부족하여 후견인과 대등한 관계를 기대할 수 없고 후견의 영역이 신상보호까지 확대되었기 때문에 사후적 제재만으로는 피후견인을 보호하기 어렵다는 점을 간과해서는 안 된다. 민법상 제한능력자의 보호가 거래안전 등을 압도하는 최우선 명제임에 비추어 볼 때 피후견인의 보호를 위하여 후견인의 자질에 관한 최소한의 기준을 고민하는 것은 당연하다.

후견인의 자격을 제도화하는 방안으로는 크게 3가지를 고려할 수 있다.

첫째, 변호사나 법무법인처럼 국가시험이나 행정청의 심사 등을 통해서 후견인 또는 후견법인의 자격을 부여하는 것이다. 이 경우 후견인의 자질은 높아지겠으나 진입장벽 또한 높아져 충분한 수의 후견인을 확보하기 곤란하다. 게다가 자발적 참여와 봉사를 요구하는 후견의 본질에 비추어 지나친 규제라는 비판을 받을 수 있다.

둘째, 변호사, 사회복지사, 법무사 등이나 이들 단체에 후견인의 자격을 인정하는 것이다. 이미 관련분야에서 전문성이 검증된 상태이기 때문에 가장 신속하고 경제적으로 후견인 집단(*pool*)을 구성할 수 있는 장점이 있다. 하지만 후견인 자격을 인정할 전문가 집단을 선정하는 객관적 기준을 만들기 어려워 특혜시비가 끊이지 않을 것이다. 무엇보다 기존에도 변호사, 법무사, 사회복지사 등 전문가 집단이 있었음에도 후견제도가 성공적으로 이루어지지 못했는데, 그들에게 후견인 자격을 부여한다고 해서 무엇이 달라질 수 있겠느냐는 회의론을 극복하는 데도 한계가 있다. 또한, 이 경우에는 이들 자격증 소지자에게 성년후견제도 도입의 취지와 기본이념을 철저하게 교육시켜야 할 필요성도 제기된다.

셋째, 공공기관에서 일정한 교육과정을 개발하여 이것을 성공적으로 이수한 사람들에게는 모두 후견인 자격을 인정하는 방법이 있다. 이것은 앞의 두 가지 방안과 비교해 볼 때 가장 합리적이고 사회적 갈등을 최소화할 수 있는 대안이라고 생각한다. 문제는 과연 프로그램의 내용과 강도를 어떻게 정하고 그 교육의 주체를 누구로 할 것인가이다. 프로그램의 내용은 법률과 사회복지를 아우르되, 그 강도는 피교육자의 배경지식과 경험에 따라 탄력적으로 변용할 수 있어야 할 것이다.

후견법인의 자격에 대해서는 더 다양한 고려가 필요하다. 먼저 후견법인의 설립요건이다. 후견인으로 활동할 법인의 구성원이 일정한 교육과정을 이수하였는지, 법률이나 사회복지관련 전문가가 충분히 참여하여 상호보완해 줄 수 있는지가 기준이 될 수 있다. 다음으로 후견법인의 영리성이다. 후견법인의 전문화와 규모의 경제를 유도하기 위해서는 영리성을 인정하는 것이 바람직하다는 견해가 있다. 일본에서는 후견법인의 자격에 대해 법률상 특별한 제한이 없어서 비영리법인, 공익법인뿐만 아니라 신탁은행과 같은 영리법인도 후견인이 될 수 있다. 하지만 후견법인의 공익성에 비추어 볼 때 구성원에 대한 이익분배를 인정하는 것은 바람직하지 않다고 본다. 영리성을 부정한다고 하더라도 법인운영에 필요한 수익활동은 가능한 점을 고려할 때 적어도 제도시행 초기에는 후견법인을 비영리법인이나 공익법인으로 제한하여 국가의 관리감독 아래 투명하게 운영되도록 해야 할 것이다.

다음으로 사회보호시설과 그 관련자를 후견인에서 배제해야 한다. 사회보호시설의 장과 그 직원은 수용하고 있는 사람을 보호하는 것이 주된 역할인데 후견인의 업무까지 병행할 때 직무수행이 부실해질 수 있으므로 후견인이 될 수 없도록 하는 것이 바람직하다고 본다.

마지막으로 후견인에 대한 원활한 지원과 관리감독을 위해서 '후견관청' 내지 '후견지원센터'를 설립할 필요가 있다. 성년후견제도 시행 초기에는 이러한 기관에서 일괄적으로 후견인 교육 등을 무상으로 실시하고, 제도가 안정단계에 접어들면 신뢰할 수 있는 지방자치단체나 자격이 있는 사람에게 관련업무를 위탁할 수 있을 것이다.

5) 후견비용의 공적 지원 : 국가 · 지방자치단체의 역할과 책임

성년후견제도가 제대로 정착되기 위해서는 후견심판 비용, 후견인 보수 등 갖가지 후견비용에 대한 공적 지원이 필요하다. 개정 민법은 본인이 후견인 보수 및 후견사무 비용을 부담하는 것을 원칙으로 하고 있으나(제 955조, 제 955조의 2), 우리 법체계 곳곳에서 사회적 약자 보호에 대해 국가나 지방자치단체의 책임을 강조하는 규정이 있다.

먼저 헌법은 국가의 기본권 보장 의무, 사회보장·사회복지증진 의무, 노인복지향상 의무, 신체장애인 등에 대한 보호 의무를 천명하고 있다(제 10조, 제 34조). 또한, 장애인복지법 제 1조는 장애인의 인간다운 삶과 권리보장을 위한 국가와 지방자치단체의 책임을, 노인복지법 제 4조는 노인의 보건 및 복지증진에 대한 국가와 지방자치단체의 책임을 밝히고 있다. 따라서 후견제도와 관련해서도 공적 지원에 대한 근거와 절차를 구체화할 필요가 있다. 특히 후견제도가 제대로 운용되기 위해서는 국가와 지방자치단체가 유기적으로 연계하여 공적 지원체계를 만들어가야 할 것이다.

후견비용의 본인부담을 경감시키기 위한 외국의 예를 살펴보면 프랑스 민법에서는 성년사법수임인 외의 재판상 보호조치는 무상을 원칙으로 하고(프랑스 민법 제419조 제1항), 성년보호 사법수임인에 의해 재판상 보호조치가 수행되는 경우에 그 재정은 피보호자의 소득과 '복지활동 및 가족복지법전'에 규정된 절차에 따라 피보호자가 전부 또는 일부를 부담한다고 규정한다(프랑스 민법 제419조 제2항). 보호조치에 수반되는 비용에 대해서 지방자치단체의 보충적 책임을 인정하며(프랑스 민법 제419조 제3항), 장래보호 위임계약은 특약이 없는 한 무상으로 하는 것을 원칙으로 한다(프랑스 민법 제419조 제5항). 또한, 성년보호 사법수임인은 지방자치단체의 보조금 등 공적 지원 외에는 직무와 관련하여 금전이나 재산상 이익을 취득할 수 없도록 한다(프랑스 민법 제420조 제1항).

독일에서는 연간 약 5천 유로의 후견비용이 소요되는데 기본 재산이 2만 5천 유로 이상일 때부터 비용부담이 발생하며, 후견인은 무상 자원봉사를 원칙으로 하되 직업 후견인에 한해 보수청구가 가능토록 하였다(후견인의 보수에 관한 법률 제1조, 제4조). 일본의 경우 후견 신청비용은 약 1만 5천 엔, 감정비용은 약 5만 엔에서 10만 엔, 후견인 보수는 약 1만 8천 엔에서 2만 8천 엔 정도가 소요되는데, 2001년부터 '성년후견제도 이용지원사업'을 국가보조사업으로 시행하여 중증의 치매노인이나 지적장애인에 대해서는 후견비용의 전부 또는 일부를 지원한다. 우리나라도 일정 소득수준 이하의 가구에서 장애인이나 노인이 장기요양보험제도나 장애인활동지원제도를 이용할 때에는 서비스 이용에 따른 본인부담을 경감시켜 주거나 차등 납부하도록 하고 있다.

외국의 사례와 우리나라의 현행 제도를 참고하여 후견비용과 공적 지원 시스템에 대한 방향을 제시하면 다음과 같다.

첫째, 후견인의 보수를 일률적으로 산정하기보다 전문성과 자발성의 정도에 따라 차등 적용해야 한다.

둘째, 후견 관련 보험·신탁을 개발하여 후견의 수요와 공급을 촉진할 필요가 있다. 특히 후견보험·신탁과 후견계약을 결합하면 임의후견의 접근성과 활용도가 높아져 수요자로서는 효율적인 노후대책을 마련할 수 있고 공급자로서는 새로운 법률·복지서비스 시장을 개척하는 효과를 기대할 수 있을 것이다.

셋째, 국가와 지방자치단체가 각자 공적 지원을 시행하면 자칫 중복지원이나 사각지대가 발생할 수 있으므로 지원대상과 영역을 나눌 필요가 있다. 단 이 경우 성년후견제도의 공익성 등에 비추어 볼 때 우선적으로는 국가가 지원의 핵심적 역할을 해야 함은 두말할 나위가 없다.

넷째, 후견인 보수체계나 공적 지원 시스템이 만들어지더라도 낮은 수가로 인해서 전문 직업후견인을 확보하는 데 어려움이 예상되기 때문에 무보수 자원봉사 후견인을 확충해야 한다. 이를 위해서 후견관청이나 후견지원센터를 설립해서 무상으로 후견인을 교육·지원하고 수요자와 공급자를 연결하는 네트워크를 마련해야 효과적으로 활용할 수 있을 것이다.

다섯째, 후견인의 책임을 합리적이고 예측 가능한 범위로 제한할 필요가 있다. 예컨대 피후견인이 불법행위를 했을 경우 후견인은 민법상 감독책임자로서 책임의 대상이 될 수 있는데, 무보수 후견인에게까지 사실상 무과실 책임을 묻는 것은 지나치다. 그러므로 피후견인과 마찬가지로 후견인을 위한 보험제도를 마련할 필요가 있다.

마지막으로 이상의 후견비용 수급체계를 설계할 때는 후견비용의 산정기준, 지급 및 사용내역 등을 투명하게 공개하도록 제도화해야 한다. 또한, 후견심판 때 후견인 보수 등 후견비용 관련 결정에 후견인 본인이 불복할 수 있는 절차를 합리적으로 정비하는 방안도 검토할 필요가 있다.

6) 정부차원의 TFT구성

앞에서 살펴본 것과 같이 성공적인 성년후견제의 정착을 위해서는 후견심판절차, 사법부와 행정부의 전문인력 확충 및 공조, 양질의 후견인 확보, 후견비용의 공적지원 등을 위한 관련제도와 법령의 정비가 절대적으로 필요하다. 이와 함께 범국가적 차원에서 이를 논의할 수 있는 논의구조도 시급히 마련해야 한다. 예컨대 성년후견제 도입을 위해 법무부는 법률구조, 후견법인 설립 및 감독, 법률교육 등에 관한 제도를 검토하고, 보건복지부는 정신감정, 후견 연금·보험, 사회복지교육 등에 관한 시스템 등에 대해 준비해야 할 것이다. 이 밖에도 제도의 정착을 위해서 사법부, 관련 중앙행정부처, 지방자치단체, 법률가단체, 사회복지 및 장애인·노인단체 등에서 성년후견제도의 도입을 위한 협조가 필요하다. 제도의 안정적 정착을 위한 국가차원의 홍보도 요청된다.

이처럼 성견후견제도가 제대로 도입되기 위해서는 여러 관련기관과 민간단체에 흩어져 있는 업무들을 각 개별기관과 단체에 맡길 것이 아니라, 국가적 차원에서 제도의 도입을 준비할 수 있도록 총리실 산하에 별도의 기구를 마련할 필요성이 있다. 성년후견제도는 법률서비스와 사회복지서비스가 결합된 것으로 그 특성상 업무들이 서로 완전히 분리되기는 어렵다. 따라서 관련부처와 사법부 등이 함께 큰 틀을 구상하고, 예산과 조직을 합리적으로 배분해서 조화롭게 사업을 추진해야 할 것이다. 이는 장애인단체가 최근 요구하고 있는 대통령 직속 "장애인위원회"의 설치와 그 맥을 같이한다. 장애인 관련정책은 정부의 여러 부처에 흩어져 있어 부처들의 유기적인 정책적 공조와 예산지원 등이 요구된다. 그러나 현재 국가 장애인정책의 중추적 허브역할을 하는 장애인정책조정위원회가 형식적으로 운영되고 있어, 변화하는 장애인 복지환경과 정책적 패러다임에 제대로 대처하고 있지 못한 상황이다. 이러한 상황을 볼 때 성년후견제도가 제대로 실현되기 위해서는 조속히 총리실 산하에 가칭 '성년후견제도 도입을 위한 TFT(Task Force Team)'가 구성되어야 할 것이다. 이 TFT에는 사법부가 적극적으로 협조해야 한다. 사법부는 성년후견제 시행을 계기로 사법소극주의에서 사법적극주의로 전환해야 한다. 종래 가정법원은 금치산·한정치산제도를 단순한 비송사건[1]의 일부로 치부하여, 장애인과 노인의 구체적 현실에 대해서는 방관한 면이 있다. 그러나 시대가 요구하는 복지국가의 실현에는 사법부의 적극적인 참여가 필요하다. 성년후견제도의 실천에 있어서만큼은 청구가 있을 때에만 관여하는 게으른 '미네르바의 부엉이'가 아니라, 어려운 이웃의 곁으로 적극적으로 다가가는 '희망의 제비'가 되어야 할 것이다.

1 비송사건(非訟事件): 법원이 개인과 개인 사이의 생활 관계에 관여하는 일 가운데 '소송사건' 이외의 사건을 '비송사건'이라 한다. '소송사건'이 사적 분쟁의 해결을 목적으로 하는 데 비하여, '비송사건'은 민사상의 생활 관계를 돕거나 감독하기 위해 국가가 관여한다.

저자 후기

착한 흥부처럼 묵묵히 자신의 일을 하며 살아가는 사람들이 대접받는 세상을 만드는 데 미력하나마 도움이 되고자 했다. 2008년, 그래서 난생 처음 국회라는 생소한 곳에 들어와 어느덧 4년이 지나버렸다. 2012년도 벌써 한여름을 통과하고 있다. 살처럼 빠른 세월이다.

18대 국회 임기 의정활동 마지막을 이 책으로 마무리했다. 내 임기 안에 그래도 굵직한 장애 관련법들이 여러 개 만들어졌다. 아직은 알맹이가 꽉 들어차지 않은 법들이지만, 그래도 하나하나 이름을 불러본다. 장애인연금법, 장애인활동지원법, 그리고 성년후견제도 도입을 골자로 하는 민법이 그 이름들이다. 앞의 두 법률은 제정법이고, 민법은 개정법이다. 17대 국회가 장애인차별금지법을 대표로 내세울 수 있다면, 18대 국회에서는 단연 이 세 법률이 장애인 관련 제·개정 법률 중 으뜸이라 할 수 있다. 이 세 법률 모두를 발의하고, 통과되기까지 깊이 관여할 수 있었던 데 보람과 긍지를 느낀다. 아직은 갈 길이 멀지만, 그래도 첫 걸음을 떼는 데 작으나마 도움이 될 수 있어서 정말로 큰 행운이었다고 생각한다.

그래서 모두가 애착이 가지만, 그래도 가장 애착이 가는 것이 바로 이 책의 주제인 민법 개정안이다. 첫째, 너무나 고맙게도, 그리고 의외로 정부가 적극적으로 나서 주었다. 둘째, 법무부 담당검사인 구상엽 검사가 열린 마인드로 장애인들의 입장에 서서 일을 추진해 주었다. 셋째, 야당 의원이었던 내 입장에서 봐도 개정된 법안이 상당히 만족할 만한 수준의 내용을 담고 있다. 장애인연금법과 장애인활동지원법이 장애인들이 원하는 수준과는 상당히 동떨어진 내용을 담고 있음에 비춰볼 때, 가히 '파격'이라 할 만한 수준이다. 과연 우리 사회가 이렇게 높은 수준의 법을 감당해 낼 수 있을지부터가 걱정일 정도다.

정말 소중한 입법이지만 실천되려면 많은 과제가 남아 있다. 2013년 7월 1일은 다가오고 있는데 국민적 관심은 부족하게 느껴진다. 이러다가는 시행도 늦어지고 외면받는 제도가 되는 것이 아닌지 걱정이 생겼다. 민법상에 위치하다 보니 사회복지계 사람들은 용어를 어려워했다. 부족한 능력이지만 변호사이면서 사회복지사인 필자가 나서지 않을 수 없었다. 완성도 높은 책은 후학의 책임으로 돌리고, 관심을 호소하고자 부족한 대로 책을 준비하였다.

이 책이 나오기까지 정말로 많은 분들에게 빚을 졌다.

앞서도 말했던 구상엽 검사에게 정말로 고맙다는 말을 전한다. 칭찬도 과하면 욕이 된다 하니, 더 말할 수는 없겠고, 하여간 고맙고 또 고맙다. 그의 앞날에 축복을 기원한다.

2004년 이후 성년후견제 도입을 위해 애써온 국내 단체들이 모두 26개나 된다. 이름 하여 "성년후견제 추진연대" 참여단체다. 역사의 기록이니 하나하나 쓴다. 광주장애인총연합회, 대전장애인총연합회, 대한정신보건가족협회, 동작장애인 자립생활센터, 부산장애인총연합회, 서울장애인인권부모회, 장애우권익문제연구소, 장애우권익문제연구소 전국지소, 전국장애인부모연대, 중앙노인보호전문기관, 한국노인복지시설협회, 한국노인복지진흥재단, 한국노인의전화, 한국농아인협회, 한국사회복귀시설협회, 한국사회복지사협회, 한국자폐인사랑협회, 한국장애인복지관협회, 한국장애인복지시설협회, 한국장애인부모회, 한국장애인재활협회, 한국정신보건사회복지사협회, 한국발달장애인가족연구소, 한국지적장애인복지협회, 함께사는세상, International Friends for the Developmentally Disabled(IFDD). 정말 고마운 분들이 큰일을 해내셨다. 감사하게 생각한다. 이 단체들 소속으로 특별히 노력해온 분들이 계신다. 간사단체를 맡은 장애우권익문제연구소 신용호 당시 소장님과 임수철 팀장님, 김태훈 활동가님, 최선호 활동가님(현 사단법인 한국성년후견지원본부 간사), 강릉원주대 이영규 교수님, 한국장애인부모회 이만영 당시 회장님과 권유상 사무처장님, 박종성 대한정신보건가족협회 당시 회장님, 한국노인복지진흥재단 홍미령 회장님, 한국장애인재활협회 남정휘 당시 실장님, 한국사회복지사협회 조성철 회장님과 원명순 당시 사무총장님, 공익변호사그룹 공감의 염형국 변호사님과 송파구의회 이정인 의원님. 이 분들에게 감사의 마음을 전하며, 혹시라도 빠진 분이 있다면 용서를 구한다.

이 책이 나오기까지 많은 분들이 도움을 줬다. 이분들의 도움이 없었다면 혼자서는 감당하기 어려운 일이었다. 누구보다 선뜻 졸고를 따뜻하게 품어 안아주신 나남출판 조상호 사장님과 방순영 부장님, 그리고 유학생으로서 일본의 성년후견제 사례와 관련된 자료들을 번역해준 온나자와 나오코(女澤直子) 님에게 특별히 감사한다.

또한, 법사위 소속으로 민법 개정에 함께 해주신 박지원 의원님, 박영선 의원님, 이춘석 의원님과 대한법무사회 회장으로 각별한 관심을 가져주신 신학용 의원님, 장애성년후견법안을 발의한 나경원 전 의원님, 그리고 민법 개정 당시 법무실 법무심의관실 책임자였던 한명관 실장님과 민법개정위원회 위원들 모두에게 감사를 전한다. 국회도서관의 고인철 기획관리실장님과 2009년 내한해 우리 성년후견제 도입 관련논의를 풍성하게 해주신 일본 츠쿠바대학의 아라이 마코토(新井 誠) 교수님께도 감사의 마음을 전한다.

또한, 이 책이 나오기까지 궂은일을 마다하지 않은 의원실의 보좌직원 모두에게 고마움과 감사의 마음을 표하고 싶다. '말년'을 편하게 보내도록 놔두지 않은 의원에게 불평 한마디 없이 성실하게 보조업무를 해준 안성배 보좌관, 은종군 비서관, 권선영 비서에게 특히 감사의 마음을 전한다. 마무리를 미처 하지 못한 채 더 큰 일을 위해 국가인권위 장애인차별조사팀으로 자리를 옮긴 조은영 비서와 조원준, 박효삼 보좌관, 전재현 비서관, 조은아, 윤대근 비서, 권민희 비서도 모두 수고해 주셨다. 고맙게 생각한다.

앞서 말한 분들 못지않게 그 누구보다도 감사를 드리고 싶은 분들은, 장애인의 인간다운 삶을 위해 노력해온 수많은 장애인과 그 부모님들, 어르신단체 관계자분들, 사회복지사, 법무사, 변호사 등 성년후견제 도입을 위해 뜻을 함께하고, 함께 제도를 만들어나갈 분들이다. 이분들의 소망과 다짐이 모여 이 책이 만들어진 것이라 생각한다. 복지국가와 성년후견제를 꿈꿔온 모든 분들께 다시 신발 끈을 맬 것을 제안하며, 이 책을 바친다.

2012년 8월

18대 국회를 마무리하며

박 은 수

참고문헌

단행본

곽윤직(2005), 《민법총칙》, 박영사.

김상균 · 최일섭 · 최성재 · 조흥식 · 김혜란(2011), 《사회복지개론》, 나남.

김상용(2003), 《민법총칙》, 법문사.

김철수(2007), 《헌법학개론》, 박영사.

명순구(2009), 《프랑스의 성년후견제도》, 법무부.

박은수(2011), 《장애인 소득보장론: 장애인연금법 제정과정을 중심으로》, 나남.

백승흠(2009), 《외국 성년후견제도의 실태: 독일과 일본을 중심으로》, 법무부.

법원행정처(2002~2011), 《사법연감》.

변용찬 · 강민희 · 이송희 · 전광석(2009), 《성년후견제 사회복지분야 지원방안 연구》, 한국보건사회연구원.

보건복지부(2012), 《2012년 장애인복지사업안내 ①》.

성년후견제추진연대(2005), 《성년후견제추진연대 활동보고서》.

이영준(2007), 《민법총칙》, 박영사.

이철수(1995), 《마른풀의 노래》, 학고재.

통계청(2011), 《장래인구추계》.

岡本 和雄(2011), 《家事事件の實務 成年後見》, 日本加除出版.

新井誠 · 赤沼康弘 · 大貫正男(2011), 《成年後見法制の展望》, 日本評論社.

川村匡由 · 森長秀 · 佐藤みゆき(2010), 《權利擁護と成年後見制度: 新カリキュラム對應》, 久美.

清水敏晶(2011), 《ガイドブック成年後見制度: そのしくみと利用法》, 法學書院.
特定非營利活動法人 シビルブレイン(2011), 《事例でわかる成年後見の實務手引》, 淸文社.

학술논문 및 연구보고서

강홍진(2008), “프랑스의 성년후견제도, 1”, 〈외국법제정보〉 2008-2: 53~57.
구상엽(2009), “성년후견제 도입을 위한 정부의 역할: 성년후견제 입법방향에 대한 소고(小考)”, 〈성년후견제 도입을 위한 민법개정의 방향성: 아라이 마코토 교수 초청 한·일 국제 심포지엄 자료집〉, 생활정치실천의원모임.
______(2012), “개정민법상 성년후견제도에 대한 연구: 입법 배경, 입법자의 의사 및 향후 과제를 중심으로”, 서울대학교 박사학위 논문.
국민건강보험공단(2012), 〈노인장기요양 사업안내 지침〉.
권유상(2009), “금치산·한정치산 피해에 따른 성년후견제 도입의 필요성: 사례를 통한 성년후견인제도의 필요성”, 〈성년후견제 도입을 위한 민법개정의 방향성: 아라이 마코토 교수 초청 한·일 국제 심포지엄 자료집〉, 생활정치실천의원모임.
김명중(2010), “일본의 성년후견제도의 동향과 과제”, 〈국제노동브리프〉 8(6): 64~79.
김문근(2010), “성년후견법률에 나타난 의사결정능력의 개념에 관한 연구: 영국 정신능력법(Mental Capacity Act, 2005)을 중심으로”, 〈사회복지연구〉 41(3): 241~269.
김봉철(2009), “영국의 성년후견제도 관련 규범”, 〈외국법제정보〉 2009-2: 33~37.
김성곤(2010), “독일의 성년후견제”, 〈외국법제정보〉 2008-11: 4~16.
김영규(2011), “성년후견제도의 올바른 도입방안”, 〈성년후견제도의 올바른 도입을 위한 심포지엄 자료집〉, 국회의원 노철래·서울지방변호사회.
김판기(2011), “2011년 민법개정과 향후 과제: 제한능력자제도로의 전환을 중심으로”, 〈법학연구〉 19(2): 43~66.
김형석(2010), “민법 개정안에 따른 성년후견법제”, 〈가족법연구〉 24(2): 111~166.

문성제(2009), "일본 성년후견제도의 주요 내용과 과제", 2009년 한국의료법학회 추계학술대회.
백승흠(1998), "성년후견제도에 관한 연구: 독일과 영국을 중심으로", 〈가족법연구〉 12: 453~494.
______(2000), "성년후견제도의 입법방향", 〈민사법학〉 18: 156~200.
______(2002), "일본 성년후견제도의 개관", 〈가족법연구〉 16(1): 341~359.
______(2003a), "우리나라에서의 성년후견제도의 도입과 그 검토", 고령사회와 성년후견제도: 고령사회법제 워크숍.
______(2003b), "현행 성년자보호를 위한 제도의 문제점과 대안으로서 성년후견제도", 〈민사법학〉 24: 407~427.
______(2004), "후견인의 요양·감호의무에 관한 고찰: 개정 전 일본 민법의 해석론과 성년후견을 중심으로", 〈가족법연구〉 18(2): 149~175.
______(2005), "성년후견제도의 입법모델에 관한 비교법적 고찰: 독일과 일본의 유형을 중심으로", 〈한독사회과학논총〉 15(2): 17~52.
______(2006), "성년후견의 감독에 관한 고찰: 독일과 일본의 제도를 비교하여", 〈가족법연구〉 20(2): 65~90.
______(2010a), "성년후견제도의 도입과 과제", 〈법학논총〉 27(1): 23~48.
______(2010b), "한국 법무부의 성년후견제도에 관한 민법개정안", 〈재산법연구〉 26(3)(上): 201~235.
______(2011), "민법개정안의 성년후견제도와 피후견인의 신상보호", 〈법학논고〉 35: 53~80.
사단법인 한국성년후견지원본부(2012), "성년후견제 정착을 위한 연속 세미나: 성년후견 관련법의 제·개정을 필요성과 입법 방향", 국회의원 박은수·사단법인 한국성년후견지원본부.
서영화(2011), "독일 성년후견제 서비스전달체계 운영방식 벤치마킹: 인간배려 우선하는 독일의 성년후견제", *Social worker* 105: 58~61.
서울대학교병원(2008), 〈치매노인 유병률 조사〉.
송호열(2003), "성년후견법제화의 기본원칙과 방향", 〈동아법학〉 33: 181~216.
______(2004a), "일본의 성년후견법제", 〈민사법이론과 실무〉 8(1): 139~178.
______(2004b), "독일의 성년후견법제", 〈민사법이론과 실무〉 8(2): 29~79.
______(2008), "성년후견감독법제에 관한 고찰", 〈재산법연구〉 25(1): 253~302.

신은주(2009), “우리나라에서 성년후견제도의 도입”, 〈한국의료법학회〉 17(2): 29~59.

신정성(2009), “일본 성년후견제의 현황 및 문제점과 대안”, 〈성년후견제 도입을 위한 민법개정의 방향성: 아라이 마코토 교수 초청 한·일 국제 심포지엄 자료집〉, 생활정치실천의원모임.

염형국(2009), “민법개정을 통한 올바른 성년후견제의 입법방향성”, 〈성년후견제 도입을 위한 민법개정의 방향성: 아라이 마코토 교수 초청 한·일 국제 심포지엄 자료집〉, 생활정치실천의원모임.

오승규(2008), “프랑스의 성년후견제도, 2: 개혁내용을 중심으로”, 〈외국법제정보〉 2008-2: 58~60.

______(2009), “프랑스의 2007년 성년보호제도개혁법률”, 〈외국법제정보〉 2009-2: 38~44.

오카 타카시(2010), “일본의 임의후견법에 대하여”, 〈한림법학포럼〉 21: 3~156.

우주형(2009a), “성년후견제 도입에 따른 사회복지 정책과제”, 〈성년후견제 도입을 위한 민법개정의 방향성: 아라이 마코토 교수 초청 한·일 국제 심포지엄 자료집〉, 생활정치실천의원모임.

______(2009b), “장애성년후견법 제정의 필요성과 방향”, 〈장애성년후견법 제정 공청회 자료집〉, 장애아이WeCan.

______·조성열·최윤영·박세용(2009), “성년후견인 및 후견감독인의 직무범위 등에 관한 연구”, 법무부.

이득환·박민제(2009), “성년후견제도에 대한 각국의 입법과 우리나라의 그에 대한 민법개정에서의 시사점”, 〈법학논총〉 26(4): 373~393.

이병화(2009), “일본의 성년후견제도에 관한 고찰”, 〈인문과학연구〉 15: 99~123.

이영규(2009), “한국의 성년후견제 입법방향과 정책과제”, 〈성년후견제 도입을 위한 민법개정의 방향성: 아라이 마코토 교수 초청 한·일 국제 심포지엄 자료집〉, 생활정치실천의원모임.

______(2010a), “새로운 성년후견제에서 법무사의 역할”, 〈법무사〉 516: 8~17.

______(2010b), “성년후견법안의 검토 및 향후 과제”, 〈경남법학〉 26: 209~247.

이은영(2009), “성년후견제와 UN장애인권리협약과의 관계”, 법무부.

이재경·카나 모리무라(2009), “일본의 성년후견제도에 대한 연구”, 법무부.

임수철(2007), “일본의 성년후견제를 통한 바람직한 제도 수립의 모색”, 〈성년후견제도 도입을 위한 토론회〉, 한국가정법률상담소.
임혜경(2009), “권리옹호 정책으로서 일본의 성년후견제도: 문제점과 시사점”, 〈사회보장연구〉 25(1): 121~144.
제철웅(2008), “성년후견제도의 개정방향”, 〈민사법학〉 42: 111~149.
______·박주영(2007), “성년후견제도의 도입논의와 영국의 정신능력법의 시사점”, 〈가족법연구〉 21(3): 275~310.
제철웅·오시영·백승흠·박주영(2007), “행위무능력제도의 재검토: 성년후견 도입을 중심으로”, 법무부.
한국장애인복지시설협회(2010), “최근 장애인복지의 세계적인 동향 및 국내 장애인복지의 과제”.
홍강훈(2008), “독일의 성년후견법(Betreuungsgesetz)과 법정성년후견(Betreuung)제도”, 〈외국법제정보〉 2008-2: 4~11.
岡部喜代子(2009), “일본의 성년후견제도의 문제점”(日本における成年後見制度の問題点), 〈한림법학포럼〉 20: 197~216.

기타자료

국민연금 장애심사규정(보건복지부고시 제2011-82호).
노인장기요양보험 홈페이지 www.longtermcare.or.kr
법률신문, 〈인터뷰: 법무사업계 ‘씽크탱크’ 법제연구소 엄덕수 소장〉, 2011년 9월 2일자. www.lawtimes.co.kr
법무부 보도자료, 〈성년 연령 하향 및 성년후견제 도입을 위한 민법 일부 개정안 국무회의 통과〉, 2009년 12월.
법무부 보도자료, 〈성년 연령 19세로 하향, 장애인·고령자를 위한 새로운 후견제 도입〉, 2011년 2월.
에이블뉴스, 〈성년후견제 반영된 민법개정 환영〉, 2011년 2월 21일자. www.ablenews.co.kr
장애인복지법 시행규칙에 따른 〈장애등급판정기준〉(보건복지부 고시 제2011-91호).
함께걸음, 〈성년후견제, 새로운 물꼬를 트다: 성년후견제추진연대 출범〉, 2004년 11월 1일자. www.cowalknews.co.kr

부록

민법 개정안 신·구조문 대비표

민법 개정안 신·구조문 대비표

〔시행 2012. 2. 10.〕
〔법률 제11300호, 2012. 2. 10, 일부개정〕

현행	개정안
제4조(성년기) 만 20세로 성년이 된다.	**제4조(성년)** 사람은 19세로 성년에 이르게 된다.
제9조(한정치산의 선고) 심신이 박약하거나 재산의 낭비로 자기나 가족의 생활을 궁박하게 할 염려가 있는 자에 대하여는 법원은 본인, 배우자, 4촌 이내의 친족, 후견인 또는 검사의 청구에 의하여 한정치산을 선고하여야 한다.	**제9조(성년후견개시의 심판)** ① 가정법원은 질병, 장애, 노령, 그 밖의 사유로 인한 정신적 제약으로 사무를 처리할 능력이 지속적으로 결여된 사람에 대하여 본인, 배우자, 4촌 이내의 친족, 미성년후견인, 미성년후견감독인, 한정후견인, 한정후견감독인, 특정후견인, 특정후견감독인, 검사 또는 지방자치단체의 장의 청구에 의하여 성년후견개시의 심판을 한다. ② 가정법원은 성년후견개시의 심판을 할 때 본인의 의사를 고려하여야 한다.

제10조(한정치산자의 능력) 제5조 내지 제8조의 규정은 한정치산자에 준용한다.

제10조(피성년후견인의 행위와 취소)
① 피성년후견인의 법률행위는 취소할 수 있다.
② 제1항에도 불구하고 가정법원은 취소할 수 없는 피성년후견인의 법률행위의 범위를 정할 수 있다.
③ 가정법원은 본인, 배우자, 4촌 이내의 친족, 성년후견인, 성년후견감독인, 검사 또는 지방자치단체의 장의 청구에 의하여 제2항의 범위를 변경할 수 있다.
④ 제1항에도 불구하고 일용품의 구입 등 일상생활에 필요하고 그 대가가 과도하지 아니한 법률행위는 성년후견인이 취소할 수 없다.

제11조(한정치산 선고의 취소) 한정치산의 원인이 소멸한 때에는 법원은 제9조에 규정한 자의 청구에 의하여 그 선고를 취소하여야 한다.

제11조(성년후견종료의 심판) 성년후견개시의 원인이 소멸된 경우에는 가정법원은 본인, 배우자, 4촌 이내의 친족, 성년후견인, 성년후견감독인, 검사 또는 지방자치단체의 장의 청구에 의하여 성년후견종료의 심판을 한다.

제12조(금치산의 선고) 심신상실의 상태에 있는 자에 대하여는 법원은 제9조에 규정한 자의 청구에 의하여 금치산을 선고하여야 한다.

제12조(한정후견개시의 심판) ① 가정법원은 질병, 장애, 노령, 그 밖의 사유로 인한 정신적 제약으로 사무를 처리할 능력이 부족한 사람에 대하여 본인, 배우자, 4촌 이내의 친족, 미성년후견인, 미성년후견감독인, 성년후견인, 성년후견감독인, 특정후견인, 특정후견감독인, 검사 또는 지방자치단체의 장의 청구에 의하여 한정후견개시의 심판을 한다.

② 한정후견개시의 경우에 제9조 제2항을 준용한다.

제13조(금치산자의 능력) 금치산자의 법률행위는 취소할 수 있다.

제13조(피한정후견인의 행위와 동의)

① 가정법원은 피한정후견인이 한정후견인의 동의를 받아야 하는 행위의 범위를 정할 수 있다.

② 가정법원은 본인, 배우자, 4촌 이내의 친족, 한정후견인, 한정후견감독인, 검사 또는 지방자치단체의 장의 청구에 의하여 제1항에 따른 한정후견인의 동의를 받아야만 할 수 있는 행위의 범위를 변경할 수 있다.

③ 한정후견인의 동의를 필요로 하는 행위에 대하여 한정후

	견인이 피한정후견인의 이익이 침해될 염려가 있음에도 그 동의를 하지 않는 때에는 가정법원은 피한정후견인의 청구에 의하여 한정후견인의 동의를 갈음하는 허가를 할 수 있다. ④ 한정후견인의 동의가 필요한 법률행위를 피한정후견인이 한정후견인의 동의 없이 하였을 때에는 그 법률행위를 취소할 수 있다. 다만, 일용품의 구입 등 일상생활에 필요하고 그 대가가 과도하지 아니한 법률행위에 대해서는 그러하지 아니하다.
제14조(금치산 선고의 취소) 제11조의 규정은 금치산자에 준용한다.	**제14조(한정후견종료의 심판)** 한정후견개시의 원인이 소멸된 경우에는 가정법원은 본인, 배우자, 4촌 이내의 친족, 한정후견인, 한정후견감독인, 검사 또는 지방자치단체의 장의 청구에 의하여 한정후견종료의 심판을 한다.
〈신 설〉	**제14조의2(특정후견의 심판)** ① 가정법원은 질병, 장애, 노령, 그 밖의 사유로 인한 정신적 제약으로 일시적 후원 또는 특정한

현행	개정안
	사무에 관한 후원이 필요한 사람에 대하여 본인, 배우자, 4촌 이내의 친족, 미성년후견인, 미성년후견감독인, 검사 또는 지방자치단체의 장의 청구에 의하여 특정후견의 심판을 한다. ② 특정후견은 본인의 의사에 반하여 할 수 없다. ③ 특정후견의 심판을 하는 경우에는 특정후견의 기간 또는 사무의 범위를 정하여야 한다.
〈신 설〉	**제14조의 3(심판 사이의 관계)** ① 가정법원이 피한정후견인 또는 피특정후견인에 대하여 성년후견개시의 심판을 할 때에는 종전의 한정후견 또는 특정후견의 종료 심판을 한다. ② 가정법원이 피성년후견인 또는 피특정후견인에 대하여 한정후견개시의 심판을 할 때에는 종전의 성년후견 또는 특정후견의 종료 심판을 한다.

제 15조(무능력자의 상대방의 최고권) ① 무능력자의 상대방은 무능력자가 능력자가 된 후에 이에 대하여 1월 이상의 기간을 정하여 그 취소할 수 있는 행위의 추인여부의 확답을 최고할 수 있다. 능력자로 된 자가 그 기간 내에 확답을 발하지 아니한 때에는 그 행위를 추인한 것으로 본다.

② 무능력자가 아직 능력자가 되지 못한 때에는 그 법정대리인에 대하여 전항의 최고를 할 수 있고 법정대리인이 그 기간 내에 확답을 발하지 아니한 때에는 그 행위를 추인한 것으로 본다.

③ 특별한 절차를 요하는 행위에 관하여는 그 기간 내에 그 절차를 밟은 확답을 발하지 아니하면 취소한 것으로 본다.

제 16조(무능력자의 상대방의 철회권과 거절권) ① 무능력자의 계약은 추인 있을 때까지 상대방이 그 의사표시를 철회할 수 있다. 그러나 상대방이 계약 당시에 무능력자임을 알았을 때에는 그러

제 15조(제한능력자의 상대방의 확답을 촉구할 권리) ① 제한능력자의 상대방은 제한능력자가 능력자가 된 후에 그에게 1개월 이상의 기간을 정하여 그 취소할 수 있는 행위를 추인할 것인지 여부의 확답을 촉구할 수 있다. 능력자로 된 사람이 그 기간 내에 확답을 발송하지 아니하면 그 행위를 추인한 것으로 본다.

② 제한능력자가 아직 능력자가 되지 못한 경우에는 그의 법정대리인에게 제 1항의 촉구를 할 수 있고, 법정대리인이 그 정해진 기간 내에 확답을 발송하지 아니한 경우에는 그 행위를 추인한 것으로 본다.

③ 특별한 절차가 필요한 행위는 그 정해진 기간 내에 그 절차를 밟은 확답을 발송하지 아니하면 취소한 것으로 본다.

제 16조(제한능력자의 상대방의 철회권과 거절권) ① 제한능력자가 맺은 계약은 추인이 있을 때까지 상대방이 그 의사표시를 철회할 수 있다. 다만, 상대방이 계약 당시에 제한능력자임을 알았을

하지 아니하다. ② 무능력자의 단독행위는 추인 있을 때까지 상대방이 거절할 수 있다. ③ 전 2항의 철회나 거절의 의사표시는 무능력자에 대하여도 할 수 있다.	경우에는 그러하지 아니하다. ② 제한능력자의 단독행위는 추인이 있을 때까지 상대방이 거절할 수 있다. ③ 제 1항의 철회나 제 2항의 거절의 의사표시는 제한능력자에게도 할 수 있다.
제 17조(무능력자의 사술) ① 무능력자가 사술로써 능력자로 믿게 한 때에는 그 행위를 취소하지 못한다. ② 미성년자나 한정치산자가 사술로써 법정대리인의 동의 있는 것으로 믿게 한 때에도 전항과 같다.	**제 17조(제한능력자의 속임수)** ① 제한능력자가 속임수로써 자기를 능력자로 믿게 한 경우에는 그 행위를 취소할 수 없다. ② 미성년자나 피한정후견인이 속임수로써 법정대리인의 동의가 있는 것으로 믿게 한 경우에도 제 1항과 같다.
제 111조(의사표시의 효력발생시기) ① 상대방 있는 의사표시는 그 통지가 상대방에 도달한 때로부터 그 효력이 생긴다. ② 표의자가 그 통지를 발한 후 사망하거나 행위능력을 상실하여도 의사표시의 효력에 영향을 미치지 아니한다.	**제 111조(의사표시의 효력발생시기)** ① 상대방이 있는 의사표시는 상대방에게 도달한 때에 그 효력이 생긴다. ② 의사표시자가 그 통지를 발송한 후 사망하거나 제한능력자가 되어도 의사표시의 효력에 영향을 미치지 아니한다.

제112조(의사표시의 수령능력) 의사표시의 상대방이 이를 받은 때에 무능력자인 경우에는 그 의사표시로써 대항하지 못한다. 그러나 법정대리인이 그 도달을 안 후에는 그러하지 아니하다.

제112조(제한능력자에 대한 의사표시의 효력) 의사표시의 상대방이 의사표시를 받은 때에 제한능력자인 경우에는 의사표시자는 그 의사표시로써 대항할 수 없다. 다만, 그 상대방의 법정대리인이 의사표시가 도달한 사실을 안 후에는 그러하지 아니하다.

제127조(대리권의 소멸사유) 대리권은 다음 각 호의 사유로 소멸한다.

1. 본인의 사망
2. 대리인의 사망, 금치산 또는 파산

제127조(대리권의 소멸사유) 대리권은 다음 각 호의 어느 하나에 해당하는 사유가 있으면 소멸된다.

1. 본인의 사망
2. 대리인의 사망, 성년후견의 개시 또는 파산

제135조(무권대리인의 상대방에 대한 책임) ① 타인의 대리인으로 계약을 한 자가 그 대리권을 증명하지 못하고 또 본인의 추인을 얻지 못한 때에는 상대방의 선택에 좇아 계약의 이행 또는 손해배상의 책임이 있다.

② 상대방이 대리권 없음을 알았거나 알 수 있었을 때 또는 대리인으로 계약한 자가 행위능력이 없는 때에는 전항의 규

제135조(상대방에 대한 무권대리인의 책임) ① 다른 자의 대리인으로서 계약을 맺은 자가 그 대리권을 증명하지 못하고 또 본인의 추인을 받지 못한 경우에는 그는 상대방의 선택에 따라 계약을 이행할 책임 또는 손해를 배상할 책임이 있다.

② 대리인으로서 계약을 맺은 자에게 대리권이 없다는 사실을 상대방이 알았거나 알 수

정을 적용하지 아니한다.	있었을 때 또는 대리인으로서 계약을 맺은 사람이 제한능력자일 때에는 제1항을 적용하지 아니한다.
제140조(법률행위의 취소권자) 취소할 수 있는 법률행위는 무능력자, 하자 있는 의사표시를 한 자, 그 대리인 또는 승계인에 한하여 취소할 수 있다.	**제140조(법률행위의 취소권자)** 취소할 수 있는 법률행위는 제한능력자, 착오로 인하거나 사기·강박에 의하여 의사표시를 한 자, 그의 대리인 또는 승계인만이 취소할 수 있다.
제141조(취소의 효과) 취소한 법률행위는 처음부터 무효인 것으로 본다. 그러나 무능력자는 그 행위로 인하여 받은 이익이 현존하는 한도에서 상환할 책임이 있다.	**제141조(취소의 효과)** 취소된 법률행위는 처음부터 무효인 것으로 본다. 다만, 제한능력자는 그 행위로 인하여 받은 이익이 현존하는 한도에서 상환(償還)할 책임이 있다.
제144조(추인의 요건) ① 추인은 취소의 원인이 종료한 후에 하지 아니하면 효력이 없다. ② 전항의 규정은 법정대리인이 추인하는 경우에는 적용하지 아니한다.	**제144조(추인의 요건)** ① 추인은 취소의 원인이 소멸된 후에 하여야만 효력이 있다. ② 제1항은 법정대리인 또는 후견인이 추인하는 경우에는 적용하지 아니한다.
제179조(무능력자와 시효정지) 소멸시효의 기간만료 전 6월 내에 무능력자의 법정대리인이 없는 때에는 그가 능력자가 되거나	**제179조(제한능력자의 시효정지)** 소멸시효의 기간만료 전 6개월 내에 제한능력자에게 법정대리인이 없는 경우에는 그가 능력자

법정대리인이 취임한 때로부터 6월 내에는 시효가 완성하지 아니한다.	가 되거나 법정대리인이 취임한 때부터 6개월 내에는 시효가 완성되지 아니한다.
제180조(재산관리자에 대한 무능력자의 권리, 부부간의 권리와 시효정지) ① 재산을 관리하는 부, 모 또는 후견인에 대한 무능력자의 권리는 그가 능력자가 되거나 후임의 법정대리인이 취임한 때로부터 6월 내에는 소멸시효가 완성하지 아니한다. ② 부부의 일방의 타방에 대한 권리는 혼인관계의 종료한 때로부터 6월 내에는 소멸시효가 완성하지 아니한다.	**제180조(재산관리자에 대한 제한능력자의 권리, 부부 사이의 권리와 시효정지)** ① 재산을 관리하는 아버지, 어머니 또는 후견인에 대한 제한능력자의 권리는 그가 능력자가 되거나 후임 법정대리인이 취임한 때부터 6개월 내에는 소멸시효가 완성되지 아니한다. ② 부부 중 한쪽이 다른 쪽에 대하여 가지는 권리는 혼인관계가 종료된 때부터 6개월 내에는 소멸시효가 완성되지 아니한다.
제690조(사망, 파산 등과 위임의 종료) 위임은 당사자일방의 사망 또는 파산으로 인하여 종료한다. 수임인이 금치산 선고를 받은 때에도 같다.	**제690조(사망 · 파산 등과 위임의 종료)** 위임은 당사자 한쪽의 사망이나 파산으로 종료된다. 수임인이 성년후견개시의 심판을 받은 경우에도 이와 같다.
제717조(비임의탈퇴) 전조의 경우 외에 조합원은 다음 각 호의 사유로 인하여 탈퇴된다. 1. 사망	**제717조(비임의탈퇴)** 제716조의 경우 외에 조합원은 다음 각 호의 어느 하나에 해당하는 사유가 있으면 탈퇴된다.

2. 파산 3. 금치산 4. 제명	1. 사망 2. 파산 3. 성년후견의 개시 4. 제명(除名)
제755조(책임무능력자의 감독자의 책임) ① 전2조의 규정에 의하여 무능력자에게 책임 없는 경우에는 이를 감독할 법정의무 있는 자가 그 무능력자의 제삼자에게 가한 손해를 배상할 책임이 있다. 그러나 감독의무를 해태하지 아니한 때에는 그러하지 아니하다. ② 감독의무자에 가름하여 무능력자를 감독하는 자도 전항의 책임이 있다.	**제755조(감독자의 책임)** ① 다른 자에게 손해를 가한 사람이 제753조 또는 제754조에 따라 책임이 없는 경우에는 그를 감독할 법정의무가 있는 자가 그 손해를 배상할 책임이 있다. 다만, 감독의무를 게을리하지 아니한 경우에는 그러하지 아니하다. ② 감독의무자를 갈음하여 제753조 또는 제754조에 따라 책임이 없는 사람을 감독하는 자도 제1항의 책임이 있다.
제801조(약혼연령) 만 18세가 된 사람은 부모 또는 후견인의 동의를 얻어 약혼할 수 있다. 이 경우에는 제808조의 규정을 준용한다.	**제801조(약혼연령)** 18세가 된 사람은 부모나 미성년후견인의 동의를 받아 약혼할 수 있다. 이 경우 제808조를 준용한다.
제802조(금치산자의 약혼) 금치산자는 부모 또는 후견인의 동의를 얻어 약혼할 수 있다. 이 경우	**제802조(성년후견과 약혼)** 피성년후견인은 부모나 성년후견인의 동의를 받아 약혼할 수 있다.

에는 제808조의 규정을 준용한다.	이 경우 제808조를 준용한다.
제804조(약혼해제의 사유) 당사자의 일방에 다음 각 호의 사유가 있는 때에는 상대방은 약혼을 해제할 수 있다. 1. 약혼 후 자격정지 이상의 형의 선고를 받은 때 2. 약혼 후 금치산 또는 한정치산의 선고를 받은 때 3. 성병, 불치의 정신병 기타 불치의 악질이 있는 때 4. 약혼 후 타인과 약혼 또는 혼인을 한 때 5. 약혼 후 타인과 간음한 때 6. 약혼 후 1년 이상 그 생사가 부명한 때 7. 정당한 이유 없이 혼인을 거절하거나 그 시기를 지연하는 때 8. 기타 중대한 사유가 있는 때	**제804조(약혼해제의 사유)** 당사자 한쪽에 다음 각 호의 어느 하나에 해당하는 사유가 있는 경우에는 상대방은 약혼을 해제할 수 있다. 1. 약혼 후 자격정지 이상의 형을 선고받은 경우 2. 약혼 후 성년후견개시나 한정후견개시의 심판을 받은 경우 3. 성병, 불치의 정신병, 그 밖의 불치의 병질(病疾)이 있는 경우 4. 약혼 후 다른 사람과 약혼이나 혼인을 한 경우 5. 약혼 후 다른 사람과 간음(姦淫)한 경우 6. 약혼 후 1년 이상 생사(生死)가 불명한 경우 7. 정당한 이유 없이 혼인을 거절하거나 그 시기를 늦추는 경우 8. 그 밖에 중대한 사유가 있는 경우

제808조(동의를 요하는 혼인) ① 미성년자가 혼인을 할 때에는 부모의 동의를 얻어야 하며, 부모 중 일방이 동의권을 행사할 수 없는 때에는 다른 일방의 동의를 얻어야 하고, 부모가 모두 동의권을 행사할 수 없는 때에는 후견인의 동의를 얻어야 한다. ② 금치산자는 부모 또는 후견인의 동의를 얻어 혼인할 수 있다. ③ 제1항 및 제2항의 경우에 부모 또는 후견인이 없거나 또는 동의할 수 없는 때에는 친족회의 동의를 얻어 혼인할 수 있다.	**제808조(동의가 필요한 혼인)** ① 미성년자가 혼인을 하는 경우에는 부모의 동의를 받아야 하며, 부모 중 한쪽이 동의권을 행사할 수 없을 때에는 다른 한쪽의 동의를 받아야 하고, 부모가 모두 동의권을 행사할 수 없을 때에는 미성년후견인의 동의를 받아야 한다. ② 피성년후견인은 부모나 성년후견인의 동의를 받아 혼인할 수 있다.
제819조(동의 없는 혼인의 취소청구권의 소멸) 제808조의 규정에 위반한 혼인은 그 당사자가 20세에 달한 후 또는 금치산 선고의 취소 있은 후 3월을 경과하거나 혼인 중 포태한 때에는 그 취소를 청구하지 못한다.	**제819조(동의 없는 혼인의 취소청구권의 소멸)** 제808조를 위반한 혼인은 그 당사자가 19세가 된 후 또는 성년후견종료의 심판이 있은 후 3개월이 지나거나 혼인 중에 임신한 경우에는 그 취소를 청구하지 못한다.

제 835조(금치산자의 협의상 이혼) 제 808조 제 2항 및 제 3항의 규정은 금치산자의 협의상 이혼에 이를 준용한다.

제 835조(성년후견과 협의이혼) 피성년후견인의 협의이혼에 관하여는 제 808조 제 2항을 준용한다.

제 848조(금치산자의 친생부인의 소)
① 부(부) 또는 처(처)가 금치산자인 때에는 그 후견인은 친족회의 동의를 얻어 친생부인의 소를 제기할 수 있다.
② 제 1항의 경우에 후견인이 친생부인의 소를 제기하지 아니한 때에는 금치산자는 금치산 선고의 취소 있은 날로부터 2년 내에 친생부인의 소를 제기할 수 있다.

제 848조(성년후견과 친생부인의 소)
① 남편이나 아내가 피성년후견인인 경우에는 그의 성년후견인이 성년후견감독인의 동의를 받아 친생부인의 소를 제기할 수 있다. 성년후견감독인이 없거나 동의할 수 없을 때에는 가정법원에 그 동의를 갈음하는 허가를 청구할 수 있다.
② 제 1항의 경우 성년후견인이 친생부인의 소를 제기하지 아니하는 경우에는 피성년후견인은 성년후견종료의 심판이 있은 날부터 2년 내에 친생부인의 소를 제기할 수 있다.

제 856조(금치산자의 인지) 부가 금치산자인 때에는 후견인의 동의를 얻어 인지할 수 있다.

제 856조(피성년후견인의 인지) 아버지가 피성년후견인인 경우에는 성년후견인의 동의를 받아 인지할 수 있다.

제 869조(15세 미만 자의 입양승낙) 양자가 될 자가 15세 미만인 때에는 법정대리인이 그에 갈음하여 입양의 승낙을 한다. 다만, 후견인이 입양을 승낙하는 경우에는 가정법원의 허가를 받아야 한다.

제 869조(15세 미만 자의 입양승낙) 양자(養子)가 될 사람이 15세 미만인 경우에는 법정대리인이 그를 갈음하여 입양의 승낙을 한다. 다만, 미성년후견인이 입양을 승낙하는 경우에는 가정법원의 허가를 받아야 한다.

제 871조(미성년자입양의 동의) 양자가 될 자가 성년에 달하지 못한 경우에 부모 또는 다른 직계존속이 없으면 후견인의 동의를 얻어야 한다. 그러나 후견인이 동의를 함에 있어서는 가정법원의 허가를 얻어야 한다.

제 871조(미성년자입양의 동의) 양자가 될 사람이 미성년인 경우 부모나 다른 직계존속이 없으면 미성년후견인의 동의를 받아야 한다. 다만, 미성년후견인이 동의를 하는 경우에는 가정법원의 허가를 받아야 한다.

제 873조(금치산자의 입양) 금치산자는 후견인의 동의를 얻어 양자를 할 수 있고 양자가 될 수 있다.

제 873조(피성년후견인의 입양) 피성년후견인은 성년후견인의 동의를 받아 입양을 할 수 있고 양자가 될 수 있다.

제 887조(同前) 입양이 제 872조의 규정에 위반한 때에는 피후견인 또는 친족회원이 그 취소를 청구할 수 있고 제 873조의 규정에 위반한 때에는 금치산자 또는 후견인이 그 취소를 청구할 수 있다.

제 887조(입양취소청구권자) 입양이 제 872조를 위반한 경우에는 피후견인, 친족 또는 후견감독인이 그 취소를 청구할 수 있고, 제 873조를 위반한 경우에는 피성년후견인이나 성년후견인이 그 취소를 청구할 수 있다.

제893조(同前) 제873조의 규정에 위반한 입양은 금치산 선고의 취소 있은 후 3월을 경과한 때에는 그 취소를 청구하지 못한다.

제893조(입양취소청구권의 소멸) 제873조를 위반한 입양은 성년후견개시의 심판이 취소된 후 3개월이 지난 때에는 그 취소를 청구하지 못한다.

제899조(15세 미만 자의 협의상 파양) ① 양자가 15세 미만인 때에는 제869조의 규정에 의하여 입양을 승낙한 자가 이에 갈음하여 파양의 협의를 하여야 한다. 그러나 입양을 승낙한 자가 사망 기타 사유로 협의를 할 수 없는 때에는 생가의 다른 직계존속이 이를 하여야 한다.
② 제1항의 규정에 의한 협의를 후견인 또는 생가(생가)의 다른 직계존속이 하는 때에는 가정법원의 허가를 받아야 한다.

제899조(15세 미만 자의 협의파양) ① 양자가 15세 미만인 경우에는 제869조에 따라 입양을 승낙한 사람이 양자를 갈음하여 파양의 협의를 하여야 한다. 다만, 입양을 승낙한 사람이 사망하거나 그 밖의 사유로 협의를 할 수 없을 때에는 생가(生家)의 다른 직계존속이 이를 하여야 한다.
② 제1항에 따른 협의를 미성년후견인이나 생가의 다른 직계존속이 하는 경우에는 가정법원의 허가를 받아야 한다.

제902조(금치산자의 협의상 파양) 양친이나 양자가 금치산자인 때에는 후견인의 동의를 얻어 파양의 협의를 할 수 있다.

제902조(피성년후견인의 협의파양) 양친이나 양자가 피성년후견인인 경우에는 성년후견인의 동의를 받아 파양의 협의를 할 수 있다.

제1절 후견인	제1절 미성년후견과 성년후견
〈삽 입〉	제1관 후견인
제928조(미성년자에 대한 후견의 개시) 미성년자에 대하여 친권자가 없거나 친권자가 법률행위의 대리권 및 재산관리권을 행사할 수 없는 때에는 그 후견인을 두어야 한다.	**제928조(미성년자에 대한 후견의 개시)** 미성년자에게 친권자가 없거나 친권자가 법률행위의 대리권과 재산관리권을 행사할 수 없는 경우에는 미성년후견인을 두어야 한다.
제929조(금치산자 등에 대한 후견의 개시) 금치산 또는 한정치산의 선고가 있는 때에는 그 선고를 받은 자의 후견인을 두어야 한다.	**제929조(성년후견심판에 의한 후견의 개시)** 가정법원의 성년후견개시심판이 있는 경우에는 그 심판을 받은 사람의 성년후견인을 두어야 한다.
제930조(후견인의 수) 후견인은 1인으로 한다.	**제930조(후견인의 수와 자격)** ① 미성년후견인의 수(數)는 한 명으로 한다. ② 성년후견인은 피성년후견인의 신상과 재산에 관한 모든 사정을 고려하여 여러 명을 둘 수 있다. ③ 법인도 성년후견인이 될 수 있다.

제932조(미성년자의 후견인의 순위) 제931조의 규정에 의한 후견인의 지정이 없는 때에는 미성년자의 직계혈족, 3촌 이내의 방계혈족의 순위로 후견인이 된다.	**제932조(미성년후견인의 선임)** ① 가정법원은 제931조에 따라 지정된 미성년후견인이 없는 경우에는 직권으로 또는 미성년자, 친족, 이해관계인, 검사, 지방자치단체의 장의 청구에 의하여 미성년후견인을 선임한다. 미성년후견인이 없게 된 경우에도 또한 같다. ② 가정법원은 친권상실의 선고나 대리권 및 재산관리권 상실의 선고에 따라 미성년후견인을 선임할 필요가 있는 경우에는 직권으로 미성년후견인을 선임한다. ③ 친권자가 대리권 및 재산관리권을 사퇴한 경우에는 지체 없이 가정법원에 미성년후견인의 선임을 청구하여야 한다.
제933조(금치산등의 후견인의 순위) 금치산 또는 한정치산의 선고가 있는 때에는 그 선고를 받은 자의 직계혈족, 3촌 이내의 방계혈족의 순위로 후견인이 된다.	〈삭 제〉

구조문	신조문
제 934조(기혼자의 후견인의 순위) 기혼자가 금치산 또는 한정치산의 선고를 받은 때에는 배우자가 후견인이 된다. 그러나 배우자도 금치산 또는 한정치산의 선고를 받은 때에는 제 933조의 순위에 따른다.	〈삭 제〉
제 935조(후견인의 순위) ① 제 932조 내지 제 934조의 규정에 의한 직계혈족 또는 방계혈족이 수인인 때에는 최근친을 선순위로 하고, 동순위자가 수인인 때에는 연장자를 선순위로 한다. ② 제 1항의 규정에 부구하고 양자의 친생부모와 양부모가 구존한 때에는 양부모를 선순위로, 기타 생가혈족과 양가혈족의 촌수가 동순위인 때에는 양가혈족을 선순위로 한다.	〈삭 제〉
제 936조(법원에 의한 후견인의 선임) ① 전 4조의 규정에 의하여 후견인이 될 자가 없는 경우에는 법원은 제 777조의 규정에 의한 피후견인의 친족 기타 이해관계인의 청구에 의하여 후견	**제 936조(성년후견인의 선임)** ① 제 929조에 따른 성년후견인은 가정법원이 직권으로 선임한다. ② 가정법원은 성년후견인이 사망, 결격, 그 밖의 사유로

인을 선임하여야 한다.
② 후견인이 사망, 결격 기타 사유로 인하여 결격된 때에 전4조의 규정에 의하여 후견인이 될 자가 없는 경우에도 전항과 같다.

없게 된 경우에도 직권으로 또는 피성년후견인, 친족, 이해관계인, 검사, 지방자치단체의 장의 청구에 의하여 성년후견인을 선임한다.
③ 가정법원은 성년후견인이 선임된 경우에도 필요하다고 인정하면 직권으로 또는 제2항의 청구권자나 성년후견인의 청구에 의하여 추가로 성년후견인을 선임할 수 있다.
④ 가정법원이 성년후견인을 선임할 때에는 피성년후견인의 의사를 존중하여야 하며, 그 밖에 피성년후견인의 건강, 생활관계, 재산상황, 성년후견인이 될 사람의 직업과 경험, 피성년후견인과의 이해관계의 유무(법인이 성년후견인이 될 때에는 사업의 종류와 내용, 법인이나 그 대표자와 피성년후견인 사이의 이해관계의 유무를 말한다) 등의 사정도 고려하여야 한다.

제937조(후견인의 결격 사유) 다음 각 호에 해당한 자는 후견인이 되지 못한다.

제937조(후견인의 결격 사유) 다음 각 호의 어느 하나에 해당하는 자는 후견인이 되지 못한다.

1. 미성년자 2. 금치산자, 한정치산자 3. 파산선고를 받은 자 4. 자격정지 이상의 형의 선고를 받고 그 형기 중에 있는 자 5. 법원에서 해임된 법정대리인 또는 친족회원 6. 행방이 부명한 자 7. 피후견인에 대하여 소송을 하였거나 하고 있는 자 또는 그 배우자와 직계혈족	1. 미성년자 2. 피성년후견인, 피한정후견인, 피특정후견인, 피임의후견인 3. 회생절차개시결정 또는 파산선고를 받은 자 4. 자격정지 이상의 형의 선고를 받고 그 형기(刑期) 중에 있는 사람 5. 법원에서 해임된 법정대리인 6. 법원에서 해임된 성년후견인, 한정후견인, 특정후견인, 임의후견인과 그 감독인 7. 행방이 불분명한 사람 8. 피후견인을 상대로 소송을 하였거나 하고 있는 자 또는 그 배우자와 직계혈족
제938조(후견인의 대리권) 후견인은 피후견인의 법정대리인이 된다.	**제938조(후견인의 대리권 등)** ① 후견인은 피후견인의 법정대리인이 된다. ② 가정법원은 성년후견인이 제1항에 따라 가지는 법정대리권의 범위를 정할 수 있다. ③ 가정법원은 성년후견인이 피성년후견인의 신상에 관하여 결정할 수 있는 권한의 범위를

정할 수 있다.

④ 제 2항 및 제 3항에 따른 법정대리인의 권한의 범위가 적절하지 아니하게 된 경우에 가정법원은 본인, 배우자, 4촌 이내의 친족, 성년후견인, 성년후견감독인, 검사 또는 지방자치단체의 장의 청구에 의하여 그 범위를 변경할 수 있다.

제 939조(후견인의 사퇴) 후견인은 정당한 사유 있는 때에는 법원의 허가를 얻어 이를 사퇴할 수 있다.

제 939조(후견인의 사임) 후견인은 정당한 사유가 있는 경우에는 가정법원의 허가를 받아 사임할 수 있다. 이 경우 그 후견인은 사임청구와 동시에 가정법원에 새로운 후견인의 선임을 청구하여야 한다.

제 940조(후견인의 변경) ① 가정법원은 피후견인의 복리를 위하여 후견인을 변경할 필요가 있다고 인정되는 경우에는 피후견인의 친족이나 검사의 청구 또는 직권에 의하여 후견인을 변경할 수 있다.

② 제 1항의 경우에는 제 932조 내지 제 935조에 규정된 후견인

제 940조(후견인의 변경) 가정법원은 피후견인의 복리를 위하여 후견인을 변경할 필요가 있다고 인정하면 직권으로 또는 피후견인, 친족, 후견감독인, 검사, 지방자치단체의 장의 청구에 의하여 후견인을 변경할 수 있다.

의 순위에 불구하고 4촌 이내의 친족 그 밖에 적합한 자를 후견인으로 정할 수 있다.	
〈신 설〉	**제2관 후견감독인**
〈신 설〉	**제940조의 2(미성년후견감독인의 지정)** 미성년후견인을 지정할 수 있는 사람은 유언으로 미성년후견감독인을 지정할 수 있다.
〈신 설〉	**제940조의 3(미성년후견감독인의 선임)** ① 가정법원은 제940조의 2에 따라 지정된 미성년후견감독인이 없는 경우에 필요하다고 인정하면 직권으로 또는 미성년자, 친족, 미성년후견인, 검사, 지방자치단체의 장의 청구에 의하여 미성년후견감독인을 선임할 수 있다. ② 가정법원은 미성년후견감독인이 사망, 결격, 그 밖의 사유로 없게 된 경우에는 직권으로 또는 미성년자, 친족, 미성년후견인, 검사, 지방자치단체의 장의 청구에 의하여 미성년후견감독인을 선임한다.

〈신 설〉

제940조의4(성년후견감독인의 선임)

① 가정법원은 필요하다고 인정하면 직권으로 또는 피성년후견인, 친족, 성년후견인, 검사, 지방자치단체의 장의 청구에 의하여 성년후견감독인을 선임할 수 있다.

② 가정법원은 성년후견감독인이 사망, 결격, 그 밖의 사유로 없게 된 경우에는 직권으로 또는 피성년후견인, 친족, 성년후견인, 검사, 지방자치단체의 장의 청구에 의하여 성년후견감독인을 선임한다.

〈신 설〉

제940조의5(후견감독인의 결격 사유)

제779조에 따른 후견인의 가족은 후견감독인이 될 수 없다.

〈신 설〉

제940조의6(후견감독인의 직무)

① 후견감독인은 후견인의 사무를 감독하며, 후견인이 없는 경우 지체 없이 가정법원에 후견인의 선임을 청구하여야 한다.

② 후견감독인은 피후견인의 신상이나 재산에 대하여 급박한 사정이 있는 경우 그의 보호를 위하여 필요한 행위 또는

	처분을 할 수 있다. ③ 후견인과 피후견인 사이에 이해가 상반되는 행위에 관하여는 후견감독인이 피후견인을 대리한다.
〈신 설〉	**제940조의 7(위임 및 후견인 규정의 준용)** 후견감독인에 대해서는 제681조, 제691조, 제692조, 제930조 제2항·제3항, 제936조 제3항·제4항, 제937조, 제939조, 제940조, 제947조의 2 제3항부터 제5항까지, 제949조의 2, 제955조 및 제955조의 2를 준용한다.
제2절 후견인의 임무	〈삭 제〉
〈삽 입〉	**제3관 후견인의 임무**
제941조(재산조사와 목록작성) ① 후견인은 지체 없이 피후견인의 재산을 조사하여 2월 내에 그 목록을 작성하여야 한다. 그러나 정당한 사유 있는 때에는 법원의 허가를 얻어 그 기간을 연장할 수 있다. ② 전항의 재산조사와 목록작	**제941조(재산조사와 목록작성)** ① 후견인은 지체 없이 피후견인의 재산을 조사하여 2개월 내에 그 목록을 작성하여야 한다. 다만, 정당한 사유가 있는 경우에는 법원의 허가를 받아 그 기간을 연장할 수 있다. ② 후견감독인이 있는 경우 제

성은 친족회가 지정한 회원의 참여가 없으면 효력이 없다.

1항에 따른 재산조사와 목록 작성은 후견감독인의 참여가 없으면 효력이 없다.

제942조(후견인의 채권, 채무의 제시) ① 후견인과 피후견인 사이에 채권, 채무의 관계가 있는 때에는 후견인은 재산목록의 작성을 완료하기 전에 그 내용을 친족회 또는 친족회의 지정한 회원에게 제시하여야 한다.

② 후견인이 피후견인에 대한 채권있음을 알고 전항의 제시를 해태한 때에는 그 채권을 포기한 것으로 본다.

제942조(후견인의 채권 · 채무의 제시) ① 후견인과 피후견인 사이에 채권 · 채무의 관계가 있고 후견감독인이 있는 경우에는 후견인은 재산목록의 작성을 완료하기 전에 그 내용을 후견감독인에게 제시하여야 한다.

② 후견인이 피후견인에 대한 채권이 있음을 알고도 제1항에 따른 제시를 게을리한 경우에는 그 채권을 포기한 것으로 본다.

제945조(미성년자의 신분에 관한 후견인의 권리의무) 미성년자의 후견인은 제913조 내지 제915조에 규정한 사항에 관하여는 친권자와 동일한 권리의무가 있다. 그러나 친권자가 정한 교양방법 또는 거소를 변경하거나 피후견인을 감화 또는 교정기관에 위탁하거나 친권자가 허락한 영업을 취소 또는 제한함에는 친족회의 동의를 얻어

제945조(미성년자의 신분에 관한 후견인의 권리 · 의무) 미성년후견인은 제913조부터 제915조까지에 규정한 사항에 관하여는 친권자와 동일한 권리와 의무가 있다. 다만, 다음 각 호의 어느 하나에 해당하는 경우에는 미성년후견감독인이 있으면 그의 동의를 받아야 한다.

1. 친권자가 정한 교육방법, 양육방법 또는 거소를 변경하

야 한다.

는 경우
2. 미성년자를 감화기관이나 교정기관에 위탁하는 경우
3. 친권자가 허락한 영업을 취소하거나 제한하는 경우

제946조(재산관리에 한한 후견) 친권자가 법률행위의 대리권과 재산관리권에 한하여 친권을 행사할 수 없는 경우에는 후견인의 임무는 미성년자의 재산에 관한 행위에 한한다.

제946조(재산관리에 한정된 후견) 미성년자의 친권자가 법률행위의 대리권과 재산관리권에 한정하여 친권을 행사할 수 없는 경우에 미성년후견인의 임무는 미성년자의 재산에 관한 행위에 한정된다.

제947조(금치산자의 요양, 감호)
① 금치산자의 후견인은 금치산자의 요양, 감호에 일상의 주의를 해태하지 아니하여야 한다.
② 후견인이 금치산자를 사택에 감금하거나 정신병원 기타 다른 장소에 감금치료함에는 법원의 허가를 얻어야 한다. 그러나 긴급을 요할 상태인 때에는 사후에 허가를 청구할 수 있다.

제947조(피성년후견인의 복리와 의사존중) 성년후견인은 피성년후견인의 재산관리와 신상보호를 할 때 여러 사정을 고려하여 그의 복리(福利)에 부합하는 방법으로 사무를 처리하여야 한다. 이 경우 성년후견인은 피성년후견인의 복리에 반하지 아니하면 피성년후견인의 의사를 존중하여야 한다.

〈신 설〉

제947조의 2(피성년후견인의 신상결정 등) ① 피성년후견인은 자신의 신상에 관하여 그의 상태가 허락하는 범위에서 단독으로 결정한다.

② 성년후견인이 피성년후견인을 치료 등의 목적으로 정신병원이나 그 밖의 다른 장소에 격리하려는 경우에는 가정법원의 허가를 받아야 한다.

③ 피성년후견인의 신체를 침해하는 의료행위에 대하여 피성년후견인이 동의할 수 없는 경우에는 성년후견인이 그를 대신하여 동의할 수 있다.

④ 제3항의 경우 피성년후견인이 의료행위의 직접적인 결과로 사망하거나 상당한 장애를 입을 위험이 있을 때에는 가정법원의 허가를 받아야 한다. 다만, 허가절차로 의료행위가 지체되어 피성년후견인의 생명에 위험을 초래하거나 심신상의 중대한 장애를 초래할 때에는 사후에 허가를 청구할 수 있다.

⑤ 성년후견인이 피성년후견인을 대리하여 피성년후견인이

거주하고 있는 건물 또는 그 대지에 대하여 매도, 임대, 전세권 설정, 저당권 설정, 임대차의 해지, 전세권의 소멸, 그 밖에 이에 준하는 행위를 하는 경우에는 가정법원의 허가를 받아야 한다.

현행	개정안
제948조(미성년자의 친권의 대행) ① 후견인은 피후견인에 가름하여 그 자에 대한 친권을 행사한다. ② 전항의 친권행사에는 후견인의 임무에 관한 규정을 준용한다.	**제948조(미성년자의 친권의 대행)** ① 미성년후견인은 미성년자를 갈음하여 미성년자의 자녀에 대한 친권을 행사한다. ② 제1항의 친권행사에는 미성년후견인의 임무에 관한 규정을 준용한다.
〈신 설〉	**제949조의2(성년후견인이 여러 명인 경우 권한의 행사 등)** ① 가정법원은 직권으로 여러 명의 성년후견인이 공동으로 또는 사무를 분장하여 그 권한을 행사하도록 정할 수 있다. ② 가정법원은 직권으로 제1항에 따른 결정을 변경하거나 취소할 수 있다. ③ 여러 명의 성년후견인이 공동으로 권한을 행사하여야 하는 경우에 어느 성년후견인이

피성년후견인의 이익이 침해될 우려가 있음에도 법률행위의 대리 등 필요한 권한행사에 협력하지 아니할 때에는 가정법원은 피성년후견인, 성년후견인, 후견감독인 또는 이해관계인의 청구에 의하여 그 성년후견인의 의사표시를 갈음하는 재판을 할 수 있다.

〈신 설〉

제 949조의 3(이해상반행위) 후견인에 대해서는 제 921조를 준용한다. 다만, 후견감독인이 있는 경우에는 그러하지 아니하다.

제 950조(법정대리권과 동의권의 제한) ① 후견인이 피후견인에 가름하여 다음 각 호의 행위를 하거나 미성년자 또는 한정치산자의 다음 각 호의 행위에 동의를 함에는 친족회의 동의를 얻어야 한다.

1. 영업을 하는 일
2. 차재 또는 보증을 하는 일
3. 부동산 또는 중요한 재산에 관한 권리의 득실변경을 목적으로 하는 행위를 하는 일
4. 소송행위를 하는 일

제 950조(후견감독인의 동의를 필요로 하는 행위) ① 후견인이 피후견인을 대리하여 다음 각 호의 어느 하나에 해당하는 행위를 하거나 미성년자의 다음 각 호의 어느 하나에 해당하는 행위에 동의를 할 때는 후견감독인이 있으면 그의 동의를 받아야 한다.

1. 영업에 관한 행위
2. 금전을 빌리는 행위
3. 의무만을 부담하는 행위
4. 부동산 또는 중요한 재산에

② 전항의 규정에 위반한 행위는 피후견인 또는 친족회가 이를 취소할 수 있다.	관한 권리의 득실변경을 목적으로 하는 행위 5. 소송행위 6. 상속의 승인, 한정승인 또는 포기 및 상속재산의 분할에 관한 협의 ② 후견감독인의 동의가 필요한 행위에 대하여 후견감독인이 피후견인의 이익이 침해될 우려가 있음에도 동의를 하지 않는 경우에는 가정법원은 후견인의 청구에 의하여 후견감독인의 동의를 갈음하는 허가를 할 수 있다. ③ 후견감독인의 동의가 필요한 법률행위를 후견인이 후견감독인의 동의 없이 하였을 때에는 피후견인 또는 후견감독인이 그 행위를 취소할 수 있다.
제951조(피후견인에 대한 권리의 양수) ① 후견인이 피후견인에 대한 제삼자의 권리를 양수함에는 친족회의 동의를 얻어야 한다. ② 전항의 규정에 위반한 행위는 피후견인 또는 친족회가 이를 취소할 수 있다.	**제951조(피후견인의 재산 등의 양수에 대한 취소)** ① 후견인이 피후견인에 대한 제3자의 권리를 양수(讓受)하는 경우에는 피후견인은 이를 취소할 수 있다. ② 제1항에 따른 권리의 양수의 경우 후견감독인이 있으면 후견인은 후견감독인의 동의를

받아야 하고, 후견감독인의 동의가 없는 경우에는 피후견인 또는 후견감독인이 이를 취소할 수 있다.

제 952조(상대방의 추인여부최고) 제15조의 규정은 전2조의 경우에 상대방의 친족회에 대한 추인여부의 최고에 준용한다.

제 952조(상대방의 추인 여부 최고) 제950조 및 제 951조의 경우에는 제 15조를 준용한다.

제 953조(친족회의 후견사무의 감독) 친족회는 언제든지 후견인에 대하여 그 임무수행에 관한 보고와 재산목록의 제출을 요구할 수 있고 피후견인의 재산상황을 조사할 수 있다.

제 953조(후견감독인의 후견사무의 감독) 후견감독인은 언제든지 후견인에게 그의 임무 수행에 관한 보고와 재산목록의 제출을 요구할 수 있고 피후견인의 재산상황을 조사할 수 있다.

제 954조(법원의 후견사무에 관한 처분) 법원은 피후견인 또는 제 777조의 규정에 의한 친족 기타 이해관계인의 청구에 의하여 피후견인의 재산상황을 조사하고 그 재산관리 기타 후견임무수행에 관하여 필요한 처분을 명할 수 있다.

제 954조(가정법원의 후견사무에 관한 처분) 가정법원은 직권으로 또는 피후견인, 후견감독인, 제777조에 따른 친족, 그 밖의 이해관계인, 검사, 지방자치단체의 장의 청구에 의하여 피후견인의 재산상황을 조사하고, 후견인에게 재산관리 등 후견임무 수행에 관하여 필요한 처분을 명할 수 있다.

〈신 설〉	**제955조의2(지출금액의 예정과 사무비용)** 후견인이 후견사무를 수행하는 데 필요한 비용은 피후견인의 재산 중에서 지출한다.
제3절 후견의 종료	〈삭 제〉
〈삽 입〉	**제4관 후견의 종료**
제957조(후견사무의 종료와 관리의 계산) ① 후견인의 임무가 종료한 때에는 후견인 또는 그 상속인은 1월 내에 피후견인의 재산에 관한 계산을 하여야 한다. 그러나 정당한 사유 있는 때에는 법원의 허가를 얻어 그 기간을 연장할 수 있다. ② 전항의 계산은 친족회가 지정한 회원의 참여가 없으면 효력이 없다.	**제957조(후견사무의 종료와 관리의 계산)** ① 후견인의 임무가 종료된 때에는 후견인 또는 그 상속인은 1개월 내에 피후견인의 재산에 관한 계산을 하여야 한다. 다만, 정당한 사유가 있는 경우에는 법원의 허가를 받아 그 기간을 연장할 수 있다. ② 제1항의 계산은 후견감독인이 있는 경우에는 그가 참여하지 않으면 효력이 없다.
〈신 설〉	**제2절 한정후견과 특정후견**
〈신 설〉	**제959조의2(한정후견의 개시)** 가정법원의 한정후견개시의 심판이 있는 경우에는 그 심판을 받은

	사람의 한정후견인을 두어야 한다.
〈신 설〉	**제959조의 3(한정후견인의 선임 등)** ① 제959조의 2에 따른 한정후견인은 가정법원이 직권으로 선임한다. ② 한정후견인에 대해서는 제930조 제2항·제3항, 제936조 제2항부터 제4항까지, 제937조, 제939조, 제940조 및 제949조의 3을 준용한다.
〈신 설〉	**제959조의 4(한정후견인의 대리권 등)** ① 가정법원은 한정후견인에게 대리권을 수여하는 심판을 할 수 있다. ② 한정후견인의 대리권 등에 관하여는 제938조 제3항 및 제4항을 준용한다.
〈신 설〉	**제959조의 5(한정후견감독인)** ① 가정법원은 필요하다고 인정하면 직권으로 또는 피한정후견인, 친족, 한정후견인, 검사, 지방자치단체의 장의 청구에 의하여 한정후견감독인을 선임할 수 있다.

	② 한정후견감독인에 대해서는 제681조, 제691조, 제692조, 제930조 제2항·제3항, 제936조 제3항·제4항, 제937조, 제939조, 제940조, 제940조의3 제2항, 제940조의5, 제940조의6, 제947조의2 제3항부터 제5항까지, 제949조의2, 제955조 및 제955조의2를 준용한다. 이 경우 제940조의6 제3항 중 "피후견인을 대리한다"는 "피한정후견인을 대리하거나 피한정후견인이 그 행위를 하는 데 동의한다"로 본다.
〈신 설〉	**제959조의6(한정후견사무)** 한정후견의 사무에 관하여는 제681조, 제920조 단서, 제947조, 제947조의2, 제949조, 제949조의2, 제949조의3, 제950조부터 제955까지 및 제955조의2를 준용한다.
〈신 설〉	**제959조의7(한정후견인의 임무의 종료 등)** 한정후견인의 임무가 종료한 경우에 관하여는 제691조, 제692조, 제957조 및 제958조를 준용한다.

〈신 설〉	**제 959조의 8(특정후견에 따른 보호조치)** 가정법원은 피특정후견인의 후원을 위하여 필요한 처분을 명할 수 있다.
〈신 설〉	**제 959조의 9(특정후견인의 선임 등)** ① 가정법원은 제 959조의 8에 따른 처분으로 피특정후견인을 후원하거나 대리하기 위한 특정후견인을 선임할 수 있다. ② 특정후견인에 대해서는 제 930조 제 2항 · 제 3항, 제 936조 제 2항부터 제 4항까지, 제 937조, 제 939조 및 제 940조를 준용한다.
〈신 설〉	**제 959조의 10(특정후견감독인)** ① 가정법원은 필요하다고 인정하면 직권으로 또는 피특정후견인, 친족, 특정후견인, 검사, 지방자치단체의 장의 청구에 의하여 특정후견감독인을 선임할 수 있다. ② 특정후견감독인에 대해서는 제 681조, 제 691조, 제 692조, 제 930조 제 2항 · 제 3항, 제 936조 제 3항 · 제 4항, 제 937조, 제 939조, 제 940조, 제

	940조의 5, 제 940조의 6, 제 949조의 2, 제 955조 및 제 955조의 2를 준용한다.
〈신 설〉	**제 959조의 11(특정후견인의 대리권)** ① 피특정후견인의 후원을 위하여 필요하다고 인정하면 가정법원은 기간이나 범위를 정하여 특정후견인에게 대리권을 수여하는 심판을 할 수 있다. ② 제 1항의 경우 가정법원은 특정후견인의 대리권 행사에 가정법원이나 특정후견감독인의 동의를 받도록 명할 수 있다.
〈신 설〉	**제 959조의 12(특정후견사무)** 특정후견의 사무에 관하여는 제 681조, 제 920조 단서, 제 947조, 제 949조의 2, 제 953조부터 제 955조까지 및 제 955조의 2를 준용한다.
〈신 설〉	**제 959조의 13(특정후견인의 임무의 종료 등)** 특정후견인의 임무가 종료한 경우에 관하여는 제 691조, 제 692조, 제 957조 및 제 958조를 준용한다.

〈신 설〉	**제 3절 후견계약**
〈신 설〉	**제 959조의 14(후견계약의 의의와 체결방법 등)** ① 후견계약은 질병, 장애, 노령, 그 밖의 사유로 인한 정신적 제약으로 사무를 처리할 능력이 부족한 상황에 있거나 부족하게 될 상황에 대비하여 자신의 재산관리 및 신상보호에 관한 사무의 전부 또는 일부를 다른 자에게 위탁하고 그 위탁사무에 관하여 대리권을 수여하는 것을 내용으로 한다. ② 후견계약은 공정증서로 체결하여야 한다. ③ 후견계약은 가정법원이 임의후견감독인을 선임한 때부터 효력이 발생한다. ④ 가정법원, 임의후견인, 임의후견감독인 등은 후견계약을 이행·운영할 때 본인의 의사를 최대한 존중하여야 한다.
〈신 설〉	**제 959조의 15(임의후견감독인의 선임)** ① 가정법원은 후견계약이 등기되어 있고, 본인이 사무를 처리할 능력이 부족한 상황에

있다고 인정할 때에는 본인, 배우자, 4촌 이내의 친족, 임의후견인, 검사 또는 지방자치단체의 장의 청구에 의하여 임의후견감독인을 선임한다.

② 제1항의 경우 본인이 아닌 자의 청구에 의하여 가정법원이 임의후견감독인을 선임할 때에는 미리 본인의 동의를 받아야 한다. 다만, 본인이 의사를 표시할 수 없는 때에는 그러하지 아니하다.

③ 가정법원은 임의후견감독인이 없게 된 경우에는 직권으로 또는 본인, 친족, 임의후견인, 검사, 지방자치단체의 장의 청구에 의하여 임의후견감독인을 선임한다.

④ 가정법원은 임의후견임감독인이 선임된 경우에도 필요하다고 인정하면 직권으로 또는 제3항의 청구권자의 청구에 의하여 임의후견감독인을 추가로 선임할 수 있다.

⑤ 임의후견감독인에 대해서는 제940조의5를 준용한다.

〈신 설〉	**제 959조의 16(임의후견감독인의 직무 등)** ① 임의후견감독인은 임의후견인의 사무를 감독하며 그 사무에 관하여 가정법원에 정기적으로 보고하여야 한다. ② 가정법원은 필요하다고 인정하면 임의후견감독인에게 감독사무에 관한 보고를 요구할 수 있고 임의후견인의 사무 또는 본인의 재산상황에 대한 조사를 명하거나 그 밖에 임의후견감독인의 직무에 관하여 필요한 처분을 명할 수 있다. ③ 임의후견감독인에 대해서는 제 940조의 6 제 2항 · 제 3항, 제 940조의 7 및 제 953조를 준용한다.
〈신 설〉	**제 959조의 17(임의후견 개시의 제한 등)** ① 임의후견인이 제 937조 각 호에 해당하는 자 또는 그 밖에 현저한 비행을 하거나 후견계약에서 정한 임무에 적합하지 아니한 사유가 있는 자인 경우에는 가정법원은 임의후견감독인을 선임하지 아니한다. ② 임의후견감독인을 선임한 이후 임의후견인이 현저한 비

〈신 설〉	행을 하거나 그 밖에 그 임무에 적합하지 아니한 사유가 있게 된 경우에는 가정법원은 임의후견감독인, 본인, 친족, 검사 또는 지방자치단체의 장의 청구에 의하여 임의후견인을 해임할 수 있다.
〈신 설〉	**제959조의18(후견계약의 종료)** ① 임의후견감독인의 선임 전에는 본인 또는 임의후견인은 언제든지 공증인의 인증을 받은 서면으로 후견계약의 의사표시를 철회할 수 있다. ② 임의후견감독인의 선임 이후에는 본인 또는 임의후견인은 정당한 사유가 있는 때에만 가정법원의 허가를 받아 후견계약을 종료할 수 있다.
〈신 설〉	**제959조의19(임의후견인의 대리권 소멸과 제3자와의 관계)** 임의후견인의 대리권 소멸은 등기하지 않으면 선의의 제3자에게 대항할 수 없다.

〈신 설〉

제959조의20(후견계약과 성년후견·한정후견·특정후견의 관계) ① 후견계약이 등기되어 있는 경우에는 가정법원은 본인의 이익을 위하여 특별히 필요할 때에만 임의후견인 또는 임의후견감독인의 청구에 의하여 성년후견, 한정후견 또는 특정후견의 심판을 할 수 있다. 이 경우 후견계약은 본인이 성년후견 또는 한정후견 개시의 심판을 받은 때 종료된다.

② 본인이 피성년후견인, 피한정후견인 또는 피특정후견인인 경우에 가정법원은 임의후견감독인을 선임함에 있어서 종전의 성년후견, 한정후견 또는 특정후견의 종료 심판을 하여야 한다. 다만, 성년후견 또는 한정후견 조치의 계속이 본인의 이익을 위하여 특별히 필요하다고 인정하면 가정법원은 임의후견감독인을 선임하지 않는다.

제 6 장 친족회	〈삭 제〉
제 960 조(친족회의 조직) 본법 기타 법률의 규정에 의하여 친족회의 결의를 요할 사유가 있는 때에는 친족회를 조직한다.	〈삭 제〉
제 961 조(친족회원의 수) ① 친족회원은 3인 이상 10인 이하로 한다. ② 친족회에 대표자 1인을 두고 친족회원 중에서 호선한다. ③ 전항의 대표자는 소송행위 기타 외부에 대한 행위에 있어서 친족회를 대표한다.	〈삭 제〉
제 962 조(친권자의 친족회원지정) 후견인을 지정할 수 있는 친권자는 미성년자의 친족회원을 지정할 수 있다.	〈삭 제〉
제 963 조(친족회원의 선임) ① 친족회원은 본인, 그 법정대리인 또는 제 777조의 규정에 의한 친족이나 이해관계인의 청구에 의하여 법원이 제 777조의 규정에 의한 그 친족 또는 본인과 특별한 연고가 있는 자 중	〈삭 제〉

에서 이를 선임한다. 그러나 전조의 규정에 의하여 친족회원이 지정된 때에는 그러하지 아니하다. ② 전항의 규정에 의한 청구를 할 수 있는 자는 친족회의 원수와 그 선임에 관하여 법원에 의견서를 제출할 수 있다.	
제964조(친족회원의 결격 사유) ① 후견인은 후견의 계산을 완료한 후가 아니면 피후견인의 친족회원이 되지 못한다. ② 제937조의 규정은 친족회원에 준용한다.	〈삭 제〉
제965조(무능력자를 위한 상설친족회) ① 미성년자, 금치산자 또는 한정치산자를 위한 친족회는 그 무능력의 사유가 종료할 때까지 계속한다. ② 전항의 친족회에 결원이 생한 때에는 법원은 직권 또는 청구에 의하여 이를 보충하여야 한다.	〈삭 제〉
제966조(친족회의 소집) 친족회는 본인, 그 법정대리인, 배우자, 직계혈족, 회원, 이해관계인	〈삭 제〉

또는 검사의 청구에 의하여 가정법원이 이를 소집한다.	
제967조(친족회의 결의방법) ① 친족회의 의사는 회원 과반수의 찬성으로 결정한다. ② 전항의 의사에 관하여 이해관계있는 회원은 그 결의에 참가하지 못한다. ③ 친족회원 과반수의 찬성으로 행한 서면결의로써 친족회의 결의에 가름한 경우에는 전조의 규정에 의하여 친족회의 소집을 청구할 수 있는 자는 2월 내에 그 취소를 법원에 청구할 수 있다.	〈삭 제〉
제968조(친족회에서의 의견개진) 본인, 그 법정대리인, 배우자, 직계혈족, 4촌 이내의 방계혈족은 친족회에 출석하여 의견을 개진할 수 있다.	〈삭 제〉
제969조(친족회의 결의에 가름할 재판) 친족회가 결의를 할 수 없거나 결의를 하지 아니하는 때에는 친족회의 소집을 청구할 수 있는 자는 그 결의에 가름할 재판을 법원에 청구할 수 있다.	〈삭 제〉

제 970조(친족회원의 사퇴) 친족회원은 정당한 사유 있는 때에는 법원의 허가를 얻어 이를 사퇴할 수 있다.	〈삭 제〉
제 971조(친족회원의 해임) ① 친족회원이 그 임무에 관하여 부정행위 기타 적당하지 아니한 사유가 있는 때에는 법원은 직권 또는 본인, 그 법정대리인, 제 777조의 규정에 의한 본인의 친족이나 이해관계인의 청구에 의하여 그 친족회원을 개임 또는 해임할 수 있다. ② 법원은 적당하다고 인정할 때에는 직권 또는 본인, 그 법정대리인, 제 777조의 규정에 의한 본인의 친족이나 이해관계인의 청구에 의하여 친족회원을 증원선임할 수 있다.	〈삭 제〉
제 972조(친족회의 결의와 이의의 소) 친족회의 소집을 청구할 수 있는 자는 친족회의 결의에 대하여 2월 내에 이의의 소를 제기할 수 있다.	〈삭 제〉

제 973조(친족회원의 선관의무) 제 681조의 규정은 친족회원에 준용한다.	〈삭 제〉
제 1020조(무능력자의 승인, 포기의 기간) 상속인이 무능력자인 때에는 전조 제 1항의 기간은 그 법정대리인이 상속개시 있음을 안 날로부터 기산한다.	**제 1020조(제한능력자의 승인 · 포기의 기간)** 상속인이 제한능력자인 경우에는 제 1019조 제 1항의 기간은 그의 친권자 또는 후견인이 상속이 개시된 것을 안 날부터 기산(起算)한다.
제 1062조(무능력자와 유언) 제 5조, 제 10조와 제 13조의 규정은 유언에 관하여는 이를 적용하지 아니한다.	**제 1062조(제한능력자의 유언)** 유언에 관하여는 제 5조, 제 10조 및 제 13조를 적용하지 아니한다.
제 1063조(금치산자의 유언능력) ① 금치산자는 그 의사능력이 회부된 때에 한하여 유언을 할 수 있다. ② 전항의 경우에는 의사가 심신회부의 상태를 유언서에 부기하고 서명날인하여야 한다.	**제 1063조(피성년후견인의 유언능력)** ① 피성년후견인은 의사능력이 회복된 때에만 유언을 할 수 있다. ② 제 1항의 경우에는 의사가 심신회복의 상태를 유언서에 부기(附記)하고 서명날인하여야 한다.

제1072조(증인의 결격 사유) ① 다음 각 호의 사항에 해당하는 자는 유언에 참여하는 증인이 되지 못한다.
1. 미성년자
2. 금치산자와 한정치산자
3. 유언에 의하여 이익을 받을 자, 그 배우자와 직계혈족

② 공정증서에 의한 유언에는 공증인법에 의한 결격자는 증인이 되지 못한다.

제1072조(증인의 결격 사유) ① 다음 각 호의 어느 하나에 해당하는 사람은 유언에 참여하는 증인이 되지 못한다.
1. 미성년자
2. 피성년후견인과 피한정후견인
3. 유언으로 이익을 받을 사람, 그의 배우자와 직계혈족

② 공정증서에 의한 유언에는 〈공증인법〉에 따른 결격자는 증인이 되지 못한다.

제1098조(유언집행자의 결격 사유) 무능력자와 파산선고를 받은 자는 유언집행자가 되지 못한다.

제1098조(유언집행자의 결격 사유) 제한능력자와 파산선고를 받은 자는 유언집행자가 되지 못한다.

나남사회복지학총서 ①

주) 나남 나남의 책은 쉽게 팔리지 않고 오래 팔립니다 2012

1 **사회계획론**
최일섭(서울대), 이창호(한국사회복지프로그램연구회) 공저
• 신국판 / 428쪽 / 15,000원

2 **복지국가론(개정판)**
김태성(서울대), 성경륭(한림대) 공저
• 신국판 / 562쪽 / 17,000원

3 **사회복지행정론(개정2판)**
최성재(서울대), 남기민(청주대) 공저
• 신국판 / 528쪽 / 19,000원

5 **인간행동과 사회환경(개정2판)**
이인정(덕성여대), 최해경(충남대) 공저
• 신국판 / 560쪽 / 20,000원

6 **사회복지 정책론**
송근원(경성대), 김태성(서울대) 공저
• 신국판 / 428쪽 / 14,000원

7 **사회문제와 사회복지(개정판)**
최성재 · 최일섭(서울대) 공편
• 신국판 / 496쪽 / 17,000원

8 **사회복지실천론(개정 3판)**
조홍식(서울대), 김연옥(서울시립대), 황숙연(덕성여대), 김융일(前 가톨릭대) 공저
• 신국판 / 560쪽 / 22,000원

9 **한국사회복지론**
남세진 · 조홍식(서울대) 공저
• 신국판 / 472쪽 / 15,000원

12 **지역사회 정신건강**
양옥경(이화여대) 저
• 신국판 / 480쪽 / 15,000원

13 **삶의 질 향상을 위한 길잡이**
김상균(서울대) 편
• 신국판 / 320쪽 / 9,000원

17 **사회복지법제론(개정4판)**
윤찬영(전주대) 저
• 신국판 / 688쪽/30,000원

19 **사회복지조사방법론**
A. 루빈, E. 바비 / 성숙진(한신대), 유태균(숭실대), 이선우(한국보건사회연구원) 공역
• 4×6배판 / 676쪽/25,000원

20 **사회복지실천 기법과 지침(개정판)**
B. 세퍼·C. 호레이시·
남기철(동덕여대), 변귀연(호남대), 양숙미(남서울대), 정선욱(상지대), 조성희(순천향대), 최승희(평택대), 공역
• 4×6배판 / 776쪽 / 38,000원

21 **사회보장론(개정2판)**
이인재(한신대), 류진석(충남대), 권문일(덕성여대), 김진구(협성대) 공저
• 신국판 / 496쪽 / 22,000원

22 **한국복지국가의 이상과 현실**
인경석(국민연금관리공단) 저
• 신국판 / 342쪽 / 16,000원

23 **시장과 복지정치**
송호근(서울대) 저
• 신국판 / 364쪽 / 10,000원

24 **영국의 복지정책**
이영찬(보건복지부) 저
• 신국판 / 634쪽 / 22,000원

26 **사회복지실천론(개정4판)**
양옥경(이화여대), 김정진(나사렛대), 서미경(경상대), 김미옥(전북대), 김소희(숭의여대) 공저
• 신국판 / 576쪽 / 25,000원

28 **상담의 필수기술**
에반스 외 / 성숙진(한신대) 역
• 크라운판 / 342쪽 / 15,000원

29 **여성복지론**
김인숙(가톨릭대), 김혜선(서울시 북부여성발전센터), 성정현(서울시립대·협성대 강사), 신은주(평택대), 윤영숙(경기도 여성능력개발센터), 이혜경(평택대), 최선화(신라대) 공저
• 신국판 / 490쪽 / 20,000원

30 **사회통합과 장애인복지정치**
이성규(공주대) 저
• 신국판 / 354쪽 / 14,000원

31 **여성운동과 사회복지**
김인숙(가톨릭대), 김혜선(서울시 북부여성발전센터), 신은주(평택대) 공저
• 신국판 / 196쪽 / 7,000원

32 **정신보건과 사회복지**
양옥경(이화여대) 저
• 신국판 / 728쪽 / 32,000원

33 **지역사회복지실천론**
강철희(연세대), 정무성(숭실대) 공저
• 신국판 / 576쪽 / 28,000원

34 **문제아의 가족치료**
엘렌 F. 왁텔 / 이준우(강남대) 역
• 신국판 / 458쪽 / 16,000원

35 **사회복지실천기술연습**
Barry Cournoyer / 김인숙 · 김용석(가톨릭대) 공역
• 4×6배판 / 390쪽 / 18,000원

36 **가족학대 · 가족폭력**
알란 켐프 / 이화여대 사회사업연구회 역
• 신국판 / 446쪽 / 16,000원

38 **임상사회복지 사정분류체계**
제임스 칼스 외 / 임상사회사업연구회 역
• 4×6배판 / 386쪽 / 18,000원

39 **현대 사회복지실천이론**
말콤 페인 / 서진환(성공회대), 이선혜(중앙대), 정수경(전주대) 공역
• 신국판 / 546쪽 / 20,000원

40 **사회복지 질적 연구방법론**
데보라 K. 패짓 / 유태균(숭실대) 역
• 신국판 / 288쪽 / 9,500원

41 **사회복지개론(개정2판)**
김상균 · 최성재 · 최일섭 · 조홍식 · 김혜란(서울대) 공저
• 크라운판 /568쪽 / 20,000원

42 **사회복지실천기술론(개정2판)**
김혜란(서울대), 홍선미(한신대), 공계순(호서대) 공저
• 신국판 / 352쪽 / 18,000원

43 **사회복지정책의 이해**
김태성(서울대) 저
• 신국판 / 370쪽 / 16,000원

44 **사회복지의 역사(개정판)**
감정기(경남대), 최원규(전북대), 진재문(경성대) 공저
• 신국판 / 440쪽 / 20,000원

45 **산업복지론**
조홍식(서울대), 김진수(강남대), 홍경준(성균관대) 공저
• 신국판 / 408쪽 / 17,000원

경기도 파주시 교하읍 출판도시 518-4 TEL : 031)955-4601 FAX : 031)955-4555 www.nanam.net

나남사회복지학총서 ②

주) 나남 나남의 책은 쉽게 팔리지 않고 오래 팔립니다 2012

48 **사회복지 윤리와 철학**
김상균(서울대), 오정수(충남대), 유채영(연세대) 공저
▪ 신국판 / 378쪽 / 15,000원

52 **수화의 이해와 실제: 초급과정(개정2판)**
이준우(강남대) 저
▪ 4×6배판 / 224쪽 / 18,000원

53 **아동청소년복지론(개정판)**
표갑수(청주대) 저
▪ 신국판 / 688쪽 / 24,000원

54 **현대 불교사회복지론**
권경임(종교사회복지회) 저
▪ 신국판 / 450쪽 / 17,000원

56 **고령화 사회의 도전(개정증보판)**
임춘식(한남대) 저
▪ 신국판 / 359쪽 / 14,000원

57 **사회복지개론**
표갑수(청주대) 저
▪ 신국판 / 576쪽 / 25,000원

59 **수화의 이해와 실제: 중급과정**
이준우(강남대) 저
▪ 4×6배판 / 260쪽 / 15,000원

60 **지역사회복지론**
표갑수(청주대) 저
▪ 신국판 / 411쪽 / 16,000원

61 **장애인복지실천론**
김미옥(전북대) 저
▪ 신국판 / 504쪽 / 22,000원

63 **가족복지론**
김연옥(서울시립대), 유채영(충남대), 이인정(덕성여대), 최해경(충남대) 공저
▪ 신국판 / 560쪽 / 28,000원

64 **자원봉사론**
남기철(동덕여대) 저
▪ 신국판 / 472쪽 / 25,000원

65 **학교와 사회복지실천**
한인영(이화여대), 홍순혜(서울여대), 김혜란(서울대) 공저
▪ 신국판 / 328쪽 / 15,000원

66 **지역사회복지론**
감정기(경남대), 백종만(전북대), 김찬우(가톨릭대) 공저
▪ 신국판 / 456쪽 / 22,000원

68 **청소년복지론**
이소희(숙명여대), 도미향(남서울대), 정익중(덕성여대), 김민정(한남대), 변미희(백석대) 공저
▪ 신국판 / 624쪽 / 27,000원

70 **현대복지국가의 변화와 대응**
김태성(서울대), 류진석(충남대), 안상훈(서울대) 공저
▪ 신국판 / 328쪽 / 15,000원

72 **사회복지연구조사방법론**
김환준(계명대) 저
▪ 4×6배판 / 304쪽 / 18,000원

73 **사회복지조사방법론**
최성재(서울대) 저
▪ 4×6배판 / 664쪽 / 28,000원

74 **수화의 이해와 실제: 고급과정**
이준우(강남대), 남기현(나사렛대) 공저
▪ 4×6배판 / 216쪽 / 15,000원

75 **사회복지실천이론의 이해와 적용**
F. 터너 / 연세사회복지실천연구회 역
▪ 4×6배판 / 800쪽 / 38,000원

76 **사회복지자료분석론**
최성재(서울대) 저
▪ 4×6배판 / 576쪽 / 29,000원

77 **욕구조사의 이론과 실제**
서인해(한림대), 공계순(호서대) 공저
▪ 신국판 / 224쪽 / 12,000원

78 **사회복지정책론**
이태복(사) 인간의 대지 이사장), 심복자(사) 인간의 대지 이사) 공저
▪ 신국판 / 408쪽 / 20,000원

79 **사회문제와 사회복지**
표갑수(청주대) 저
▪ 신국판 / 600쪽 / 30,000원

81 **21세기 새로운 복지국가**
에스핑앤더슨 · 갈리 · 헤머릭 · 마일즈 / 유태균(숭실대) 외 공역
▪ 신국판 / 368쪽 / 15,000원

83 **임파워먼트와 사회복지실천**
로버트 애덤스 / 최명민(백석대) 역
▪ 신국판 / 288쪽 / 12,000원

84 **한국의 복지정책 결정과정: 역사와 자료**
양재진(연세대) 외 공저
▪ 크라운판 / 464쪽 / 24,000원

85 **여성복지 실천과 정책**
김인숙(가톨릭대), 정재훈(서울여대) 공저
▪ 신국판 / 448쪽 / 22,000원

86 **보건복지정책론**
문창진(포천중문의과대) 저
▪ 신국판 / 328쪽 / 17,000원

87 **다문화사회, 한국**
김은미 · 양옥경 · 이해영(이화여대) 공저
▪ 신국판 / 400쪽 / 18,000원

88 **기초생활보장제도 현장보고서**
홍경준(성균관대), 이태진(한국보건사회연구원) 공편
▪ 신국판 / 456쪽 / 20,000원

89 **자원봉사론**
표갑수(청주대) 저
▪ 신국판 / 440쪽 / 20,000원

90 **사회복지정책론**
구인회(서울대) · 손병돈(평택대) · 안상훈(서울대) 공저
▪ 신국판 / 528쪽 / 20,000원

91 **한국수화회화 첫걸음**
이준우 · 김연신 · 송재순 · 한기열 · 홍유미 공저
▪ 4×6배판 / 296쪽 / 18,000원

92 **인간행동과 사회환경**
강상경(서울대)
▪ 신국판 / 408쪽 / 18,000원

93 **의료사회복지실천론**
윤현숙(한림대), 김연옥(서울시립대), 황숙연(덕성여대) 공저
▪ 신국판 / 576쪽 / 28,000원

94 **장애인소득보장론**
박은수(국회의원)
▪ 신국판 / 248쪽 / 14,000원

경기도 파주시 교하읍 출판도시 518-4 TEL : 031)955-4601 FAX : 031)955-4555 www.nanam.net